朝日選書
1022

ようこそ地獄、奇妙な地獄

星 瑞穂

朝日新聞出版

目次

ようこそ地獄、奇妙な地獄

第二章

地獄に堕ちるは因果応報

第三章

地獄は何処に？

第四章

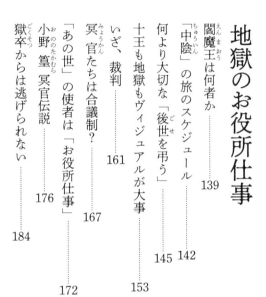

地獄のお役所仕事

第五章

地獄なんか怖くない

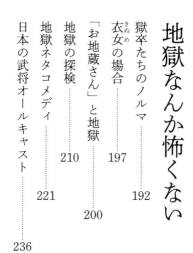

第六章

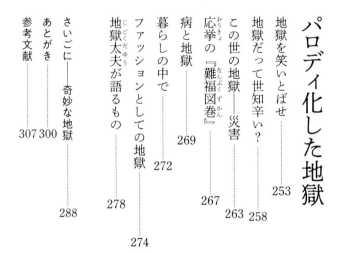

パロディ化した地獄

ようこそ地獄、奇妙な地獄

星 瑞穂

はじめに——ようこそ地獄

「画鬼《がき》」と称された絵師がいた。

その人の名は河鍋《かわなべ》暁斎《きょうさい》（一八三一〜八九）――幕末から明治にかけて、仏画から戯画《ぎが》まで様々なジャンルで活躍した鬼才の絵師である。

幼少期から歌川国芳《うたがわくによし》（一七九七〜一八六一）や狩野《かのう》派の絵師に学んで才能を発揮していたという。それゆえか、暁斎は近代の人物でありながら、にわかには信じがたい様々な伝説・逸話に彩られていることでも有名だ。

例えば、暁斎がまだ幼い頃、長雨で増水した江戸・神田川を生首が流れてきたという逸話。関心を抱いた暁斎はその生首を拾って写生したらしい。

同じような話はいくつもある。火事場に駆けつけて、消火などそっちのけでひたすら炎を写生していたとか、病床の妻をモデルに幽霊画を描いたとか。絵に対する異常とも思えるほどの情熱――まさに「画鬼」の名にふさわしい逸話の数々だ。

もっとも今ここに挙げた話はいずれも伝説の域を出ず、あくまでも噂話《うわさばなし》。

ただし、明治三年（一八七〇）に新政府の役人を批判する諷刺《ふうし》画を描き、逮捕・投獄されたというのは本当の出来事だ。

なぜ、そのようなことがわかるのか。それは暁斎自身が当時の様子を描いた絵を残しているからである。

【図1】『暁斎画談』（川崎市市民ミュージアム所蔵）　明治20年刊　鎌倉・円応寺の新居閻魔堂にある十王像を写生

明治二〇年（一八八七）に出版された『暁斎画談《がだん》』には、上野《うえの》不忍池《しのばずのいけ》で開催されていた書画会《しょがかい》（文人たちが集まって絵筆を揮《ふる》うイベント）に、捕吏《ほり》（罪人を捕らえる役人）が踏み込んで大混乱となった様子が絵と文で記されている。捕縛《ほばく》された暁斎は吟味《ぎんみ》（取り調べ）を受け、大番屋《おおばんや》（拘置所）に拘禁《こうきん》、そのち小伝馬町牢屋敷《こでんまちょうろうやしき》に移されて笞《むち》五十の刑に処された。

『暁斎画談』は、こんなふうに晩年の暁斎の絵と談話を集めて載せた画集だ。今風に言うならば、イラストエッセイ集にイラスト描き方講座（絵手本《えでほん》という）を組み合わせたものといったところだろうか。編著は暁斎の弟子の瓜生政和《うりゅうまさやす》（梅亭鵞叟《ばいていがそう》）が担った。

さて、いよいよここからが本題である。

この『暁斎画談』には地獄にまつわる様々な絵が載せられている。実際、暁斎は多くの地獄絵を残しており、地獄に大きな関心を抱いていたことがうかがえる。

例えば、鎌倉の閻魔堂《えんまどう》。明治一七年（一八八四）、暁斎は弟子ジョサイア・コンドル（一八五二〜一九二〇、建築家、御雇《おやと》い外国人として知られる）とともに鎌倉へと写生旅行に出かけた。このとき暁斎は円応寺《えんのうじ》の新居《あらい》閻魔堂を訪れ、鎌倉時代に建立されたと考えられる十王《じゅうおう》（あの世で亡者《もうじゃ》の裁判を司《つかさど》る一〇人の王）像を写生している【図1】。ほかにも閻魔王と遊女の道行《みちゆき》【図2】、浄玻璃鏡《じょうはりきょう》（閻魔庁にある生前の行いを映し出す鏡）の中の絵師【図3】――等々。

さらには『春日権現験記《かすがごんげんけんき》』の模写も載っている【図4】（9ページ）。

【図2】『暁斎画談』（川崎市市民ミュージアム所蔵）　明治20年刊
閻魔王と遊女の道行

【図3】『暁斎画談』（川崎市市民ミュージアム所蔵） 明治20年刊
谷文晁（たに・ぶんちょう）の画風を模したもの。絵は浄玻璃鏡を見る冥官（右）、閻魔王（中央）、獄卒（左下）。鏡の中に映っている絵師の姿は暁斎か文晁の姿と思われる

『春日権現験記』は鎌倉時代に制作された絵巻で、藤原《ふじわら》氏の氏神《うじがみ》である春日大社《かすがたいしゃ》の由来や、神仏の力によって人間の願いが叶《かな》うといった霊験譚《れいげんたん》を描いたものだ。全二〇巻に及ぶ大作で、様々な説話を載せているが、暁斎が注目し、模写もしたのはその中でも奈良・興福寺《こうふくじ》の舞人《まいにん》であったという狛《こまの》行光《ゆきみつ》のエピソードだ。

狛行光は折にふれては春日大社に舞を奉納していたという優れた舞人だった。ところがあるとき、病《やまい》によって命を落としてしまう。亡者となった行光は、閻魔庁に引き出された。するとそこに貴人の姿をした春日明神《かすがみょうじん》が現れたのである。春日明神は閻魔王に対して、生前の行光の信心《しんじん》を説き、現世《げんぜ》へ帰すよう諭す。果たして閻魔王は春日明神の望み通り、行光を許すのだった。

「日頃の行いのおかげで、神様に助けてもらえて良かったね、行光さん」と、読者はほっと胸を撫《な》で下ろすところだろうが、ここからまだ先がある。

行光はそのまま真っ直ぐ現世へ帰されるのかと思いきや、春日明神は「地獄を見に行ってみないか」と誘って、行光を地獄巡りの旅へと連れ出すのである。まるで「せっかくあの世に来たことだし、ついでにちょっと観光していこう」といった趣《おもむき》だ。『春日権現験記』の詞書《ことばがき》（絵巻の本文）には次のようにある。

「汝《なんぢ》もし地獄やみたき」とおほせられければ、「そのこと、こひねがふところなり」と申《まうす》。やが

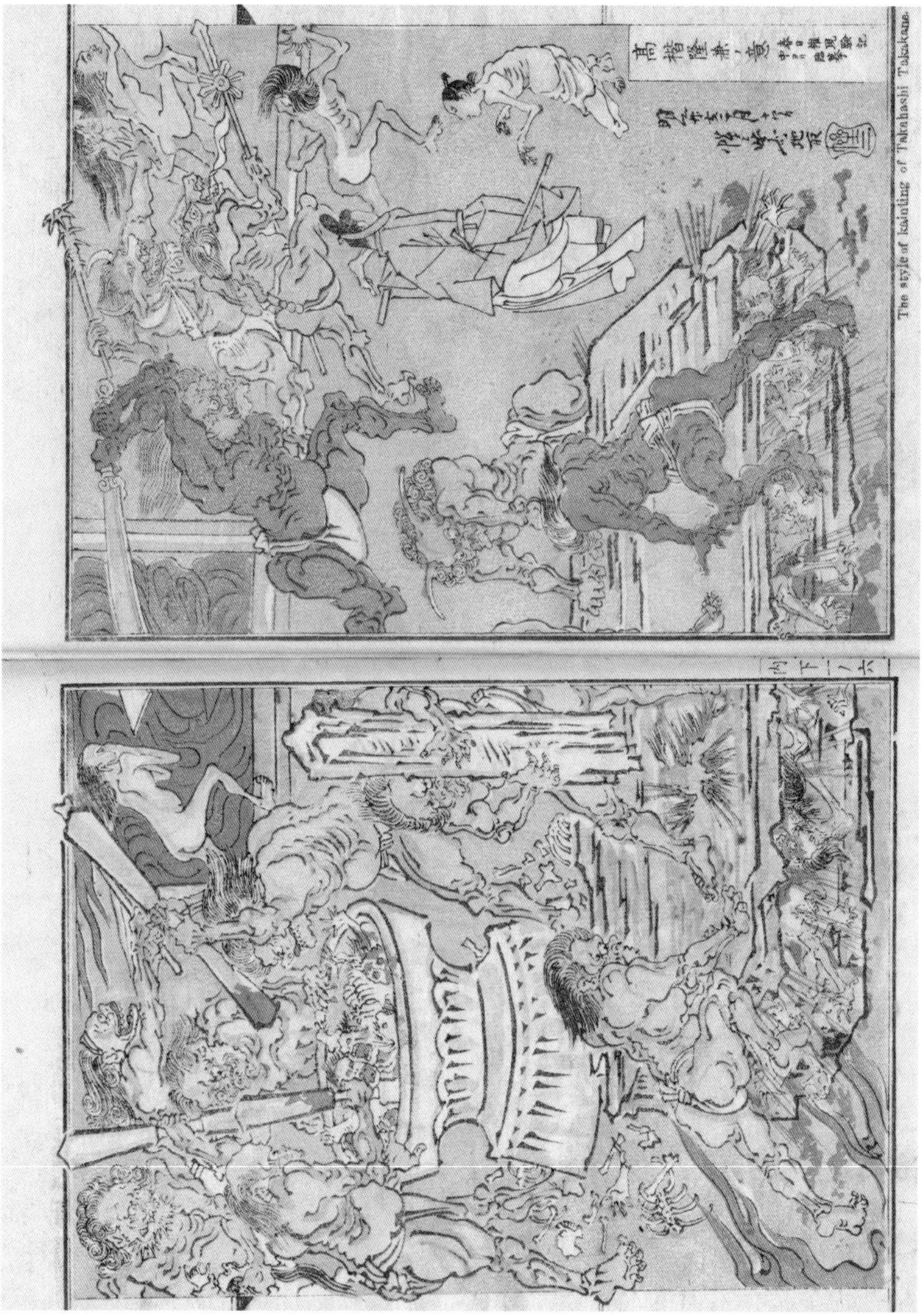

【図4】『暁斎画談』（川崎市市民ミュージアム所蔵）　明治20年刊
『春日権現験記』の模写。登場者の配置などはアレンジされている。絵の右端には冠をつけて立つ春日明神の後ろ姿と、その右に上半身裸でひざまずく狛行光の姿が見える

て行光をぐして、地獄のありさまをみせさせ給《たまふ》。

（春日明神は）「おまえは地獄が見たいか」とおっしゃるので、（行光は）「ぜひお願いいたします」と申し上げた。（春日明神は）そのまま行光を連れて、地獄の様子をお見せになった。

詞書はこの地獄の様子を「くるしみのやう、すべていふべきゝはにあらず」（地獄の苦しみの様子は、いちいち全て言うまでもない）と、随分と素っ気ない表現で述べるだけだが、添えられた絵のほうは地獄の凄《すさ》まじい様子を事細かに描いている。

ここからはおおもとの『春日権現験記』の絵を見ながら地獄の様子を観察しよう。

例えば、鉄の岩を背負わされた亡者が、焼けた鉄の縄の上を渡っている場面【図5－a】（12ページ）。ただでさえ全身が焼け爛《ただ》れてしまうというのに、それに耐えかねて足を踏み外せば、真っ赤な炎に包まれ煮えたぎる湯の中へと真っ逆さま。よく目を凝らして見れば、湯の中でもがいている亡者の頭が覗《のぞ》いているのがわかる。ちなみに、右端に黒い装束《しょうぞく》でたたずむ貴族のような姿の男、これが春日明神だ。ひざまずく行光のほうを振り向いて、笏《しゃく》で亡者たちのほうを指し示している。いかにも「ほら御覧《ごらん》よ」とでも言っているような身振り。何しろ神様だ。余裕である。

次の場面には弓や斧《おの》を持った獄卒《ごくそつ》（地獄の使者）たちに追い回される亡者の様子が登場する【図5－b】。『暁斎画談』の模写（9ページ）に収められているのは、ちょうどこのあたりの場面だ。

特に凄まじいのは絵の手前で、まるでサンドイッチのように岩盤と岩盤のあいだに挟まれ、その上から赤い獄卒が抱えた棒で岩を叩《たた》きつけられ圧《お》し潰されている亡者の姿。またその背後では臼《うす》に入れられた亡者が、獄卒たちに餅つきのごとく杵《きね》で突かれている。「くるしみのやう、すべていふべき、はにあらず」（地獄の苦しみの様子は、いちいち全て言うまでもない）と詞書が述べていたのは、別に素っ気ないわけではなかったのだ。「筆舌に尽くしがたい」「世間で怖《おそ》れられている通りだ」という意味なのだろう。

このあとに続く絵は、亡者たちが釜《かま》で茹《ゆ》でられる、煮えた銅の湯を飲まされる、そして、舌を抜かれる様《さま》【図5－c】。地獄の中でもお馴染《なじ》みの場面というべきだろうか。「嘘《うそ》をつくと閻魔に舌を抜かれる」などという脅《おど》し文句は今でもまだ現役だろう。もっとも、この絵の中では、獄卒の足下に抜いた舌が大量に散らばっているように描かれていて、それがやけにリアルで恐怖を誘う。

左端の樹《き》の上にいる女性については少し解説が必要だろう。これは邪淫《じゃいん》の罪で地獄に堕《お》ちた亡者が、美女を追いかけて樹を登っていくと、その枝葉が剣に変わり、たちまち切り裂かれてしまうというもの。やっとの思いで頂上まで登り切っても、気づけば美女は今度は樹の下にいる。また追いかけて下へおりていくと、やはり剣の葉で全身を貫かれてしまう。ずっとこの繰り返し。なかなか独創的に思われる責《せ》め苦《く》の様子だが、これも近代以前までは地獄絵の定番の場面だった。

さて、地獄巡りをした狛行光は、春日明神に「どうすればこのような報《むく》いを受けずに済むか」と尋ねる。春日明神の答えは次の通り。

「父母に孝養《けうやう》すべし。けうやうは最上の功徳《くどく》なり。もしよくつとむれば、地獄におちず」

「父母に孝行をしなさい。親孝行は最上の功徳である。もし、しっかり孝行に努めれば、地獄には堕ちない」

（春日権現験記　巻六）

こうして狛行光は無事に現世へと戻り、息を吹き返した。

そのあと行光はどうなったのか？　摩訶《まか》不思議な地獄の旅を周囲に話したのだろうか？

そして春日明神が戒《いまし》めたように、両親を大事にしたのだろうか？

【図5―a】

※場面は絵巻の一部で a, b, c の順に右から左へと続く
【図5—a】『春日権現験記（模写）』（国立国会図書館所蔵）　明治3年写
焼けた鉄の縄を渡る亡者。右端にいる黒い装束の人物が春日明神、その右にひざまずくのが狛行光

【図5—b】『春日権現験記（模写）』（国立国会図書館所蔵）　明治3年写
獄卒に追い回される亡者、岩に挟まれ圧し潰される亡者

【図5—c】『春日権現験記（模写）』（国立国会図書館所蔵）　明治3年写
手前には獄卒に舌を抜かれている亡者、その後ろには獄卒に口を開けられ煮えて溶けた銅を飲まされようとしている亡者

【図5—b】

【図5—c】

『春日権現験記』には、その答えは描かれていない。

だが、この『春日権現験記』を見た読者は、きっと春日明神や行光と一緒に地獄巡りをした気分になるだろう。そして、最後の春日明神からの「親孝行をせよ」との教えを深く胸に刻むはずだ。

『春日権現験記』は左大臣西園寺公衡《さいおんじきんひら》が、藤原氏の繁栄を祈願して作らせ、春日大社に奉納したものである。時は延慶《えんきょう》二年（一三〇九）、鎌倉時代後期。暗黒の中世、真っ只中。合戦が止《や》まず疫《えき》病《びょう》がまん延し、いつ死に直面してもおかしくないような時代だった。当時の人々にとって、死後の世界は、現代の我々以上に身近な問題だったはず。この絵巻を見た人々は、その凄惨《せいさん》な地獄絵に戦《おのの》き、ひたすらに極楽往生《おうじょう》を祈念したことだろう。

『春日権現験記』の原本は、現在は宮内庁《くないちょう》三《さん》の丸《まる》尚蔵館《しょうぞうかん》に所蔵されているが、江戸時代や明治時代の模写も多く伝えられている。『暁斎画談』に収められた絵も後世の模写のひとつ。

江戸時代になると、今度は打って変わって天下泰平の世。疫病や飢饉《ききん》にはさらされたが、合戦に巻き込まれて理不尽に命を奪われることは少なくなり、人々の心にあった死への恐怖が薄れたのだろうか。江戸時代の文化・風俗の研究者として知られる三田村鳶魚《みたむらえんぎょ》（一八七〇〜一九五二）は、江戸時代の人々の死生観について「地獄はおもちゃになっている」と評している。ましてや暁斎が生きた幕末・明治は、日本が近代化への道を爆走した時期で、因習や迷信と決別しようという機運の中、地獄に堕ちることを真剣に心配する人々は減少していたはず。

しかし、暁斎は『春日権現験記』を写した。地獄への関心を持ち続け、様々な地獄にまつわる絵を残した。暁斎個人の好みでもあったろうが、そういった絵がまだ時代に求められ続けていたということだろう。時代の転換期にグロテスクで退廃《たいはい》的な芸術が流行するともいわれ、そうした要素も大いに影響しただろう。人々の心に地獄のリアリティがなくなった時代においても『春日権現験記』をはじめとした様々な地獄絵を収めた『暁斎画談』は、出版印刷されて広く流布していたのである。

さて、現代の我々はどうだろう？　鎌倉時代はもちろんのこと、暁斎が生きた時代と比較しても、随分と死は人々の生活から縁遠くなったはずだ。不治の病と考えられてきた労咳《ろうがい》（結核）すら、適切な治療を受けさえすれば、幸いなことに多くの人が回復する。長いあいだ猛威を振るい、人々の命を奪ってきた疱瘡《ほうそう》（天然痘《とう》）さえ根絶された。二〇二〇年に新型コロナウイルスの世界的な感染拡大によって多くの犠牲者が出てようやく、我々は感染症のおそろしさを思い出したに過ぎない。日本人の平均寿命は過去最高を更新し続け、今や女性の平均寿命は八七歳である。自宅で親族を看《み》取《と》ることも少なくなっただろうし、自宅で葬式を挙げることさえ、都会ではもう少数派だろう。現代人にとっては、死後の世界への不安は、ぼんやりとした曖昧《あいまい》なものでしかない。そしてその不安を取り除いてくれるはずの宗教そのものが、日本人の普段の生活から薄れつつある。

それでも、人は、地獄に惹《ひ》かれる。

近年、地獄を舞台にした漫画『鬼灯《ほおずき》の冷徹《れいてつ》』（江口夏実《えぐちなつみ》、講談社）が大ヒット。アニメにもなって人気を博した。二〇一六年に国立公文書館で開催された企画展「ようこそ地獄、たのしい地獄」にも約一万人の人々が訪れ、展示ケースの前に列を作った。二〇一七年には東京・三井《みつい》記念美術館の「地獄絵ワンダーランド」展が京都・龍谷《りゅうこく》ミュージアムへ巡回。空前の地獄ブームだ。

歴史を振り返れば一瞬のムーブメントなどではなく、人は時代を問わず連綿と地獄に惹かれ続けてきたのだ。

いざ自分が死後本当に地獄に行きたいかと問われれば、それはやっぱり遠慮したい。きっと多くの人がそう答えるに違いない。責め苦は痛そうだし、熱そう。でも、少しだけ覗いてみたい気もする。遠くから、サファリパークのようにバスに乗って見学する感覚で眺めるなら楽しそうだ。

春日明神に案内された狛行光のように、閻魔庁まで来たついでに観光するなんて最高だ。そして、やはり行光のように、地獄に堕ちないための大事な教訓が得られたなら、それはもっと素晴らしい。

幸いなことに、地獄を覗いて帰ってきた人物は狛行光だけではない。そして様々な身分、あらゆる時代の人々が、地獄に思いを馳《は》せ、多くの書物を残してくれている。

本書では、こうした書物を基《もと》に、日本の古典文学が描いてきた地獄を巡りたい。そこにはきっと、時代の空気の明暗や当時の世相、日本人の死生観が映し出されている――。

第一章　仏教が運んだ輪廻と地獄

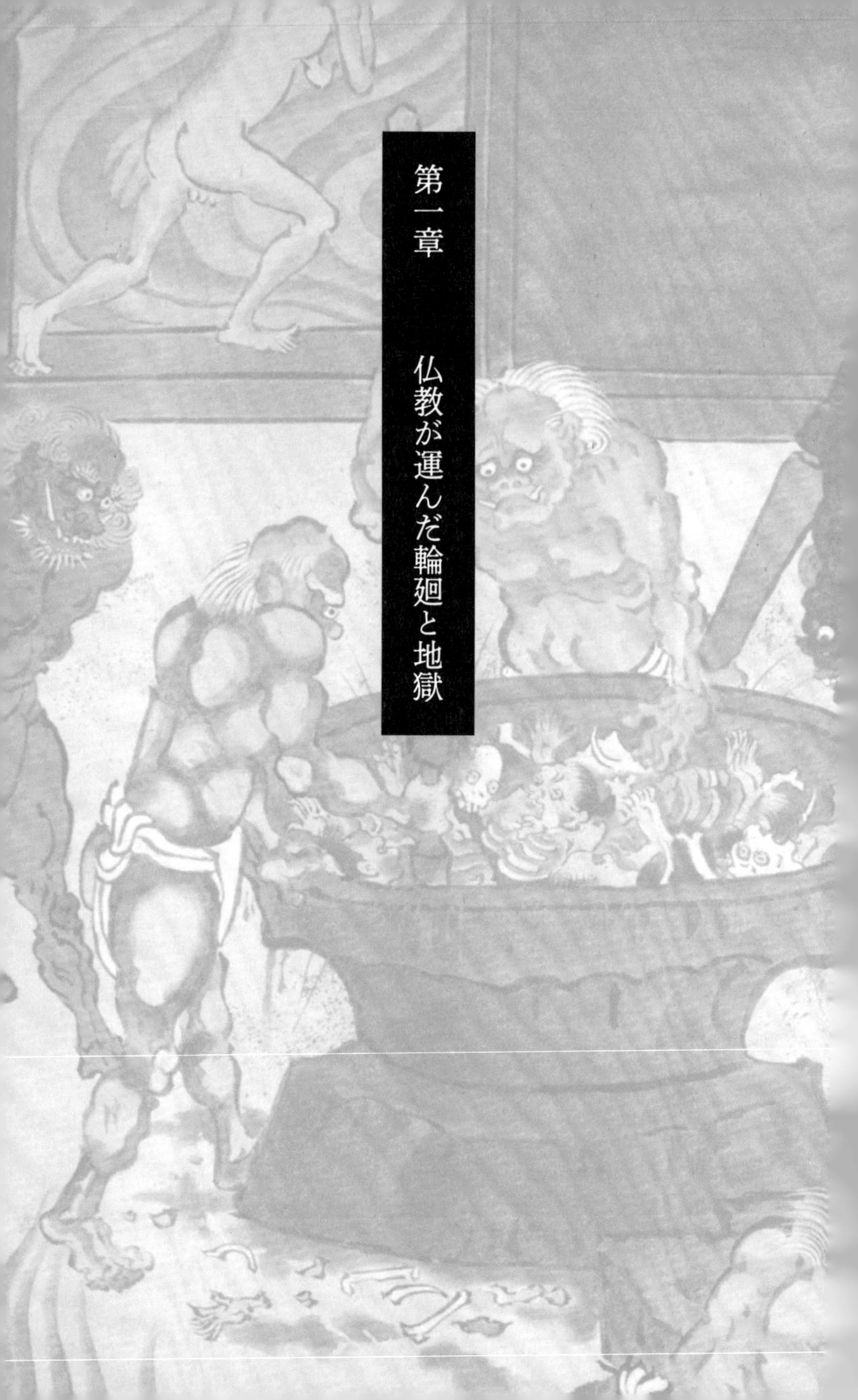

――地獄とはどんな世界なのだろう？　私たちが今生きている世界は何なのだろう？

素朴だが、深い疑問。人間、生きていれば一度はそんなことが脳裏を過《よぎ》るものだろう。かつて栄華《えいが》を極めた平安貴族も、その例外ではなかった。そして、その答えのない問いに直面した彼らが手に取った本がある。タイトルを『往生要集《おうじょうようしゅう》』という。

極楽往生のガイド、『往生要集《おうじょうようしゅう》』

大文《だいもん》第一に、厭離穢土《おんりゑど》とは、それ三界《さんがい》は安きことなし、最も厭離すべし。今その相《さう》を明《あか》さば、惣《す》べて七種あり。一には地獄、二には餓鬼《がき》、三には畜生《ちくしやう》、四には阿修羅《あしゆら》、五には人《にん》、六には天《てん》、七には惣結《そうけつ》なり。

第一に、地獄にもまた分《わか》ちて八となす。一には等活《とうかつ》、二には黒縄《こくじよう》、三には衆合《しゆごう》、四には叫喚《けうくわん》、五には大叫喚《だいけうくわん》、六には焦熱《せうねつ》、七には大焦熱《だいせうねつ》、八には無間《むけん》なり。


第一に、「厭離穢土《おんりえど》」とは、我々が住んでいるこの世界が心安まることのない場所で、忌《い》み嫌って離れなければならないという考え方である。

今、ここに世界の有り様を七つに分けて説明しよう。第一に地獄、第二に餓鬼《がき》、第三に畜生《ちくしょう》、第四に阿修羅《あしゅら》、第五に人《にん》、第六に天《てん》、第七には惣結《そうけつ》（六道《ろくどう》の総括・まとめ）である。

第一の地獄をさらに八つに分ける。第一は等活《とうかつ》地獄、第二は黒縄《こくじょう》地獄、第三は衆合《しゅごう》地獄、第四は叫喚《きょうかん》地獄、第五は大叫喚《だいきょうかん》地獄、第六は焦熱《しょうねつ》地獄、第七は大焦熱《だいしょうねつ》地獄、第八は無間《むけん》地獄である。

これは平安時代の僧、源信《げんしん》（恵心僧都《えしんそうず》＝九四二～一〇一七）が寛和《かんな》元年（九八五）に記した『往生要集』の冒頭部分である。『往生要集』とは、その書名の通り、極楽往生（仏となって極楽に生まれ変わること）のための要項を集めてわかりやすくまとめた仏教書で、藤原道長《ふじわらのみちなが》（九六六～一〇二七）をはじめとした当時の貴族たちを中心に広く愛読されていたことで知られている。平安時代最大のベストセラーといっても過言ではないだろう。

この『往生要集』がまず真っ先に言及するのは、今、私たちの生きている世界が、忌《い》み嫌うべき穢《けが》れた場所なのだということ（仏教の基本的な考え方のひとつで、これを「厭離穢土《おんりえど》」という）。そしてこの世界は「地獄」「餓鬼」「畜生」「阿修羅」「人」「天」の六道に分かれ、このうち「地獄」は、さらに「等活地獄」「黒縄地獄」「衆合地獄」「叫喚地獄」「大叫喚地獄」「焦熱地獄」「大焦熱地獄」「無間地獄」の八つに分かれるという。以降、『往生要集』は、八つの地獄の様相を丁寧に描写していく。

実は『往生要集』は、日本で初めて地獄の様子をわかりやすく活写した書だった。もちろん、地獄に関する記述はそもそも仏教の経典に基づいている。しかし、それを読みやすく、わかりやすく解説したという点において『往生要集』は画期的だった。

当時の平安貴族にとっても、仏教の経典を直接読みこなして理解するのはなかなか困難だった。例えば、菅原孝標女《すがわらのたかすえのむすめ》（一〇〇八〜五九より後？）はその日記『更級日記《さらしなにっき》』の中で、こんなことを書いている。

夢にいと清げなる僧の、黄《き》なる地の袈裟《けさ》着たるが来て、「法華経《ほけきやう》五の巻《まき》をとく習へ」といふと見れど、人にも語らず、習はむとも思ひかけず。

（更級日記）

（『源氏物語《げんじものがたり》』を昼夜問わず読み耽《ふけ》るあまり）夢の中に大層清らかな様子のお坊様で、黄色地の袈裟を着た人が現れた。お坊様は「法華経《ほけきょう》の五の巻を早く勉強しなさい」と言ったようだったけれど、誰にも話さず、勉強しようとも思わなかった。

「法華経五の巻」には、女性の極楽往生に関する重要な記述がある。菅原孝標女も、自分の極楽往生のために、勉強しなければいけないことは充分にわかっていたようだが、それでも『源氏物語』を読みたいあまりに、勉強を後回しにしていた。

死後、極楽に往生したいとは思いつつも（「厭離穢土」の考え方のもと、穢れたこの世界を脱出して極楽に生まれ変わることを目指す考え方は「欣求浄土《ごんぐじょうど》」という）、経典は難しいし、勉強は大変……そんな貴族にうってつけの極楽往生ガイドとして流布していたのが源信の『往生要集』だった。タイトルは現代風にいうなら「往生の仕方、教えます」である。貴族たちはこれに、一斉に飛びついた。そして、そこに詳細に描かれた地獄の様相に震え上がったのである。そのインパクトは絶大だった。

『往生要集』が登場して以降、その文章は様々な仏教書・説話集に引用され、後世の日本の仏教観そのものに大きく影響を与えてしまったほどだった。『源氏物語』に至っては、作者源信をモデルにした「横川僧都《よかわのそうず》」という人物を物語のキーマンとして登場させていることからも、この時代の源信の存在感の大きさがわかる。

日本人の仏教の世界観・地獄のイメージの基礎は、この『往生要集』によって築かれたのである。

『往生要集』が説く六つの世界

『往生要集』が説く仏教の世界観でいうならば、今、私たちが存在している世界は先述の「六道」のうち「人」、一般的に「人道《にんどう》」と呼ばれる場所で、苦しみにあふれているが、それなりに楽しみもある世界だ。

この「人道」は「六道」の中でも上位三つの「三善道《さんぜんどう》」に分類される。「三善道」は、「天道」「人道」「修羅道」である。「天道」は天人《てんにん》たちの住む世界だ。娯楽にあふれた豊かな場所だが、その代わり天人には「五衰《ごすい》」と呼ばれる――長寿の末、死の直前に五つの死相が表れる――苦しみがある。「修羅道」は、修羅の住む世界で、常に互いが憎《にく》しみ合っていて戦いが絶えない。中世に記された軍記物語は、武士たちの合戦の様子を「修羅道」に例《たと》えているから、戦場を想像するのがふさわしいのだろう。厳しい世界ではあるが、下位三つの「三悪道《さんあくどう》」（「三悪趣《さんあくしゅ》」とも呼ばれる）よりは多少マシらしい。「三悪道」とは「畜生道」「餓鬼道」「地獄道」の三つだ。

このうち「畜生道」とは動物たちの世界のことだ。ここには人間がペットとして愛《め》でるような犬や猫だけでなく、牛や馬などの家畜も含まれるし、ゴキブリやハエもここに含まれる。互いに生きるために殺し合うし、人間に食べられてしまったりする。

「餓鬼道」は「餓鬼」と呼ばれる者たちの世界だ。常に飢え、渇き、苦しんでいる。食べ物を探して彷徨《さまよ》い続け、ようやくありつけたとしても、口に入れようとするとたちまち燃え上がってしまって満たされることがない。平安時代末期から鎌倉時代にかけて描かれた絵巻『餓鬼草紙《がきぞうし》』【図1】(24ページ)には、人間の糞便《ふんべん》を食べようと群がってくる餓鬼の姿が描かれている。腕や脚が、骨が浮かび上がるほどに細いのに対して腹がふくれあがっているのは、実際に極度の栄養失調に陥《おち》った場合に起こる腹水《ふくすい》の症状であると考えられる。つまり、現実に飢えた人間をモデルに描かれているのである。

「畜生道」「餓鬼道」はともに苦しみに満ちた世界だが、それよりももっと酷《ひど》い場所が最後の「地獄道」。現代の私たちが「地獄」と呼んでいる場所のことである。先に述べたように、地獄は主に八つに分類され、それぞれで獄卒《ごくそつ》(地獄の使者。鬼とも呼ぶ)による責め苦《せく》が待ち構えているのである。

以上、「六道」について見渡してみると、私たちが存在している「人道」がまだいくらか平和な場所であることがわかる。病気になったり、親しい人を亡くしたり、苦しみや悩みに満ちあふれているが、「三悪道」に比べればずっとマシな世界なのである。では、なぜ今、私たちがこの「人道」に生きているのかというと、すべて前世《ぜんせ》の行いによるものと仏教は考えるのである。つまり、前世の自分が善行《ぜんこう》を積み、そのおかげで、今生《こんじょう》を「人道」に生まれ変わることができたのだ。

【図1】『餓鬼草紙（模写）』（国立国会図書館所蔵）　写年不明
人間の糞便に群がる餓鬼。原本は東京国立博物館所蔵

さらに挙げるなら、天子（天皇や皇帝）も前世で善行を積んだ結果、その報《むく》いとして現世《げんぜ》で帝王に生まれ変わることができたということなのである。

時代は下るが、『平家物語《へいけものがたり》』には、幼くして平家一門とともに入水《じゅすい》した安徳《あんとく》天皇（一一七八～八五）について、次のような一文がある。

十善帝位《じふぜんていゐ》の御果報《おんくわほう》申すもなかく〳〵おろかなり。雲上《うんしやう》の竜《りよう》くだッて海底の魚《うを》となり給ふ。

前世に十善《じゅうぜん》の行いを積んだその報いに天子としてお生まれになった幸運を、ここで申し上げてもとても言い尽くせない。雲上の竜のような天子は、こうして海底へとくだって魚となられた。

（平家物語　巻一一　先帝身投《せんていみなげ》）

安徳天皇は、平清盛《たいらのきよもり》（一一一八～八一）の娘・建礼門院徳子《けんれいもんいんとくこ》（一一五五～一二一三）の産んだ皇子《おうじ》で、清盛の庇護《ひご》のもと幼くして即位した。そして平家一門はこの帝《みかど》の外戚《がいせき》として権勢を振るったのである。

ところが壇ノ浦《だんのうら》の戦いで平家一門が源氏の軍勢に敗れると、一門の命運はここに尽きたとして、人々は安徳天皇もろとも海に身を投げた。

この悲劇を哀切《あいせつ》漂う一文で切り取ったのが、先に挙げた箇所である。

「十善帝位の御果報」というのは、前世で「十善」と呼ばれる一〇種の善を行ったその報いに、帝位についたという意味だ。

つまり『平家物語』は前世で善行を積んだ安徳天皇を、平家一門の運が尽きたと同時に、「海底の魚」へと生まれ変わらせてしまう。それはおそらく平家一門の専横《せんおう》が、安徳天皇の来世《らいせ》に影響してしまったということを言いたいのだろう。この文章に託された悲しみは、安徳天皇が幼くして非《ひ》業《ごう》の死を遂げるということのほかにも、前世で類いまれなる善行を積んだ天子が、一門とともに「畜生道」へと堕《お》ちていくという点にもある。

このように、一生の行いに応じて来世が変わり、「六道」のうちいずれかの世界に何度も生まれ変わり続けることを「輪廻《りんね》」と呼ぶ。安徳天皇に限らず、私たち——生きとし生ける者——は「輪廻」を繰り返して「六道」を巡り続ける。これが「六道輪廻」である。

つまり、現在「人道」にいるからといって、前世も人間だったとは限らないし、来世も人間に生まれ変わる保証はない。筆者も前世はカタツムリだったのかもしれない。そして、来世は何かの拍子で「地獄道」に堕ちるのかもしれない。運良く「地獄道」を免《まぬか》れたとしても、餓鬼に生まれ変わってしまう可能性もある。その次はまたダンゴムシとかかもしれないし、餓鬼のときの振る舞いによっては、イノシシくらいにはなれるかもしれない。しかし、そうたやすく、「人道」には戻ってこられないだろう。

来世は常に、現世の行いに応じて用意されている。そしてこの「六道」を「輪廻」し続けている限り、永遠に悩みや苦しみからは解放されない。ここで仏の教えに出会い、悟りを得て極楽浄土に生まれ変わると、ようやく「六道輪廻」から脱出し、永遠の安らぎを得る。このように苦しみから解き放たれることが「解脱《げだつ》」であり、人は仏となる。

平安貴族がこぞって『往生要集』を読んだのは、この苦しみの多い「輪廻」からの「解脱」を目指したからに他ならない。「人道」が「六道」のなかではいくらか良い場所と考えられているのは、偏《ひとえ》に仏の教えに出会うことができるからだ。「畜生道」に生まれ変わって動物になってしまったら、仏教を理解するのは困難だ。「天道」でさえ、快楽に満ちているせいでかえって悟りを得にくいとも考えられている。つまり「人道」に生まれた今こそ、「解脱」のチャンス。極楽往生を目指さなければ――『往生要集』を手に取った平安貴族はそのように考えていたのだ。そして、逆にどうしたら地獄へ行かずに済むか、とも考えていたはずだ。

八層の地獄

では、「六道」のうち最下層に当たる「地獄道」はどのような構造をしているのだろうか。『往生要集』は次のように解説する。

初《はじめ》に等活《とうかつ》地獄とは、この閻浮提《えんぶだい》の下《した》、一千由旬《いっせんゆじゅん》にあり。縦広《たてひろさ》一万《いちまん》由旬なり。この中の罪人は、互《たがひ》に常に害心を懐《いだ》けり。もしたまたま相見れば、猟者の鹿に逢へるが如《ごと》し。おのおの鉄爪を以《もつ》て互に爴《つか》み裂《さ》く。血肉《ちにく》すでに尽きて、ただ残骨のみあり。或《あるい》は獄卒、手に鉄杖・鉄棒を執り、頭より足に至るまで、遍《あまね》く皆打ち築《つ》くに、身体破れ砕くること、猶《なほ》し沙揣《しやだん》の如し。或は極めて利《するど》き刀を以て分々《ぶんぶん》に肉を割くこと、厨者《ちゆうしや》の魚肉を屠《ほふ》るが如し。涼風《りやうふう》来り吹くに、尋《つ》いで活《よみが》へること故《もと》の如し。欻然《くつねん》としてまた起きて、前の如く苦を受く。

初めに等活《とうかつ》地獄とは、私たちの住む世界の地下、一千由旬《いっせんゆじゅん》のところにある。広さは縦横ともに一万《いちまん》由旬。

この地獄の罪人は互いに常に敵意を抱いている。もし出くわすと、鹿を見つけた猟師のように殺気立つ。各々《おのおの》が鉄の爪で傷つけ合う。そして血も肉も削《そ》ぎ落とし、骨だけが残る。または、獄卒が鉄の杖《つえ》や棒を手にして、罪人の身体を頭から足までくまなく打ちのめす。罪人の身体は土塊《つちくれ》のように粉々に砕け散ってしまう。または、料理人が肉や魚をさばくように、罪人の身体を鋭利な刀でバラバラに切り分けてしまう。

ところが涼しい風が吹いてくると、罪人はすぐ元のように生き返る。にわかに起き上がって前と同じように苦しみを受けるのである。

八つの地獄のうち最初に解説されるのは、一千由旬（一由旬は約一一・二キロメートル、一説には一四・四キロメートルとも）の地下にあるという「等活地獄」である。「等活」とは、「蘇生」や「生活」を意味し、すなわち「等活地獄」とは何度死んでも蘇《よみがえ》ってしまう地獄を意味している。獄卒に鉄杖《てつじょう》や刀で砕かれ刻まれても、何度でも蘇って同じ苦しみを繰りかえし受け続けるのである。主に無益な殺生《せっしょう》を行った者がここに堕ちるという。

なお、この「等活地獄」にはさらに一六カ所の「小地獄《しょうじごく》」と呼ばれる場所が付属していると『往生要集』は解説している。例えば「屎泥処《しでいしょ》」、ここは煮えたぎった糞尿の世界。金剛《こんごう》（ダイヤモンド）のような硬い嘴《くちばし》を持つ虫が棲《す》んでいて、飢えた罪人がこの場所の糞尿を食うとたちまち身体に群がって、皮膚を食い破ってしまうという。

想像するだに怖《おそ》ろしいが、まだここは地獄の入り口。さらに下層へと降りていくと、今度は第二層の「黒縄地獄《こくじょう》」がある。「黒縄」とは材木などに線を引くための大工道具である「墨縄《すみなわ》」のことを指している。この「黒縄地獄」では、罪人たちは「墨縄」で身体に線を入れられ、そこから斧《おの》や鋸《のこぎり》で切り刻まれてしまうという。主に、殺生に加え、盗み（偸盗《ちゅうとう》）を働いた者が堕ちるという。

さらに『往生要集』はこのように述べている。

また、左右に大いなる鉄の山あり。山上におのおの鉄の幢《はた》を建て、幢の頭に鉄の縄を張り、縄の下には多く熱き鑊《かま》あり。罪人を駈《か》り、鉄の山を負ひて縄の上より行かしめ、遙《はる》かに鉄の鑊に落して摧《くだ》き煮ること極《きはま》りなし。

この地獄の左右には大きな鉄の山がそびえている。その山頂には鉄の柱が立っていて、鉄の縄が張ってある。縄の下には熱した釜《かま》が並んでいる。獄卒は罪人を追い立て、鉄を背負わせて縄を渡らせ、はるか下の鉄の釜に落として、身体を砕き煮続ける。

釜の上に張った鉄の縄の上を罪人が渡る様子は、本書の冒頭で紹介した『春日権現験記《かすがごんげんけんき》』に描かれている（12ページ【図5－a】）。ちょうど春日明神《みょうじん》が狛行光《こまのゆきみつ》に向かって笏《しゃく》で指し示している場面だ。詞書《ことばがき》には具体的な地獄の様子は描かれていないが、『春日権現験記』は『往生要集』などの仏教書を参考にして「黒縄地獄」の様子を絵画化したことがわかる。

「黒縄地獄」の下には、第三層の地獄「衆合《しゅごう》地獄」がある。ここでは牛や馬の顔をした獄卒に追い回され、岩に挟まれて圧《お》し潰されたり、鉄の臼《うす》に入れられて杵《きね》で粉々にされてしまったりする。

「衆合地獄」に特徴的なのは次の部分だろう。

またふたたび獄卒、地獄の人を取りて刀葉《たうえふ》の林に置く。かの樹の頭を見れば、好き端正厳飾《たんじやうごんじき》の婦女あり。かくの如く見已《みをは》りて、即ちかの樹に上るに、樹の葉、刀の如くその身の肉を割《さ》き、次いでその筋を割く。かくの如く一切の処を劈《つんざ》き割いて、已《すで》に樹に上ることを得已《えをは》りて、かの婦女を見れば、また地にあり。欲の媚《こ》びたる眼を以《もつ》て、上《かみざま》に罪人を看《み》て、かくの如きの言《げん》を作《な》す、「汝《なんぢ》を念《おも》ふ因縁もて、我《われ》、この処《ところ》に到れり。汝、いま何が故ぞ、来りて我に近づかざる。なんぞ我を抱かざる」と。罪人見已りて、欲心熾盛《しじやう》にして、次第にまた下るに、刀葉上《うへ》に向きて利きこと剃刀《かみそり》の如し。前の如く遍《あまね》く一切の身分《しんぶん》を割く。

獄卒は罪人を、刀のような鋭く尖《とが》った葉を持つ樹の繁《しげ》る林へ連れて行く。樹の上には着飾った美女がいる。罪人はそれを見て樹を登るが、樹の葉は刀のように罪人の肉や筋を切り裂く。ようやく樹の上に辿《たど》り着くと、女はいつの間にか地上にいる。欲情に満ちた媚《こ》びた目で「貴方《あなた》をお慕《した》いしてここまで来たのに、どうして近づいてくれないの。なぜ、抱いてくれないの」と誘う。これを見た罪人はますます欲情を激しく燃やし、樹上から下りる。すると今度は刀の葉が上を向いて、剃刀のように、再び罪人を切り刻んでしまう。

「衆合地獄」に堕ちるのは、殺生・偸盗（盗みのこと）に加えて、邪淫《じゃいん》（よこしまな性行為のこと）の罪を犯した者だ。身体を切り刻まれてもなお美女を追いかけ回す罪人の姿は、いかにも汚らわしい性欲や執念深さを彷彿《ほうふつ》とさせる。なお、ここでいう「よこしまな性行為」というのは、子どもに性的虐待を加える、他人の配偶者と交わるなどのことを指す。

この樹上の美女の絵は『春日権現験記』（13ページ【図5－c】）にも描かれていた。『春日権現験記』は、「黒縄地獄」や「衆合地獄」をまとめて一場面に描いているのである。いわば地獄巡りのハイライトである。また、『春日権現験記』がそもそも絵巻であることを踏まえると、右から左へスクロールしていくごとに様々な地獄の場面が現れるよう、工夫して描かれているのかもしれない。

さて、「衆合地獄」の下には第四層の「叫喚《きょうかん》地獄」がある。

或《あるい》は鉄棒を以《もっ》て頭を打ちて熱鉄の地より走らしめ、或は熱き鏊《ごう》に置き反覆してこれを炙《あぶ》り、或は熱き鑊《かま》に擲《な》げてこれを煎じ煮る。或は駈《か》りて猛炎《まうえん》の鉄の室に入らしめ、或は鉗《かなばさみ》を以て口を開いて洋銅《やうどう》を灌《そそ》ぎ、五蔵を焼き爛《ただ》らせて下より直ちに出《いだ》す。

ある獄卒は鉄棒で罪人の頭を打ち、焼けた鉄の地面を走らせる。または熱した平鍋で何度も罪人を引っくり返して炙り焼きにする。または熱い釜に投げ入れて煮込んでしまう。またあるいは、激しい炎に満ちた鉄の部屋の中へと追い立て、または金バサミで罪人の口をこじ開けて融《と》けた銅を流し込む。するとたちまち臓器は焼け爛れて肛門《こうもん》から流れ出す。

「叫喚」は文字通り、泣き叫ぶこと。責め立てられる罪人の悲鳴を表している。この箇所を読んだだけでも、焼けた鉄や銅の臭いが鼻をつくような気がして身震いしてしまう。ただ、熱した鍋に乗せられ、何度も引っくり返されて炙られるというのは、おそろしげな獄卒が丁寧に料理をしているような、細やかな仕草《しぐさ》が想像されて、ここだけコミカルにも感じる。現代の私たちが、これほどまでにおぞましい「地獄」に親しみを持つのは、この恐怖と紙一重のおかしさにあるのかもしれない。

さて「叫喚地獄」で注目したいのは「小地獄」である。先に「等活地獄」のくだりでも少し触れたが、「小地獄」とは各地獄にそれぞれ付随している一六カ所の地獄のことで、それぞれに細かい設定がある。「等活地獄」では煮えたぎった糞尿の世界である「屎泥処」について取り上げたが、この「叫喚地獄」では「火末虫《かまつちゆう》」と「雲火霧《うんかむ》」について覗いてみたい。

また十六の別処あり。その中に一処あり。火末虫《かまつちゆう》と名づく。昔、酒を売るに、水を加へ益《ま》せる

者、この中に堕ち、四百四病《しひやくしびやう》を具《ぐ》す。

（中略）

また別処あり。雲火霧《うんかむ》と名づく。昔、酒を以《もつ》て人に与へ、酔はしめ已《をは》りて、調《あざけ》り戯《たはむ》れ、これを弄《もてあそ》び、かれをして羞恥《しうち》せしめし者、ここに堕ちて苦を受く。

（叫喚地獄には）一六の小地獄があるが、その中に火末虫《かまつちゅう》というところがある。酒に水を加えて販売して利益を得た者がこの中に堕ち、ありとあらゆる病気にかかる。

（中略）

また雲火霧《うんかむ》というところもある。他人に酒を飲ませて酔わせ、嘲笑《あざわら》って愚弄《ぐろう》し、恥をかかせた者がここに堕ちて苦しみを受ける。

「叫喚地獄」に堕ちる者は、主に殺生・偸盗・邪淫に加えて飲酒の罪を犯した者だ。飲酒とは、ここでは「いんしゅ」ではなく「おんじゅ」である。飲酒《おんじゅ》の罪とは、ただ酒を飲むことではない。相手に無理やり飲ませたり、あるいは酔って物を壊したり暴力を振るったりすることや、みだりに酒を売ることを指す。現代風にいえばアルコール・ハラスメントであろう。

鎌倉時代の名随筆『徒然草《つれづれぐさ》』には、酒に関してこのような記述がある。

百薬《ひやくやく》の長《ちやう》とはいへど、万《よろづ》の病《やまひ》は酒よりこそおこれ。憂《うれへ》忘るといへど、酔《ゑ》ひたる人ぞ、過ぎにし憂《う》さをも思ひ出でて泣くめる。後《のち》の世は、人の智恵をうしなひ、善根《ぜんこん》を焼くこと火のごとくして、悪を増し、万の戒《かい》を破りて、地獄におつべし。

（酒は）百薬の長とはいうが、あらゆる病気は酒が原因だ。飲むと辛《つら》いことを忘れるというけれど、酔っている人ほど過去の辛さを思い出して泣くようだ。こうして人としての知恵をなくし、善根（善《よ》い行いのことで、来世の果報《かほう》につながる）をまるで火のように燃やしてしまって、悪行《あくぎょう》を重ねてすべての戒律を破ると地獄に堕ちるだろう。

この章段は、作者の兼好法師《けんこうほうし》の酒に対する考え方がはっきりと表れている場面として有名なくだりだ。酒を飲んだうえで悪行を重ねれば、地獄に堕ちるというのである。

では地獄行きにつながる酒の飲み方というのはどういったものなのだろうか。実はこの章段は、次のような文章で始まっている。

世には心得ぬ事の多きなり。ともあるごとには、まづ酒をすすめて、強《し》ひ飲ませたるを興《きょう》とす

る事、如何《いか》なるゆゑとも心得ず。飲む人の顔、いと堪《た》へがたげに眉《まゆ》をひそめ、人目《ひとめ》をはかりて捨てんとし、逃げんとするを、捕《とら》へて、ひきとどめて、すずろに飲ませつれば、うるはしき人も、忽《たちまち》に狂人となりてをこがましく、息災《そくさい》なる人も、目の前に大事の病者《ばうざ》となりて、前後も知らず倒《たふ》れ伏《ふ》す。祝ふべき日などは、あさましかりぬべし。

（徒然草　第一七五段）

世の中には納得のいかないことが多いものだ。ことあるごとに、まず人に酒を勧めて無理やり飲ませるのをおもしろがるのは、どういうことなのか訳がわからない。飲まされた人の顔が、我慢できそうにもなく眉をひそめ、人目をうかがってこっそり酒を捨てようとし、また逃げ出そうとしているところを捕まえて引き留め、やたらに飲ませてしまうと、端正な人も、たちまちおかしな人のようになって、ばかげた振る舞いをし、健康な人も見ているうちに重病人になってしまって後先もわからなくなって倒れてしまう。お祝い事の日などに（こんなことになってしまったら）、あきれ果ててしまうだろう。

まさにアルコール・ハラスメントそのものの光景である。『徒然草』が書かれた鎌倉時代から、私たちの振る舞いは少しも進歩していないような気さえする。

『徒然草』はさらに酔っ払いを辛辣《しんらつ》に批判する。普段は奥ゆかしいのに酒が入った途端にバカ騒ぎする人、服がはだけてだらしなくなる人、人に無理やり物を食べさせようとする人、またそれを見て笑っている人、偉そうに自慢話を始める人――。

一方で、酒を飲むことそのものには肯定的である。同じ段には、月夜や雪の朝の酒に趣《おもむき》があるといい、親しい友人と酌《く》み交わす酒の楽しさも述べているのである。

『徒然草』によれば、酒を無理に飲ませたり、またあるいは酔いにまかせて悪さをしたり、節度を失うような人こそ先の記述、「悪を増し、万の戒を破りて、地獄におつ」ということなのだろう。これが「叫喚地獄」につながる飲酒の罪として、最もわかりやすい解釈のひとつだ。

さて、「叫喚地獄」の下にはさらに第五層の「大叫喚地獄《だいきょうかんじごく》」がある。

『往生要集』はこの「大叫喚地獄」の苦しみについて、「叫喚地獄」と苦しみの様子はほぼ同じだが、ここまで説明してきた「等活地獄」から「叫喚地獄」までの四つの「地獄」と各地獄に付随する「小地獄」を全部足して一〇倍にしたくらいだと述べる。

ここで注目したいのは、「大叫喚地獄」に付随する「小地獄」のうち「受無辺苦《じゅむへんく》」である。この「受無辺苦」には次のような解説がなされている。

獄卒、熱鉄の鉗《かなばさみ》を以《もっ》てその舌を抜き出す。抜き已《をは》ればまた生じ、生ずれば則《すなは》ちまた抜く。眼

を抜くこともまた然《しか》り。また刀を以てその身を削《けづ》る。刀の甚《はなは》だ薄く利きこと、剃頭《ていづ》の刀の如し。かくの如き等の異類の諸苦《しょく》を受くること、皆これ妄語《まうご》の果報なり。

獄卒が、焼けた鉄のハサミで罪人の舌を抜く。抜けばまた生えてきて、生えてくればまた抜く。目玉も同じように刳《く》り抜く。また刀で罪人の身体を削る。刀の刃はとても薄く鋭く、剃刀《かみそり》のようだ。このような様々な苦しみを受けるのは、すべて妄語《もうご》の報いである。

「妄語」というのは嘘《うそ》をつくことだ。「大叫喚地獄」は、殺生・偸盗・邪淫・飲酒に加えてこの妄語の罪を犯した者の堕ちる場所である。そしてその罪人は、焼けた鉄のハサミで舌を抜かれる。現代の私たちにもお馴染《なじ》みの言い回し「嘘をつくと閻魔《えんま》様に舌を抜かれる」（13ページ【図5－c】）というのは、この「大叫喚地獄」の様子から発生したものである。だが、この『往生要集』にある通り、実際に罪人の舌を抜くのは獄卒の仕事であり、閻魔王ではない。

さて、この「大叫喚地獄」の下には第六層の「焦熱《しょうねつ》地獄」がある。

獄卒、罪人を捉《とら》へて熱鉄の地の上に臥《ふ》せ、或《あるい》は仰《あふ》むけ、或は覆《うつぶ》せ、頭より足に至るまで、大いなる熱鉄の棒を以《もっ》て、或は打ち、或は築《つ》いて、肉摶《にくだん》の如《ごと》くならしむ。或は極熱の大いなる鉄鏊《てつごう》

の上に置き、猛《たけ》き炎にてこれを炙《あぶ》り、左右にこれを転がし、表裏より焼き薄《うす》む。或は大いなる鉄の串《くし》を以て下よりこれを貫き、頭を徹《とほ》して出し、反覆してこれを炙り、かの有情《うじやう》の諸根《しよこん》・毛孔《もうく》、及《お》以《よ》び口の中に悉《ことごと》く皆炎を起さしむ。

獄卒たちは罪人を捕まえると、焼けた地面に寝かせて、仰向《あおむ》けにしたりうつ伏せにしたりして、頭の先から足の先まで鉄棒で打ったり突いたりして、肉団子にしてしまう。またはよく熱した大きな鍋に入れ、強い炎で炙り、左右に転がして、両面を薄く焼く。または大きな鉄の串を肛門から頭に向かって刺し、引っくり返しながら炙って罪人の目・耳・鼻・毛穴・口の中など、炎でいっぱいにする。

まるで料理の手順のようで、ついおかしさを感じてしまうのだが、罪人たちにとっては笑っていられるような場所ではない。この「焦熱地獄」の炎は、人間の世界に持ち込めば、一瞬で世界を焼き尽くすほどの炎だという。「焦熱地獄」の名の由来は、この炎のことを指していると思われる。「焦熱地獄」に堕ちる者は、殺生・偸盗・邪淫・飲酒・妄語の罪に加えて、邪見《じやけん》の罪を犯した者である。邪見というのは、よこしまな見解、思想のこと。特にこの場合、仏教の考え方のうち「因《いん》果《が》」（行いには善悪に応じた報いがあるという考え方）を否定することをいう。「焦熱地獄」に付属する「分茶離迦《ふんだりか》」という「小地獄」に堕ちる者について、『往生要集』には次のように記されている。

もし人、自《みづか》ら餓死して、天に生《うま》るることを得んと望み、また他人に教へて邪見に住《とど》まらしめたる者、この中に堕つ。

生前にあえて自ら餓死して、天道に生まれ変わることを望んだり、そういった間違った考え方を他人に教えたりした者が堕ちる。

これによれば、邪見というのは、仏教の曲解・誤った解釈・自分に都合のいい捉え方を指すことがわかる。貧しい人に食べ物を分け与えてついに餓死してしまった人は、その善行に応じて死後「天道」に生まれ変わるかもしれない。ただ、「天道」へ生まれ変わろうとして、いわば積極的に餓死するというのは、仏教の原則である「因果」の考え方を誤っている、ということになるのだ。

さて、「焦熱地獄」の下には「大焦熱地獄《だいしょうねつ》」という第七層の地獄がある。苦しみの様子は「焦熱地獄」と同じだが、その苛烈《かれつ》さは、これまで見てきた「等活地獄」から「焦熱地獄」までの六つの地獄とそれに付属するすべての「小地獄」を足して一〇倍にしたくらい。第七層ともなると、一段と過酷《かこく》さが増す。

「大焦熱地獄」に堕ちるのは、殺生・偸盗・邪淫・飲酒・妄語・邪見の罪に加えて、戒律を守って生活していた尼僧《にそう》を陵辱《りょうじょく》した者である。現代の感覚でいうところの性犯罪はすべて邪淫の範疇《はんちゅう》に入りそうだが、ここでは特に尼僧と交わることを先の邪淫とは別に項目立てているのである。それはおそらく、仏教への信心《しんじん》をも踏みにじる行為として、尼僧への暴力をより一層重く捉えているからだろう。閻魔王がいよいよ登場するのも、この「大焦熱地獄」からなのである。

「大焦熱地獄」に堕ちた者は、まず獄卒に引っ立てられてすべての地獄の様子を見なければならない。獄卒に責め立てられながら、残酷《ざんこく》な地獄の光景をたっぷりと見せられたあと、ついに閻魔王の前に立たされる。そして閻魔王の呵責《かしゃく》（責め苛《さいな》むことや折檻《せっかん》すること）を散々受けたあと、いよいよ大焦熱地獄の炎の中へと連れて行かれるのである。「普受一切苦悩《ふじゅいっさいくのう》」という「小地獄」では、次のような苦しみを受ける。


炎の刀にて一切の身の皮を剝《は》ぎ割《さ》いて、その肉を侵さず。既にその皮を剝げば、身と相連ねて熱き地に敷き在《お》き、火を以《もつ》てこれを焼き、熱鉄の沸《わ》けるを以てその身体に灌《そそ》ぐ。かくの如《ごと》く無量億千歳《りやうおくせんざい》、大苦を受くるなり。

炎の刀で全身の皮を剝ぎ取られ、肉だけ残される。そしてその皮と身を焼けた地面に敷いて火で焼いてしまう。そして熱く融けた鉄を上から流しかける。これが何億年ものあいだ続く。

ここは尼僧をたぶらかし、酒を飲ませて判断力を失わせたうえで性的な関係を持ったり、金品を分け与えて堕落させようとしたりした者が堕ちるという。「大焦熱地獄」の名の通り、ここでも熱い炎による苦しみが待っている。

そして「大焦熱地獄」の下に、いよいよ最後の地獄である第八層「無間《むけん》地獄」が広がっている。「無間」はもともと梵語《ぼんご》（サンスクリット）では「avīci」といい、音訳すると「阿鼻《あび》」、漢語に訳すと「無間」になる。つまり「無間地獄」と「阿鼻地獄」は同じ意味である。「無間」の文字通り、絶え間ない苦しみがあるという意味だ。

また泣き叫び、助けを求める様子を「阿鼻叫喚」という四字熟語で表すことがあるが、これももともと「阿鼻地獄」に満ちた罪人の悲鳴の様子を例えたものである（「阿鼻地獄」と「叫喚地獄」の両者を指す場合もある）。「阿鼻地獄」こそ地獄の最下層で、最も過酷な場所。それだけに比喩《ひゆ》に多く用いられ、「地獄」といえば、「阿鼻地獄」が代表されることも多い。

「阿鼻地獄」は『往生要集』にいわく、これまで見てきた七つの地獄とそれに付属する「小地獄」をすべて合わせてさらに一〇〇〇倍の苦しみがあるという。「阿鼻地獄」の罪人からは一段上の

「大焦熱地獄」が楽園のように見えるほどだ。

もし人、一切の地獄の所有の苦悩を聞かば、皆悉《ことごと》く堪《た》へざらん。これを聞かば則《すなは》ち死せん。かくの如《ごと》くなれば、阿鼻《あび》大地獄の処は、千分の中に於《お》いて一分をも説かず。何を以《もつ》ての故に。説き尽《つ》くすべからず、聴くことを得べからず、譬喩《ひゆ》すべからざればなり。もし人ありて説き、もし人ありて聴かば、かくの如き人は血を吐いて死せん。

この地獄のすべての苦しみを聞いたなら、誰もそれに耐えられないだろう。聞けばすぐに死んでしまう。よって阿鼻地獄のことは一〇〇〇分の一も説かれていない。説き尽くすことも聞くこともできず、例えることさえできない。もしも説く人や聞く人がいたら、血を吐いて死んでしまうだろう。

これまで見てきた七つの「地獄」とは別格である。この「阿鼻地獄」に堕ちるのは、仏教が強く戒める「五逆罪《ごぎゃくざい》」（数え方には諸説あるが、代表的なものとしては、①父を殺すこと、②母を殺すこと、③悟りを得た聖者を殺すこと、④仏を傷つけること、⑤教団を分裂させ破壊すること――が挙げられる）に加え、「因果」の理《ことわり》を否定し、大乗仏教を誹謗《ひぼう》し、さらに「四重《しじゅう》」（殺生・偸盗・邪淫・妄語の四つの罪）を犯し、不当に施《ほどこ》しを受けた者だという。

そしてこの「阿鼻地獄」にも、一六カ所の「小地獄」が付属している。

このうち「鉄野干食処《てつやかんじきしょ》」では、鉄の瓦《かわら》が真夏の豪雨のように降り注ぎ、身体が砕け散ってしまう。そして、炎の牙《きば》を持った野干《やかん》（狐《きつね》のこと）に食い千切《ちぎ》られてしまう。

また「閻婆度処《えんばどしょ》」には象のように巨大な「閻婆」という炎を吐く鳥がいて【図2】、罪人を捕まえるとあちこちを飛び回って、石の地面に叩《たた》きつけて粉々にしてしまうという。

これまで見てきた八つの地獄は合わせて「八大《はちだい》地獄」と呼ばれる。それぞれの地獄には、罪の重さに応じて様々な責め苦が待ち受けている。これが基本的な「地獄道」の構造である。

【図2】『地獄草紙』（奈良国立博物館所蔵）より「鶏地獄」　平安時代末期〜鎌倉時代初期
『往生要集』との関連ははっきりしないが、炎を吐く巨大な「閻婆」と見られる鳥が描かれている

熱い地獄と冷たい地獄

「八大地獄」に共通しているのは、炎・熱・鉄・刀・獣などのイメージである。鉄が融けるほどの熱や燃えさかる炎こそ「八大地獄」の苦しみを象徴している。

実は「八大地獄」と対《つい》になる「八寒地獄《はっかんじごく》」という場所もある。ここは氷や雪に満ちた凍《こご》えた世界だ。『倶舎論《くしゃろん》』という経典によれば、「頞部陀《あぶだ》」「尼剌部陀《にらぶだ》」「頞哳吒《あんせった》」「臛臛婆《かかば》」「虎虎婆《ここば》」「嗢鉢羅《うばら》」「鉢特摩《はどま》」「摩訶鉢特摩《まかはどま》」の八つのようだが、この点について『往生要集』の解説はなぜか素っ気ない。

具《つぶ》さには経論《きやうろん》の如《ごと》し。これを述ぶるに遑《いとま》あらず。

（往生要集）

詳細は経論（経典）を見よ。これについて述べている暇はない。

『往生要集』に限らず、「八寒地獄」について詳しく言及した書は多くない。そもそも典拠となっている経典もあまり詳しく述べていない。

つまり一般に流布している「地獄」といえば、燃えさかる炎に包まれた「八大地獄」のことを指す。『往生要集』を手に取った平安貴族は、罪人が地獄の炎に焼かれる有り様を知り、自分の後生《ごしょう》（来世のこと）を想像して恐怖したのである。

例えば『源氏物語』に影響を与えたことで知られ、日本最古の長編小説とも呼ばれる『うつほ物語』の作者も、『往生要集』の記述に影響を受けた平安貴族のひとりだった。

『往生要集』とほぼ同時代に成立した『うつほ物語』の「吹上《ふきあげ》」には、継子《ままこ》いじめの罪を犯して落ちぶれた老女と、忠《ただ》こそ（物語の主人公のひとり）が次のように会話する場面がある。


「（前略）来《こ》む世には、地獄の底に沈みて浮かむ世あらじ」といふに、かたゐ涙を流していふほど、「このことを悔い思ふも、ほむらに燃ゆるがごとし。されどもしてしことなれば、返すべき方《かた》なし（後略）」

（老女が犯した罪を聞いた忠こそは）「来世には地獄の底に堕ちて、浮かび上がってくることはもうないでしょう」と言うと、老女は涙を流して「それを後悔しても炎に焼かれるように苦しいのです。しかし、すでにしてしまったことなので、もう取り返しようもありません」

皮肉なことにこの老女が苦しめた継子とは忠こそその人なのだが、ここで忠こそは初めて、自分をおとしいれた継母《ままはは》の後悔を知るのである。継母の言う「炎に焼かれるような苦しみ」とはまさに、燃えさかる熱い「八大地獄」を意識した例えである。この場面は『往生要集』の記述に影響を受けていると考えられている。

六世紀頃から始まったとされる仏教伝来。それよりも前は、私たちの先祖は死後の世界を「根の国」「根の堅州国《かたすくに》」「黄泉《よみ》の国」などと呼んでいた。炎の世界というよりは、湿っぽくて暗い場所のように考えていたようだ。

例えば和銅《わどう》五年（七一二）に編纂《へんさん》された『古事記《こじき》』にそのヒントがある。『古事記』はもともと天武《てんむ》天皇（?～六八六／在位：六七三～八六）の命令で、それまで語り伝えられてきた歴史『帝紀《ていき》』『旧辞《きゅうじ》』を稗田阿礼《ひえだのあれ》が誦習《しょうしゅう》（文字化された資料の読み方を習い覚えること）したもので、後年に太安万侶《おおのやすまろ》が改めて編纂したものだ。ここには、仏教伝来以前の死生観もわずかに残っている。例えば『古事記』での有名な場面としては、亡くなった妻伊耶那美《イザナミ》を追いかけて「黄泉の国」へ行く夫伊耶那岐《イザナキ》の物語を挙げることができるだろう。この場面には櫛《くし》の歯に火を灯《とも》さないと周囲が見えないという表現が出てくることから、そこが暗い世界であることがわかる。やはり「八大地獄」とは様子が異なるようだ。また「黄泉の国」は「黄泉《よもつ》ひら坂《さか》」という坂が出入り口になっていて、地獄と違って自由に行き来できるようである。

また『古事記』には「根の国」を訪れた大国主命《オオクニヌシノミコト》が、野原で炎に囲まれてしまうという場面が出てくる。行き場を失ってしまう大国主命だが、そこにネズミがやってきて、「内《うち》はほらほら、外《と》はすぶすぶ（中は空洞だけれど、外はもう行き場がないよ）」と言った。これを聞いた大国主命が地面を踏み抜くと、ほら穴に落ちて炎をやり過ごすことができたという。

「八大地獄」同様に炎が登場するものの、「八大地獄」の描く炎の苦しみとはかなり様子が違う。むしろこのほら穴というのが「根の国」のイメージそのものだ。そして「ネズミ」とは「根の国に住む者（根住み）」を語源にしているといわれている。

死者の世界にこのようなイメージしかなかった日本に、仏教とともに熱い炎に包まれた「地獄」が伝来したとき、それはかなりショッキングな思想として受け入れられたに違いない。

そして『往生要集』はこの「地獄」を易《やさ》しく、わかりやすく解説することによって、そのイメージをさらに多くの人々のもとへ拡《ひろ》げることに成功したのだ。

ただ、源信が『往生要集』を記したのは、決して地獄で人々を脅かし、地獄の有り様を知らしめることが目的だったわけではない。源信は地獄を語り、六道輪廻の苦しみをわかりやすく示すことで、人々を極楽往生へ導こうとしていたのである。

仏教が伝来した奈良～平安時代初期までは、仏教は国家を守護する「鎮護国家《ちんごこっか》」の考えと強く結びつき、浄土への希求はメインストリームではなかった。だからこそ人々の間で『往生要集』が広がった平安時代中期は、仏教史におけるターニングポイントのひとつとされる。平安貴族を中心に、極楽往生を望む気持ちが急速に強くなっていったのだ。これを浄土信仰と呼ぶ。

現代では一〇円硬貨に描かれ、観光地として定番となっている京都・宇治の平等院鳳凰堂《びょうどういんほうおうどう》も、この浄土信仰を基に、浄土の景色を現世に表すことを目的に建立された。時は天喜《てんぎ》元年（一〇五三）で、もとは藤原道長の別荘を、その子頼通《よりみち》が改築したものだ。道長が『往生要集』を読んでいたことは、その日記『御堂関白記《みどうかんぱくき》』の記載から確認することができる。頼通も影響を受けていたのはまず間違いない。

池の中の島に建つ壮麗な鳳凰堂は、浄土の蓮池《はすいけ》に浮かぶ宮殿のように見え、当時の貴族たちを感激させたに違いない。いうなれば究極の「実写化」であろう。

浄土を模した建築が盛んになるのと同時、臨終の床《とこ》に浄土から阿弥陀《あみだ》が来迎《らいごう》する（極楽浄土に導くため、迎えに来る）様子を表す「来迎図」が多数描かれたのも、この頃のことである。

平安貴族たちの浄土への憧《あこが》れは、熱狂と呼ぶにふさわしいもので、なんとしてでも地獄堕ちを逃れようとする焦《あせ》りと表裏一体をなしていた。

第二章　地獄に堕ちるは因果応報

『往生要集《おうじょうようしゅう》』にもたびたび出てきた「因果応報《いんがおうほう》」――。これこそ仏教の基本的な思想のひとつであり、行いの善悪に応じて、それにふさわしい報《むく》いがあるという考え方である。地獄に堕《お》ちるのは、罪を犯した前世《ぜんせ》の報いであるとされる。

では、具体的にはどのような罪を犯すと、地獄に堕ちるのだろうか。

この章では、『往生要集』から少し時代を遡《さかのぼ》り、説話集『日本霊異記《にほんりょういき》』に収められた「因果応報」の物語から、具体的に堕地獄《だじごく》に至る罪の例を読み解いていく。

罪の報いのサンプル集

『日本霊異記』とは『往生要集』の一世紀前、平安時代の初期に編纂《へんさん》された説話集である。正式な書名は『日本国現報善悪霊異記《にほんこくげんぽうぜんあくりょういき》』。その題名通り、「善悪」に基づく「現報《げんぽう》」（現世《げんぜ》での報い）や仏の霊験《れいげん》にまつわる不思議な話を集めたものだ。

説話の舞台となるのは、主に奈良時代。仏教が伝来し、「鎮護国家《ちんごこっか》」（仏教の力で国を治める考え方）のもと、仏教の都として平城京《へいじょうきょう》が栄えた頃である。編者は奈良の薬師寺《やくしじ》の景戒《けいかい》（きょうがい）という僧だ。景戒が集めた摩訶《まか》不思議な話は「因果応報」を端的に表現したものが多い。この中から、罪の報いで地獄に堕ちたとされる人々の例をいくつか挙げることができる。

まず最初は、地獄で父親と再会したという膳臣広国《かしわでのおみひろくに》の話である。

膳《かしわでの》臣《おみ》広《ひろ》国《くに》の場合

広国はある日突然、閻魔王《えんまおう》の呼び出しを受けて地獄へと堕ちてしまう。それは先に亡くなった妻が、自分を不当に家から追い出したとして広国を訴えたためだった。閻魔王は広国とその妻を入念に尋問すると、広国に無罪を言い渡し、現世へ帰ることを許したという。ただ、現世へ帰る前に閻魔王は次のように広国に言う。

「(前略)若《も》し父を見むと欲《おも》はば、南の方《かた》に往《ゆ》け」

「もし父親に会いたければ、南のほうへ行け」

閻魔王の言葉に従って南へと向かった広国は、亡き父親と再会する。するとこの父親は、自分が地獄へ堕ちた理由を詳細に説明するのである。

「（前略）我、妻子を養はむが為に、故《かれ》、或《ある》は、生ける物を殺しき。或は、八両の綿を僨《いら》して、強《し》ひて十両に倍《ま》して徴《はた》りき。或は、小斤《せうごん》の稲を僨《いら》して強ひて太斤《たいごん》に取れり。或は、人の物を強ひて奪ひ取れり。或は、他《ひと》の妻を奸《かだ》み犯しき。父母《ぶも》に孝養《けうやう》しまつらず、師長を恭敬《くぎやう》せず、奴婢《ぬひ》にあらぬ者《ひと》を罵《の》り慢《あなづ》りき（後略）」

「わたしは妻子を養うために、ある時は生き物を殺した。ある時には八両の綿を貸し、一〇両の値で返済させた。ある時は小斤《しょうごん》（筆者注：一六両を一斤とする単位）で稲を貸し、大斤《たいごん》（同：三斤を大一斤とする単位、つまるところ三倍）で取り立てた。またある時は、人のものを無理に奪い取った。また他人の妻を犯した。父母に孝行をせず、目上の人を敬わず、奴婢（同：奴隷のこと）でもない人をののしり、あざけった」

（日本霊異記　上　非理に他《ひと》の物を奪ひ、悪行を為し、報《むくい》を受けて奇《あや》しき事を示しし縁《えん》　第三〇）

広国の父親は、無益な殺生《せっしょう》に高利貸し、強奪に姦淫《かんいん》など、現代の我々の感覚をもってしても許しがたい悪行《あくぎょう》の数々を行っていたのである。特に仏教が強く戒《いまし》める殺生・偸盗《ちゅうとう》・邪淫《じゃいん》の罪を犯しているうえに、はかりの大きさをごまかして稲の貸し付けを行うなど、悪質な高利貸しの手口もうかがえる。

そして、この罪を償《つぐな》うために広国の父は、焼けた銅の柱を抱かされ、鉄の釘を打ち込まれ、さらには日ごと九〇〇回も鉄の鞭《むち》で打たれるのだという。『往生要集』をなぞれば、閻魔のいる地獄は第七層の「大焦熱地獄《だいしょうねつじごく》」ということになるがこの説話では、これが具体的にどの地獄を指しているのかはっきりしない。『日本霊異記』は、『往生要集』成立よりずっと以前に巷間《こうかん》に伝わっていた話を収録したものであるから、具体的にひとつの経典を引用しているというより、漠然とした地獄のイメージを述べているのかもしれない。

父は広国に向かって、この苦しみから逃れるために仏像を造り経《きょう》を写すよう懇願する。さらには現世で功徳《くどく》を積むことがいかに来世《らいせ》に影響するか、懇々《こんこん》と諭して聞かせるのである。

広国は父の話をひととおり聞き終えると、一人の子どもに導かれて現世へと帰還する。その子どもの正体は、広国が幼い頃に写経した『観世音経《かんぜおんきょう》』の化身《けしん》だった。そしてこの物語は「現在の甘露《かんろ》は未来の鉄丸《てつがん》なり」という言葉で締めくくられる。

「現在の甘露は未来の鉄丸なり」というのは、おそらく当時広く言われていたことわざか格言のようなもので、「現世ですすった甘い汁は、来世では鉄丸（鉄のかたまり）を飲む苦しみに変わる」という意味。まさしく「因果応報」であり、これが『日本霊異記』を貫くテーマである。

大和国《やまとのくに》の瞻保《みやす》の場合

大和国（現在の奈良県）に瞻保と呼ばれている人がいた。瞻保は儒教《じゅきょう》を学んでいたが、本のうわべだけしか理解しようとせず、特に母親を大事にしなかった。あるとき、母親は裕福な瞻保から稲を後払いで買ったが、どうしてもその代金を支払うことができなかった。すると瞻保は母親を責め立て、地面に土下座させ、そのあいだ自分は朝寝していた寝床に寝そべったままという不遜《ふそん》ぶりだった。見かねた周囲の人が、母親の借りた分の稲を返したくらいだった。嘆《なげ》き悲しんだ母親は、自分の乳房を出して「お前に飲ませた乳の代金を返してほしい」と言い、天に母子の縁を切ることを誓った。するとまもなく、瞻保の家は火事になり、生活できなくなった瞻保は飢えて凍《こご》えて死んでしまったという。

『日本霊異記』はこの説話の最後をこう締めくくる。

所以《そゑ》に経に云《のたま》はく、「不孝の衆生は、必ず地獄に堕《お》ちむ。父母に孝養あれば、浄土に往生せむ」とのたまへり。是《こ》れ、如来《にょらい》の説きたまふ所の、大乗《だいじょう》の誠の言《みこと》なり。

あるお経も「親不孝の者たちは必ず地獄に堕ちるだろう。父母に孝行すれば、浄土に往生するだろう」とおっしゃっている。これはまさに釈迦如来《しゃかにょらい》の説かれているところであり、大乗仏教におけるまことのお言葉なのである。

（日本霊異記　上　凶人《あしきひと》の嬭房《チブサ》の母を敬養《きやうやう》せずして、以《もつ》て現に悪死の報《むくい》を得し縁《えん》　第二三）

瞻保は充分な財産があるにもかかわらず、母親に稲を売り、その代金の支払いを強要した。しかも土下座までさせ、無理やり返済させようとする。強欲で、周囲の人の忠告にも耳を貸そうとしない。結果、瞻保は悲惨な最期を遂げ、本文は地獄に堕ちたことを匂わせる。

仏教も儒教も親孝行を美徳として重要視する。本書冒頭で紹介した『春日権現験記《かすがごんげんけんき》』でも、春日《かすが》明神《みょうじん》が「父母に孝養《けうやう》すべし。けうやうは最上の功徳《くどく》なり。もしよくつとむれば、地獄におちず（父母に孝行をしなさい。親孝行は最上の功徳である。もし、しっかり孝行に努めれば、地獄には堕ちない）」と説いている。

ただ、こうした説話の場合、「親不孝のために地獄に堕ちた」とだけいうよりは、親孝行が極楽往生への近道であると諭す傾向がある。一番身近で、実践しやすい善行《ぜんこう》ということからかもしれない。

石川《いしかわ》の沙弥《しゃみ》の場合

あるところに石川（河内国《かわちのくに》〈現在の大阪府の一部〉にあった地名）の沙弥と呼ばれる自度僧《じどそう》（『日本霊異記』においては、師につかず勝手に出家した僧の意）がいた。姿形こそ僧だったが、心の中ではいつも盗みを働くことばかり考えていた。あるときは、塔を建てるためだと偽《いつわ》って、人の喜捨《きしゃ》（寺社への寄付）を騙《だま》し取っては、家に帰って妻と一緒に自分たちのものを買って食べていた。寺に住みつき、塔の柱を叩《たた》き割って薪《たきぎ》にしてしまった。誰もこの男の無法ぶりには敵《かな》わない。各地を転々としては悪さをしていた。

だが、あるとき、石川の沙弥は「熱や、熱や（熱い、熱い！）」と叫び始め、地面から一尺《しゃく》も二尺も飛び跳ねる。そして、驚いた周囲の人が集まってきた。

或《あ》るひと問ひて曰《い》はく、「何の故《ゆえ》にか此《か》くの如《ごと》く叫ぶ」といふ。答へて云はく、「地獄の火来《きた》りて我が身を焼く。苦を受くること此くの如し。故《ことさら》に問ふべからず」といふ。

ある人が「どうしてそんなふうに叫んでいるのだ」と尋ねた。（石川の沙弥が）答えて言うには、「地獄の火が来て俺の身体を焼いている。だからこんなに苦しんでいるのだ。聞かなくてもわかるだろう」。

そして、石川の沙弥はその日のうちに死んでしまった。

この説話は次のように締めくくられている。

涅槃経《ねはんぎやう》に云《のたま》はく、「若《も》し、見《いま》、人有りて善を修行せむには、名、天人《てんにん》に見《あらは》れむ。悪を修行せむには、名、地獄に見れむ。何を以《もつ》ての故にとならば、定めて報《むくい》を受くるが故になり」と者《のたま》へるは、其《そ》れ斯《こ》れを謂《い》ふなり。

涅槃経《ねはんぎょう》（筆者注：ここでは『大般涅槃経《だいはつねはんぎょう》』巻二七「師子吼菩薩品《ししくぼさつほん》」のことを指す）に、「もしこの世で善《よ》い行いをすれば、その人の名前は天人に知られるだろう。また悪い行いを重ねれば、その人の名は地獄に知られるだろう。なぜならば、この世での行いは来世で必ず報いを受けるからだ」と述べていらっしゃるのは、まさにこのことを言うのである。

（日本霊異記　上　邪見《しやけん》ある仮名《けみやう》の沙弥の塔の木を斫《サ》キて、悪報《あくほう》を得し縁《えん》　第二七）

石川の沙弥は死ぬ前に、地獄の炎に焼かれてしまった。そして、この説話の締めくくりから察するに、死後も地獄へ堕ちたのだろう。

石川の沙弥が重ねていた悪行の数々は、現代風にいえば、詐欺や器物損壊《きぶつそんかい》に相当するだろう。だが、僧形《そうぎょう》でありながら、寺の財産を損ねていたという悪質さをこの説話は重く見ている。寺への冒《ぼう》瀆《とく》は仏への冒瀆であり、仏教を信仰する者にとっては到底許されることではない。

なお、律令《りつりょう》制度が敷かれていた奈良時代から平安時代にかけて、僧には課役《かえき》を免除されるという特典があった。そのため、重い税に苦しんだ人々が、田畑や家を捨てて勝手に出家するという事態が続発し、多くの自度僧・私度僧《しどそう》（律令制度下で公式な手続きをしないで出家した者）が現れた。つまり、石川の沙弥のような、うわべだけ僧の姿をした悪人も当時は実在していたのである。

なお『日本霊異記』を編んだ景戒も、私度僧の出身だといわれている。そのため、『日本霊異記』の中には自度僧・私度僧をめぐる話が多く収められている。仏教に深く帰依《きえ》していた景戒は、自分も私度僧だったからこそ、石川の沙弥のような僧を騙《かた》る悪人に厳しい目を向けていたのかもしれない。

ちなみに、この石川の沙弥のように、死ぬ前にすでに地獄の炎に焼かれてしまうなど、来世を待たずして現世で受ける報いのことを「現報《げんぽう》」と呼ぶ（これに対して、死後に受ける報いを「後報《ごほう》」と呼び、地獄道や畜生道《ちくしょうどう》に生まれ変わることはすべて「後報」である）。「現報」は『日本霊異記』

の主要なテーマのひとつでもある。
地獄の苦しみは、必ずしも来世にあるとは限らない。

田中真人広虫女《たなかのまひとひろむしめ》の場合

現報を受けた例として、『日本霊異記』の中からは、田中真人広虫女という讃岐国《さぬきのくに》（現在の香川県）の役人の妻の話を挙げることができる。広虫女は八人の子をもうけた主婦で、家畜や田畑など多くの財産を持っていたという。

天年《うまれながら》に道心《だうしん》無く、慳貪《けんどん》にして給与すること無し。酒に水を加へて多くし、沽《う》りて多くの直《あたひ》を取る。儨《おきのり》の日は小《ちひさ》き升《ます》にて与へ、償《はた》る日は大きなる升にて受けぬ。出挙《すいこ》の時は小き斤《はかり》を用ゐ、大きなる斤にて償《はた》り収む。息利《イラシモノ》を強《し》ひて徴《はた》ること、太甚《イトはなは》だし。非理に或《ある》は十倍に徴り、或は百倍に徴る。債《もののかひ》を人より渋《シブ》り取りて、甘心《かんしん》を為《な》さず。多《あまた》の人方《まさ》に愁《うれ》へ、家を棄《す》て逃《のが》れ亡《に》げ、他国に跉跰《サスラ》フルこと、此《こ》の甚だしきより逾《す》ぎたるは無かりき。

（広虫女は）生まれつき信心《しんじん》がなく、欲深《よくふか》で人に恵み与えるようなことをしなかった。酒に水を加えてかさを増やして売り、多くの利益を得た。貸すときには小さな升で量り、返済のときには大きな升で量って取り立てた。稲を貸し付けるときには小さなはかりを用いて、返済のときには大きなはかりを用いた。利息を強引に取り立てる有り様は、本当にひどいものだった。道理に反して一〇倍で徴収するときもあれば、一〇〇倍で取り立てることもあった。負債を人から強引に返済させて容赦《ようしゃ》しない。困り果てて、家を棄《す》てて逃げ出し、他国を放浪する人も多く、こんなにひどい例はほかになかった。

広虫女の高利貸しの手口は、最初に挙げた膳臣広国の父のやり口とかなり似ている。はかりをごまかして、余分に取り立てるというもので、しつこい取り立てのあまり家を手放して逃げ出す人も多かったという一文には、広虫女の凄《すさ》まじい強欲ぶりがうかがえる。

そして、ついに、広虫女の夢の中に閻魔王が現れた。閻魔王が広虫女に言い渡した罪状は次の三つ。

一つには三宝の物を多く用ゐて報いずありし罪なり。二つには酒を沽《う》るに多《あまた》の水を加へ、多くの直《あたひ》を取りし罪なり。三つには斗升《とのます》、斤《はかり》に両種《ふたくさ》用ゐて、他に与ふる時には七目を用ゐ、乞《もと》め徴《はた》る時には十二目を用ゐて収めしことなり。

一つは寺の財産を多く用いて返済しなかった罪。二つ目は酒を水増しして販売し、不当に多くの利益を得た罪。三つ目は二種類のはかりを用いて、貸し付けるときには小さな単位を使い、取り立てるときには大きな単位を使って不当に徴収した罪である。

(日本霊異記　下　非理を強《シ》ヒて以て債《モノノカヒ》ヲ徴り、多《あまた》の倍《まし》を取りて、現に悪死の報《むくい》を得し縁《えん》　第二六)

広虫女は、夢の中で閻魔王に罪を問いただされたことを夫と息子たちに言い残すと、その日のうちに息絶えた。果たして広虫女も地獄行き——とはならず、広虫女は彼らの目の前で息を吹き返した。しかしそのとき、広虫女は上半身だけが牛の姿となり、ひどい悪臭を放ち、正気を失っていたという。これを目の当たりにした夫と子どもたちは、閻魔王が与えた現報に怖《おそ》れおののいたという。

広国の父と広虫女、犯した罪はかなり似通っているが、与えられた報いが大きく違っている。広虫女は生きながら牛となって現報を受け、地獄へ堕ちることはなかった。

広国の父の場合、高利貸しのみならず、殺生や邪淫の罪も重なっているから、地獄に堕ちるという重い後報を得たということだろうか。広虫女の場合はあくまでも欲深な商売を咎《とが》められただけだから、地獄堕ちは免《まぬか》れたものの、世にも怖ろしい現報を得たといえる。

後報にせよ現報にせよ、悪行の程度に応じて様々な報いが用意されているのである。日本の仏教の黎明期《れいめいき》に位置する説話集『日本霊異記』――この書が言いたいのは、そういうことだ。「因果応報」――現世の行いに応じた報いが用意されているというこの論理は、極めてプリミティブだが、最もシンプルかつ簡潔に当時の人々に仏の教えを説いた。

罪の意識のバリエーション

「因果応報」という大原則を前にしたとき、人はどのような罪を「地獄堕ちにふさわしいもの」として想像するだろう。前段では、『日本霊異記』から膳臣広国の父親の例を紹介したが、彼の犯した罪は、殺生や強奪など、現代を生きる我々にとっても充分に重たい罪として捉えることができる。

地獄に堕ちるにはよっぽどの悪人でなければならない――「自分は大丈夫」とほっと胸を撫《な》で下ろす一方、凡庸《ぼんよう》な自分に地獄行きは無理だと思うと、やや残念なような気もする。

だが、実のところ、罪の意識というものは、時代や場所によって変化する、極めて流動的なものだ。

身近な例でいえば、我が国には終戦直後まで姦通罪《かんつう》が存在した（昭和二二年〈一九四七〉に規定削除）。不倫した男女は、夫からの親告《しんこく》によって法の下に処罰されたのである（ちなみに夫に不倫された妻が訴えることはできなかった)。現代における不倫では、世間に白い目で見られたり、社会的な制裁を受けたりすることはあっても、刑罰が科されることはないだろう。有名人ならスキャンダルとしてマスコミが騒ぐかもしれないが、所詮《しょせん》はその程度だ。それは、法や価値観が時代とともに変化したからである。また地球規模で見渡せば、現在も姦通罪が存在する国・地域は少なくない。

藤原敏行《ふじわらのとしゆき》の場合

鎌倉時代初期に成立した説話集『宇治拾遺物語《うじしゅういものがたり》』(編者未詳)の中には、藤原敏行(?〜九〇一)という平安時代前期の貴族が登場する。

藤原敏行は三十六歌仙《さんじゅうろっかせん》にも数えられる高名な歌人《かじん》だ。百人一首に選ばれた和歌「住《すみ》の江《え》の　岸《きし》に寄る波《なみ》　よるさへや　夢《ゆめ》の通《かよ》ひ路《ぢ》　人目《ひとめ》よくらむ」の作者「藤原敏行朝臣《あそん》」と同一人物であると説明されれば、ピンとくる読者も多いのではないだろうか。

敏行は歌人であると同時に、弘法大師《こうぼうだいし》と並び称される能書家《のうしょか》としても知られていた。現代において彼の筆跡はわずかしか残されていないが、『宇治拾遺物語』には、敏行が他人からの依頼で二〇〇部あまりの『法華経《ほけきょう》』を写した逸話が載る。

この説話「敏行朝臣《としゆきあそん》の事」によると、敏行は写経を終えるなり、にわかに昏倒《こんとう》し、閻魔王の使者に捕縛《ほばく》されて、たちまち「あの世」へと連行されてしまったという。そして、その道中、敏行はおそろしげな軍勢の姿を目にする。軍勢の正体を敏行が尋ねると、使者は次のように答えた。

「え知らぬか。これこそ汝《なんぢ》に経《きやう》あつらへて書かせたる者どもの、その功徳《くどく》によりて天にも生れ、極楽にも参り、また人に生れ返るとも、よき身とも生るべかりしが、汝がその経書き奉《たてまつ》るとて、魚をも食ひ、女にも触れて、清まはる事もなくて、心をば女のもとに置きて書き奉りたれば、その功徳のかなはずして、かくいかう武《たけ》き身に生れて、汝を妬《ねた》がりて、『呼びて給《たま》はらん。その仇《あた》報ぜん』と愁《うれ》へ申せば、この度《たび》は道理にて召さるべき度にあらねども、この愁《うれ》へによりて召さるるなり」といふ（後略）。

「わからないのか。あれは、おまえ（敏行）に写経を頼んだ者たちで、その功徳によって天にも生まれ、極楽にも参り、また人間に生まれ変わっても立派な身の上に生まれるはずだったのに、おまえがその経を書いたとき、魚を食い、女にも触れて、心身を清めることもなく、女のことを考えながら心を込めずに書きあげたので、その功徳もかなわずに、こんないかめしく猛々《たけだけ》しい身に生まれ変わってしまって、おまえを恨《うら》んで、『（敏行を）呼んでいただきたい。こんな姿になった仇《あだ》を返してやる』と訴えるので、まだ呼び出すのにふさわしい時期ではなかった（人間として定められた寿命に達していない）けれども、この訴えによっておまえは呼び出されたのだ」と言う。

これによれば敏行は、写経の際に魚を食べたり、女性に触れたり、精進潔斎《しょうじんけっさい》しなかったことを咎められ、閻魔王の前へと引き立てられたというのである。現代人の感覚からすれば、「そんなことで？」と思ってしまいがちだが、魚食《ぎょしょく》・女犯《にょぼん》はそもそも仏教の戒めるところだ。まして本来ならば、敏行は依頼者の極楽往生を祈念しながら写経に専念すべきだったのに、心を込めずに写経していた。

さて、敏行はこのあと、閻魔庁《えんまのちょう》で厳しい裁きを受けることになるが、心を改めた敏行は、閻魔王の前で、新たに四巻経《しかんぎょう》（『金光明経《こんこうみょうきょう》』）を写経することを誓い、どうにか現世へと帰してもらった。

だが、実はこの説話にはまだ続きがある。やがて敏行が寿命で亡くなったあと、同じ高名な歌人である紀友則《きのとものり》（生没年不詳）の夢に敏行が現れたという。友則は紀貫之《つらゆき》の従兄弟《いとこ》で同じく百人一首に「久方《ひさかた》の　光のどけき　春の日に　静心《しづこころ》なく　花の散るらむ」が載る。敏行とはほぼ同時代の歌人で、『古今和歌集《こきんわかしゅう》』には、敏行が亡くなった際に贈ったという和歌「寝ても見ゆ　寝でも見えけり　おほかたは　空蟬《うつせみ》の世ぞ　夢にはありける」が載っており、この二人は実際に親交があったようだ。

さて、説話の中の友則の言葉に耳を傾けてみると――。

(前略)この敏行と覚《おぼ》しき者にあひたれば、敏行とは思へども、さま、かたち、たとふべき方《かた》もなく、あさましく恐ろしうゆゆしげにて、現《うつつ》にも語りし事をいひて、「四巻《しくわん》経《ぎやう》書き奉《たてまつ》らんといふ願《ねがひ》によりて、しばらくの命を助けて返されたりしかども、なほ心のおろかに怠りて、その経を書かずして遂《つひ》に失《う》せにし罪によりて、たとふべき方もなき苦を受けてなんあるを、もし哀《あは》れと思ひ給はば、その紙尋ね取りて、三井寺《みゐでら》にそれがしといふ僧にあつらへて書き供養《きやうやう》せさせて給《た》べ」といひて、大きなる声をあげて泣き叫ぶと見て、汗水《あせみづ》になりて驚きて(後略)。

この敏行らしき者に会ってみると、敏行のようではあるが、様子や顔かたちが例えようもなくひどくおそろしげで、忌《い》まわしい感じだった。(敏行は)生前にも語っていたことを(次のように)話した。「四巻経《しかんぎょう》を書きあげようという願によって、しばらくの命を与えられてこの世に帰されたけれど、経を書かないままとうとう死ぬことになってしまった。その罪によって例えようもない苦しみを受けている。もし哀《あわ》れに思ってくださるなら、(写経のための)料紙《りょうし》を捜し出して、三井寺《みいでら》にいる何某《なにがし》という僧に頼んで書写供養させてほしい」と言って、大きな声をあげて泣き叫んだようだった。(そのとき友則は)汗だくになって目が覚めた。

これによれば、敏行は結局地獄に堕ち、救いを求めて紀友則の夢に現れたのである。せっかく現世に戻ることができたというのに、敏行は日々を無為《むい》に過ごして、写経の誓いも破ってついに寿命が尽きてしまったのだった。

正直なところ、現代の感覚からすると「本当にこれが地獄堕ちに相当するほどの罪なのだろうか？」と戸惑ってしまう。悪質な高利貸しだった広虫女のほうが、よほど地獄堕ちにふさわしいように思える。実際、日本の古典文学作品を見渡してみると、現代とは大きく罪と罰の感覚が異なり、首を傾《かし》げたくなる場面が多い。実は前段に挙げた『日本霊異記』の例は、本当にわかりやすいものに過ぎないのだ。

なお、この説話は有名な話として流布《るふ》したようで、ほぼ同じ話が『今昔物語集《こんじゃくものがたりしゅう》』（平安時代後期成立）や『十訓抄《じっきんしょう》』（鎌倉時代中期成立）にも収められている。南北朝時代に作られた系図『尊卑分脈《そんぴぶんみゃく》』に至っては、藤原敏行の項にわざわざ「堕地獄人」と補足が付されているほどであるから、その浸透ぶりがわかる。

もっとも藤原敏行は平安時代の初めを生きた人物である。同時代の有名人は九州の太宰府《だざいふ》天満宮に祀《まつ》られている菅原道真《すがわらのみちざね》（八四五～九〇三）といえばわかりやすいだろうか。つまり『宇治拾遺物語』も『尊卑分脈』も敏行の没後、数百年以上経ってから編まれたものであるから、実際の敏行の人柄や素行について本当のところはわからないはずなのだ。

藤原永手《ふじわらのながて》の場合

鎌倉時代初期に成立した説話集『続古事談《ぞくこじだん》』には、孝謙《こうけん》天皇（七一八～七七〇）の、寺院建立にまつわる罪が語られている。

孝謙天皇、西大寺《さいだいじ》を建立のとき、塔婆《たふば》におきては、八角七重《はつかくななへ》につくらんとおぼしめして、長手《ながて》大臣《だいじん》に仰合《おほせあは》され給《たまふ》に、五層の塔をつゞめて三層にくみなせり。このつみによりて、後生《ごしやう》、地獄におちて、銅《あかがね》柱《のはしら》をいだく報《むくい》を得たり。

（続古事談　巻二）

孝謙天皇が西大寺を建立する際、塔については、八角七重で造ろうとお考えになり、長手大臣にお命じになったが、（長手大臣は）五層の塔を縮めて三層にして造ってしまった。この罪によって後生は地獄に堕ちて、焼けた銅の柱を抱く報いを受けた。

孝謙天皇は、奈良時代の女帝で、重祚《ちょうそ》（一度退位した天子が再び即位すること）しているので称《しょう》徳《とく》天皇とも呼ばれる。奈良の大仏で知られる東大寺《とうだいじ》を建立した聖武《しょうむ》天皇の皇女《こうじょ》だ。父帝同様に彼女もまた仏教を深く信仰し、多くの寺院を建立している。『続古事談』が語るのは、そのうち、西大寺を建立した際のエピソードだ。

『続古事談』が、地獄に堕ちたと言い放つ「長手大臣」というのは、奈良時代の貴族である藤原《ふじわらの》永手《ながて》（七一四〜七一）のこと。孝謙（称徳）天皇の意に反して、五層の塔を三層に縮めてしまい、その罪によって地獄に堕ちたというのである。

永手といえば、孝謙（称徳）天皇のもとで活躍し、橘《たちばなの》奈良麻呂《ならまろ》の乱や藤原仲麻呂《なかまろ》の乱などの鎮圧に功績のあった人物である。また孝謙（称徳）天皇の寵愛《ちょうあい》を受けて権力を振るった道鏡《どうきょう》（?〜七七二）に対抗し、新たに光仁《こうにん》天皇（七〇九〜八一）を擁立してその専横《せんおう》を抑え込んだ人物の一人としても知られる。左大臣正一位《さだいじんしょういちい》まで昇り、亡くなったときには、光仁天皇から太政大臣《だいじょうだいじん》の位《い》を贈られたほどで、時の朝廷の中心人物だった。そんな偉人でも『続古事談』は容赦《ようしゃ》なく「後生、地獄におちて、銅柱をいだく報を得たり」と、地獄堕ちもさも当然と言わんばかりだ。

実はこの話は『日本霊異記』にもすでに記述されている。つまり平安時代の初期には流布していたらしい。そのうえ、西大寺建立の計画が縮小されたのは、昭和三〇〜三一年（一九五五〜五六）

に行われた発掘調査によって、事実だったことが証明されている（大岡實《おおおかみのる》・浅野清《あさのきよし》「西大寺東西両塔」『日本建築学会論文報告集』五四号、一九五六年）。この調査では、もし当初の計画通りに西大寺に八角七重の塔が建っていたならば「東大寺七重塔と伯仲したであろうと考えられる」と報告されている。

『日本霊異記』の研究者として著名な原田行造《はらだこうぞう》氏は、その論文「『日本霊異記』下巻第三十六話の成立過程——道鏡政権の仏教政策と藤原永手——」（『金沢大学語学・文学研究』五号、一九七四年）において、このときの西大寺建立が、孝謙（称徳）天皇・道鏡政権肝《きも》いりの政策で、二人の記念事業的な性格を持っていたことを指摘している。もし計画通り進んだならば、孝謙（称徳）天皇の父が建立した東大寺に匹敵する大伽藍《だいがらん》になっていたはずだ。当然、〝反道鏡〟の貴族である永手はこれに抵抗を示した。そして、西大寺建立の計画が進むなか、病によって孝謙（称徳）天皇が危《き》篤《とく》となったタイミングで、計画を縮小してしまったのである。

永手としては孝謙（称徳）天皇・道鏡の二人による政治体制に終止符を打つための一手だったに違いない。まもなく孝謙（称徳）天皇は崩御《ほうぎょ》。ところが永手もまた、その半年後に急逝したのである。

原田氏はこれらの時系列を踏まえたうえで、永手の死が道鏡や西大寺の関係者のあいだで、寺社縮小の報いと囁《ささや》かれ、説話の形成につながったと論じている。

またこの説話は、先に挙げた『続古事談』より以前、鎌倉時代初期に編まれた『古事談《こじだん》』にも同様の内容が収められており、広く流布していたことがうかがえる。

それにしても、永手の政敵ともいえる相手のあいだで語り継がれた話とはいえ、寺社の建築計画を縮小しただけで地獄堕ちとは、随分と手厳しい処分だ。

だが、お気づきの通り、これらの説話が生まれた時代——おそらく、ともに平安時代——の人々の感覚になって、これらの罪を見つめたとき、あるひとつの共通点が浮かび上がる。

それは、両者とも「仏法に対する罪」——仏の教えに対する冒瀆なのだ。

現代を生きる日本人でも、例えば、道端のお地蔵さんを蹴飛《けと》ばすことに抵抗を全く感じないという人は、あまりいないだろう。お地蔵さんを壊してしまったなら、現代の法律ではおそらく器物損壊罪に問われるのだろうが、そのお地蔵さんを毎日洗い、花を供えていた人にとっては、犯人が器物損壊罪で処罰されるだけでは気が済まないはずだ。きっと犯人に対して恨《うら》みとともにこう思う——「バチが当たるぞ」。

「不浄の身で写経すること」「寺社造営を縮小すること」も、まさに「バチが当たる」ような行為なのである。それも地獄堕ちという、超特大級のバチ。

これは法が裁く罪とは異なる。倫理・信仰に基づく罪である。

そのため、ここに挙げた例に限らず、説話集の中には「寺のものを横領」「僧尼《そうに》に対する暴力」

などの罪を犯した人間が大きな報いを受ける逸話が多く載せられている。先に挙げた『日本霊異記』の石川の沙弥の場合もそのひとつ。罪の報いをテーマにした逸話はあまりに数が多く、とても紹介しきれないほどである。

さて、仏の教えに背いたり、仏法を冒瀆したりすることが、地獄堕ちの引き金になると考えたとき、平安時代末期の人々の中に、ある疑問が生ずる。

仏教が強く戒める教えのひとつ「妄語《もうご》」――嘘《うそ》をついて相手を騙したり、デタラメを述べて人を惑わしたりすること――。

「もしも、嘘をついてはいけないのなら、フィクション、つまり物語も罪なのでは？」

変容する罪の解釈――妄語《もうご》の場合

平安時代、日本では様々な物語が生まれた。例えば最古級のものでは『竹取《たけとり》物語』や『伊勢《いせ》物語』。ほかにも『うつほ物語』『住吉《すみよし》物語』などの作品が生まれ、これらは現在、平安文学や王朝文学などと呼ばれている（研究用語では、中古文学とも呼ぶ）。これらの中でもひときわ異彩を放ち、文学史上の傑作とも称される一作が、平安時代中期に書き上げられた紫式部《むらさきしきぶ》の『源氏《げんじ》物語』である。

『源氏物語』は、作者が執筆するその傍《かたわ》らから貴族たちのあいだで話題となり、朝廷内でもブームを巻き起こしたといわれている。後世に至っても影響力を持ち、まさに平安文学の金字塔といえるだろう。

だが『源氏物語』はあくまでもフィクションである。実際に起きた事件や実在する人物をモデルに記された部分は多くあるが、そのストーリーは空想の産物であり、当然のことながら〝嘘〟だらけなのだ。

紫《むらさき》式《しき》部《ぶ》堕《だ》地《じ》獄《ごく》伝説

桐壺《きりつぼ》の夕《ゆふべ》の煙《けむり》すみやかに法性《ほつしやう》の雲にいたり、箒木《はははき》のよるのこと葉、つゐに覚樹《かくじゆ》の花をひらかむ。空蟬《うつせみ》のむなしき世をいとひて、夕顔《ゆふがほ》の露のいのちを観し、若紫《わかむらさき》の雲のむかへを得て、末摘花《すゑつむはな》のうてなに座せしめん。紅葉《もみぢ》の賀の秋の夕《ゆふべ》には落葉をのぞみて、有為《うゐ》をかなしび、花の宴《えん》の春の朝には飛花《ひくわ》を観して無常をさとらむ。たまく佛教に葵《あふひ》なり、賢木《さかき》葉《ば》のさして浄刹《じやうせつ》をねがふべし。

桐壺を荼毘《だび》に付した夕べの煙は、すぐに悟りの雲に到《いた》り、帚木《ははきぎ》の夜に交わした言葉でさえもとうとう菩提樹《ぼだいじゅ》を花開かせる。空蟬のような虚《むな》しい世を厭《いと》い、夕顔の露のようなはかない命と悟り、若紫色の雲の迎えを得て、蓮《はす》の台《うてな》ならぬ末摘花の台に座らせよう。紅葉賀《もみじのが》の秋の夕べには落葉を望み、この世の移り変わりを悲しみ、花の宴《えん》の春の朝には散る花を見て無常を悟る。偶然にも仏教に（葵《あふひ》ならぬ会《あ》ふ日《ひ》、つまり）会ったからには、賢木（榊）を挿《さ》すように、浄土を目指して、極楽往生を願うのが良い。

（源氏供養表白）

これは表白文《ひょうびゃくぶん》と呼ばれる文章のひとつで、仏教の法会《ほうえ》を行う際に読み上げられた、要旨や意見表明のようなものである。おおよその場合、法会の目的や主催者の名前、そして人々の極楽往生への祈願が宣言される。

一見するとこの文章、何やら難しげな仏教の思想や、極楽往生への思いが述べられているだけのように見えるが、実は冒頭の「桐壺」から始まり、『源氏物語』の巻名が順に読み込まれていることにはお気づきになっただろうか。

この文章は国立公文書館に所蔵されている『源氏供養表白《げんじくようひょうびゃく》』という写本（写年・書写者未詳、底本もはっきりしない）からの引用で、題に「源氏供養」とあるから、推察された読者もいるだろうが、この一編は『源氏物語』の作者である紫式部と、『源氏物語』の読者たちを供養するための法会で用いられた表白文である。『源氏物語』の巻名が順に読み込まれているのは、これらを読み上げることで「転読《てんどく》（経典の要所のみ読む『略読』のこと）」のように全巻を通読するのと同じ成果になると考えられていたから等、様々な説がある。

「源氏供養」は平安時代末期から室町時代にかけて、貴族たちの中で行われた法会だった。紫式部や『源氏物語』の読者を罪深い存在と捉え、その極楽往生を祈念した仏事である。

物語の執筆——つまるところ嘘八百を並べ立て、読者を惑わせた紫式部は地獄に行ったに違いないと、そう信じられていたのだ。古典文学ファンにとってはなかなかショッキングな伝説だろう。

言うまでもなく、『源氏物語』は後世の日本文学に多大な影響を及ぼした名著であるのみならず、今や世界各国で翻訳・出版されているほどの偉大な作品だ。当然、作者の紫式部は、日本史上に名を残す偉人である。

だが、現代人の想像の範囲を超える罪の意識が、「源氏供養」を通して浮かび上がってくる。「作家は地獄行き」と真剣に信じられ、本気で怖れられていた時代が確かにあったということだ。

さらに、平安時代末期に成立した仏教説話集『宝物集《ほうぶつしゅう》』にも、次のような記述がある。

ちかくは、紫式部が虚言《そらごと》をもつて源氏物語をつくりたる罪によりて、地獄におちて苦患《くげん》しのびがたきよし、人の夢にみえたりけりとて、歌よみどものよりあひて、一日経《いちにちきやう》かきて、供養《くやう》しけ

る（後略）。

近頃は、紫式部が嘘をついて『源氏物語』を書いた罪によって、地獄に堕ちて苦しみを受け、それが耐え難いと、ある人の夢の中に現れたといって歌人たちが集まって、一日経（『法華経《ほけきょう》』など手分けして一日で書写すること）をして供養した。

（宝物集　巻五）

ここでは紫式部が「虚言（嘘）」を用いて『源氏物語』を書いた罪によって地獄に堕ちたと、はっきりと述べられている。またこの書きぶりから察するに、「源氏供養」は『宝物集』が生まれた平安時代末期に「歌よみ（歌人）」たちのあいだで盛んに行われていたらしい。

また、紫式部に仕えた女房《にょうぼう》が語るという体裁で書かれた、歴史物語『今鏡《いまかがみ》』（これも平安時代末期の成立）は、「『源氏物語』は罪深い男女を導くための方便であって虚言・妄語には当たらない」という弁解をしている。少し長くなるが、読んでみよう。

大和にももろこしにも。ふみつくりて人のこゝろをゆかし。くらき心をみちびくはつねのことなり。妄語などいふべきにはあらず。わが身になきことをありがほにげに〲といひて。人に

わろきをよしとおもはせなどするこそ。そらごとなどはいひて。つみうることにはあれ。これはあらましなどやいふべからん。綺語《きご》とも雑穢語《ざふゑご》などはいふとも。さまでふかきつみにはあらずやあらん。いきとしいけるものゝいのちをうしなひ。ありとある人のたからをうばひとりなどする。ふかきつみあるも。ならくのそこにはしづむらめども。いかなるむくゐありなどきこゆることもなきに。これはかへりてあやしくもおぼゆべきことなるべし。人のこゝろをつけんことはく徳《どく》とこそなるべけれ。なさけをかけ。えんならんによりては。輪廻の業《ごふ》とはなるとも。ならくにしづむほどにとやは侍らむ。

日本でも中国でも、文章を書き、人の心を満たし、迷いの多い心を導くのは普通のことである。妄語などというものではない。我が身に起こってもいないことを、さも本当のことのように言って、相手に自分を善人のように思わせるようなことを、「そら（嘘）」といって、罪を得るのだ。（源氏物語は）「あらまし（願望、予期、こうであってほしいこと）」というべきものだろう。綺語《きご》（飾り立てた見かけだけの言葉）や雑穢語《ぞうえご》（いやらしい、けがれた言葉）などといっても、そこまで深い罪ではないのではないか。生きとし生けるものの命を奪い、あらゆる人の財産を奪うようなことをすれば、深い罪として奈落の底（地獄）へ沈むだろうけれども、物語を書いたことによって地獄堕ちの報いがあるなど聞いたこともないので、かえって不思議に思えることだ。（物語で）人の心を導くようなことこそ功徳となるはずだ。男女の情を語り、艶《つや》っぽいようなことを書くことによって、それが輪廻の業とはなっても、奈落に沈むほどのことではないだろう。

（今鏡　うちぎき　つくり物がたりのゆくゑ）

語り手がかつて紫式部に仕えていた女房という設定もあり、随分と語気の強い反論にも聞こえる。これはむしろ、当時『源氏物語』が虚言・妄語の罪をいかに追及されていたか、その表れといえるだろう。

罪の意識のみなもと

さて、この「紫式部堕地獄伝説」はいつ生まれたのだろう。少なくとも『源氏物語』は、紫式部が執筆している途中からすでに流行し、当時の貴族たちを熱狂させたことが知られているが、紫式部の存命中に、読者たちがこの物語を罪深いものと見なしていたという形跡は見つけることができない。

執筆当初の『源氏物語』の読者として最も有名な人物は、おそらく菅原孝標女《すがわらのたかすえのむすめ》だろう。彼女が記した『更級日記《さらしなにっき》』には、時を忘れて『源氏物語』を読み耽《ふけ》った思い出が記されている。第一章で引用した箇所と重複するが、前後の部分も踏まえてもう一度目を通してみたい。

（前略）をばなる人の田舎《ゐなか》より上《のぼ》りたる所にわたいたれば、「いとうつくしう生《お》ひなりにけり」など、あはれがり、めづらしがりて、かへるに、「何をかたてまつらむ。まめまめしき物は、まさなかりなむ。ゆかしくしたまふなる物をたてまつらむ」とて、源氏の五十余巻《よまき》、櫃《ひつ》に入りながら、在中将《ざいちゆうじやう》、とほぎみ、せり河《かは》、しらら、あさうづなどいふ物語ども、一ふくろとり入れて、得てかへる心地のうれしさぞいみじきや。はしるはしるわづかに見つつ、心も得ず心もとなく思ふ源氏を、一の巻よりして、人もまじらず、几帳《きちやう》のうちにうち臥《ふ》して引き出《い》でつつ見る心地、后《きさき》の位《くらゐ》も何にかはせむ。昼は日ぐらし、夜は目のさめたるかぎり、灯《ひ》を近くともして、これを見るよりほかのことなければ、おのづからなどは、そらにおぼえ浮かぶを、いみじきことに思ふに、夢にいと清げなる僧の、黄なる地の袈裟《けさ》着たるが来て、「法華経《ほけきやう》五の巻をとく習へ」といふと見れど、人にも語らず、習はむとも思ひかけず。物語のことをのみ心にしめて、われはこのごろわろきぞかし、さかりにならば、かたちもかぎりなくよく、髪もいみじく長くなりなむ。光の源氏の夕顔《ゆふがほ》、宇治《うぢ》の大将《たいしやう》の浮舟《うきふね》の女君《をんなぎみ》のやうにこそあらめと思ひける心、まづいとはかなくあさまし。

（ある日のこと、母が）おばに当たる人で、田舎から上京してきた人の家に私を連れて行ってくれた。すると、そのおばは「なんと可愛らしく、大きくなったこと」と懐かしがって、帰り際《ぎわ》に「何を差し上げましょうね。日用品ではつまらないでしょう。欲しがっていたものをあげましょうね」と言って、『源氏物語』の五十余帖《じょう》を櫃に入れたまま全部、さらには『在中将』『とほぎみ』『せり河』『しらら』などの物語を、一袋に入れてくださった。これをもらって帰るときの嬉《うれ》しさといったら言葉にもできない。今まで飛ばしながら少しずつ読んでいたので、話の展開もよくわからず、じれったく思っていた『源氏物語』を第一巻から読み始めて、誰とも会わないで一人で几帳《きちょう》の中に伏せって、櫃から取り出しては読む――この幸せな気持ちといったら、后の位だってどうでもいいくらいだった。昼は日の出ている限り、夜は目の覚めている限り、とにかく一日じゅう、明かりを近くに灯《とも》して、『源氏物語』を読む以外のことをしないので、自然に文章を覚えてしまうくらいで、われながら素晴らしいと思っていた。すると、ある日、夢の中に大層清らかな様子のお坊様で、黄色地の袈裟を着た人が現れた。お坊様は「法華経の五の巻を早く勉強しなさい」と言ったようだったけれど、誰にも話さず、勉強しようとも思わなかった。物語のことばかりで頭がいっぱいで、「私は今のところは器量も良くないけれど、年頃になれば顔立ちも整って、髪も長くなるだろう」と思っていた。そして「光源氏の寵愛を受けた夕顔や、薫大将《かおる》に愛された浮舟のようになるに違いない」と想像していて、今になってみると、なんともつまらない、呆《あき》れてしまう発想だ。

（更級日記）

物語に夢中になる少女の浮き立つような心が伝わってくる、瑞々《みずみず》しい文章だ。おそらく彼女は書写されて貴族のあいだで広がりつつあった『源氏物語』を読んでいたものの、順序がバラバラの状態で、しかも途中の巻をまず目にしていたのだろう。現代人にもそのもどかしさが伝わってくる。するとと彼女のおばという人物が、『源氏物語』を全巻まとめて与えてくれた。そこからは一日じゅう部屋にこもって、暗記してしまうほどに熟読したというのだ。あまりのおもしろさに止《や》められなくなってしまった様子が伝わってくる。

さて、そんな彼女の夢枕に、黄色い袈裟を着た僧が現れたという。その夢のお告げは「法華経の五の巻を勉強しなさい」というものだった。

第一章でも述べたが、「法華経五の巻」というのは、『法華経』のうち女性の成仏《じょうぶつ》に関することが書かれている。当時の仏教では、女性は男性より劣る存在とされ極楽往生が難しく、一度男性に生まれ変わらなければ成仏することができないと考えられていたので、この「法華経五の巻」は女性たちに極楽往生の方法を教えてくれるかなり重要な部分だった。ところが、彼女いわく「人にも語らず、習はむとも思ひかけず（誰にも話さず、勉強しようとも思わなかった）」と、完全に無視。それほどまで、『源氏物語』に夢中になってしまったというのだ。

さて、この僧のお告げの部分であるが、ここに『源氏物語』の読者が抱く罪悪感の萌芽《ほうが》を見て取る向きもある。ただでさえ難しい極楽往生なのに『源氏物語』を耽読《たんどく》するなど罪深いと、孝標女は考えたのかもしれない。ただし、この箇所については、現在もなお研究者のあいだで見解が分かれる部分だ。文脈に従って素直に読むなら、「大事な勉強もおろそかになるほど『源氏物語』に夢中になった」ということで、おそらくこちらの解釈のほうがふさわしいのではないだろうか。

これについては、紫式部自身が記した『紫式部日記』がそのヒントになる。ここには『源氏物語』執筆当時の読者層に関する記録が残っている。

例えば、寛弘《かんこう》五年（一〇〇八）一一月一日の記事には、藤原公任《きんとう》（九六六～一〇四一）が、紫式部の局《つぼね》（宮中に仕える女房《にょうぼう》に与えられる部屋）を訪ねて『源氏物語』の登場人物である若紫《わかむらさき》（紫の上《うえ》）を話題に出したという記述がある。彼は、漢詩などから優れた一節を集めたアンソロジー『和漢朗詠集《わかんろうえいしゅう》』の編集などで知られる公卿《くぎょう》であり、和歌・漢詩・管絃《かんげん》という、当時の貴族たちに要求されていた三つの教養すべてにおいて一流と評された人物だ。当時の朝廷をリードする公任ほどの文化人も、『源氏物語』を読んでいたのである。そして、当時権勢を誇った藤原道長《みちなが》もまた『源氏物語』の読者であった。それどころか、紫式部の最大のパトロンでもあった。朝廷の中心人物たちがこぞって『源氏物語』に熱をあげていたのである。そして、彼らの日記の中にも、『源氏物語』を「妄語」の罪に問うような記述は見当たらない。

紫式部堕地獄伝説は、そもそも紫式部の死後にしか発生し得ないので、伝説の芽生えはさらに時代を下っていくことになる。

やはり『宝物集』にあるように、「源氏供養」の流行は平安時代末期であると考えるのが妥当だろう。『宝物集』の成立は紫式部が没して一七〇年ほど後のこと。歴史の教科書の上では「平安時代」と一括《ひとくく》りにされてしまうが、紫式部たちの生きた時代と、『宝物集』の時代は、かなり情勢が異なっている。

源氏供養の時代

「平安時代」という言葉を耳にすると、私たちはつい、和歌や蹴鞠《けまり》に興じて、雅《みやび》の世界に生きた貴族たちの優雅な時代を想像してしまいがちだ。実際、紫式部たちの時代までは、比較的大きな戦乱もなく、朝廷の中で天子や貴族たちが力を持って政治が機能し、社会は安定していた。

では、「源氏供養」が生まれた平安時代末期はどうだったかというと、まさに血みどろの乱世、中世への入り口ともいえる時代だった。例えば『宝物集』の編者とされる平康頼《たいらのやすより》。彼は、平家打倒を画策した人々が一斉に処罰された「鹿ケ谷事件《ししがたにじけん》」の関係者で、俊寛僧都《しゅんかんそうず》らとともに鬼界島《きかいがしま》に流罪《るざい》になった人物だ。このように平安時代末期は、政治の混乱期に突入していた。

そんな安元《あんげん》二年（一一七六）頃、ある尼《あま》によって「源氏供養」の法会が営まれた。このときの施《せ》主《しゅ》（主催者）は「禅定比丘尼《ぜんじょうびくに》」という人物だった。この人物は藤原俊成《しゅんぜい》（一一一四〜一二〇四）の妻、美福門院加賀《びふくもんいんかが》（？〜一一九三）のことだろうと推定されている。

藤原俊成といえば「源氏見ざる歌よみは遺恨の事なり（『源氏物語』を読まない歌人は実に残念だ）」と述べたほど、『源氏物語』を重視した歌人で、また俊成と美福門院加賀のあいだに生まれた藤原定家《ていか》（一一六二〜一二四一）も『源氏物語』注釈書の先駆けともいえる『奥入《おくいり》』を記したことで知られる。「青表紙本《あおびょうしぼん》」と呼ばれる『源氏物語』の校訂本を作り、現代まで『源氏物語』が伝わる基礎を築いたのも、実は定家の功績のひとつだ。

つまりこの一家（御子左家《みこひだりけ》と呼ばれる）は、「源氏物語びいき」といえる一家であった。美福門院加賀が紫式部や読者たちの供養を考えたのは、『源氏物語』に夢中になった自分たちにもまた堕地獄のリスクがあると怖れていたからだろう。『源氏物語』が好きだからこそ、その作品の偉大性を知るからこそ、余計に感じる後ろめたさがあったのかもしれない。

美福門院加賀の夫である藤原俊成が仕えたのは、当時上皇《じょうこう》だった崇徳院《すとくいん》（一一一九〜六四）。優れた歌人で、多くの詠歌《えいか》を残している。しかし、政治的には極めて不遇の天子だった。皇位継承をめぐって、実の弟である後白河《ごしらかわ》天皇（一一二七〜九二）と対立。このとき貴族も武士も、崇徳院方と後白河天皇方に分かれ、ついに軍事衝突を引き起こした。これが保元《ほうげん》の乱（一一五六年）である。敗れた崇徳院は、讃岐《さぬき》に配流《はいる》されてしまう（のちにそのまま崩御）。俊成が活躍した崇徳院を中心とするサロン（崇徳院歌壇）はこのとき崩壊した。俊成四三歳のときである。しかし事態はこれでは収まらなかった。今度は上皇となった後白河院の周辺で、近臣たちの政治的対立が起こる。そして勃発《ぼっぱつ》したのが平治《へいじ》の乱（一一五九年）。この平治の乱で武功を挙げ、やがて栄華《えいが》の極みに昇りつめるのが、平清盛《きよもり》（一一一八〜八一）である。だが、『平家物語』が「諸行無常」と評したように、源氏挙兵をきっかけに、平家一門は滅亡へと追い込まれていく。治承《じしょう》・寿永《じゅえい》の乱——「源平合戦」と呼んだほうがわかりやすいだろうか。治承四年（一一八〇）の源氏挙兵のとき、俊成は六七歳、息子の定家はまだ一九歳だった。

『源氏物語』が執筆されてから約一七〇年。時代はあまりに暗かった。この頃の京は合戦だけでなく、地震などの災害にも多く見舞われている。時代の趨勢《すうせい》の中で末法《まっぽう》思想《しそう》（仏の教えが衰退する時代がやってくるという終末論のひとつ）が広まり、さらに百王《ひゃくおう》思想（天子は一〇〇代で絶えるという終末論のひとつ）も広がって、人々は明日をも知れぬ不安に押しつぶされそうになっていた。特に、平清盛や源頼朝《みなもとのよりとも》（一一四七〜九九）といった武士階級に大きな権力を奪われたことは、朝廷の中にいた貴族たちにとっては、衝撃的かつ屈辱的な事態だったに違いない。

そうしたなかで、貴族たちの中に、かつての華やかなりし王朝時代への憧《あこが》れが芽生える。武士が我が物顔で跋扈《ばっこ》する今とは違う、「正しい時代」への希求である。貴族たちにとっての「正しい時代」とは、優れた天子を中心に臣下が政治を支え、時に風雅《ふうが》に興じるような世のこと。

それは例えば『源氏物語』に描かれたような煌《きら》びやかな世界——。教養・血筋、すべてに優れた貴公子・光源氏《ひかるげんじ》が中心となり、美しい女君《おんなぎみ》たちがそれを取り巻く。光源氏の血を受け継いだ冷泉帝《れいぜいてい》は臣下への思い厚く、光源氏たちはそれを懸命に支える。

平安時代末期の貴族たちにとって、これほど輝かしく見える世界はなかっただろう。何しろ、明日には首を刎《は》ねられて、河原に晒《さら》されかねない時代だったのだから。先日まで朝廷の中心にいた平家一門がある日突然、全員壇ノ浦《だんのうら》に沈んでしまったり、源頼朝のような武士が鎌倉幕府という独自の政権を打ち立てたりなど、当時のまともな貴族の感覚からすれば、とても耐えがたい混乱状態だったのである。

そんななか、和歌の才をもって朝廷で活躍した藤原俊成は「源氏見ざる歌よみは遺恨の事なり（『源氏物語』を読まない歌人は実に残念だ）」と『源氏物語』を称揚《しょうよう》し、紫式部の没後にその再評価をしたのであった。

まさに平安時代末期は、紫式部没後に初めて訪れた「第一次源氏物語ブーム」とも呼べる時代だった。エンジンとなったのは、失われた王朝時代への憧れ。最初の注釈書である『源氏釈《げんじしゃく》』が書かれたのがこの頃で、国宝として名高い『源氏物語絵巻』が制作されたのもこの時期に当たる。
そして、『源氏物語』への関心が高まるなか、作者である紫式部への興味も自《おの》ずと高まっていったようだ。古典文学の中に紫式部堕地獄伝説への言及が見え始めるのは、この時期のことである。

女たちの「罪」──邪淫《じゃいん》の場合

安元二年の美福門院加賀による法会で読み上げられた表白文は、『源氏一品経表白《げんじいっぽんきょうひょうびゃく》』として現代に伝わっている。ここには次のようなくだりがある。

艶詞甚佳美心情多揚蕩、男女重色之家貴賤事艶之人、以之備口實以之蓄心機、故深窓未嫁之女、見之偷動懐春之思、冷席獨臥之男、披之徒勞思秋之心

艶《なま》めかしい文章は極めて美しく、心を大いにとろかしてしまう。色恋を重んじる男女、艶《つや》っぽいことを好む貴賤《きせん》の者、いずれもこぞって恋愛に備えようとする。未婚の女も心揺さぶられ、独身の男も心穏やかではいられない。

(源氏一品経表白)

したがって『源氏物語』は罪深く、作者も読者も地獄へと堕ちる――『源氏一品経表白』はそのように述べているのである。これまで見てきたように虚言・妄語の罪ではなく、ここで指摘されているのは邪淫の罪のようだ。

確かに『源氏物語』は恋愛長編小説だ。不義密通、三角関係、略奪愛――みだらな愛を並べ立てれば、きりがない。仏教が邪淫を戒《いまし》めていることに照らし合わせれば、不届きな作品ということになる。しかしなぜ、妄語ではなく邪淫なのか。また施主が藤原俊成ではなく、その妻であることも興味深い。この二つの点には関係性がありそうだ。

これについては、当時の仏教が女性をどのような存在として捉えていたか考える必要がある。『更級日記』の段で述べたように、女性はまず男性に生まれ変わってからでなければ往生できないと考えられていた。つまり当時の仏教において、女性は男性よりも劣る存在だった。これは女性の存在そのものが、男性の「煩悩《ぼんのう》」と紐付《ひもづ》けられてしまっていたからだ。特に僧にとっては、出家して悟りを目指すうえで、その妨《さまた》げとなるのが、女性との交わり――邪淫の罪だったのである。いってみれば、女性は存在するだけで邪淫と結びつけられてしまう宿命にあった（もっとも現代の感覚でこれは通用しないことだけは断っておこう）。例えば第一章でも述べたように、『往生要集』の説く衆合《しゅごう》地獄では、邪淫の罪を犯した男を誘う樹上の美女が現れる。女は男を誘い、それに応えようと刀の葉の樹《き》を登った罪人は切り刻まれてしまうという。この場面は、罪人がそれ相応の罪を受けているようにも見えるが、そもそも誘惑するのは女のほうという偏《かたよ》った意識の表れでもある。

鎌倉時代には、仏教絵画「九相詩《くそうし》」（九相図《くそうず》ともいう）が作られている。これは美女の死体が徐々に朽《く》ちていく様子を、九段階に表したもの。僧（主に男性）の煩悩を打ち払うために描かれたといわれる。簡単にいえば、どんな美女でも死ねば同じ骨という教えを絵にしたものだ。一般的に見れば、人々に世の無常を悟らせるものといえるが、これも裏返せば、女性は男性を惑わす罪深い存在と捉えられていたことを示すものといえる。

また平安時代末期に流布していた書物に、玉造小町《たまつくりこまち》という美女が老いさらばえて流浪《るろう》する悲劇を語る『玉造小町壮衰書《そうすいしょ》』というものがある。この書は特に当時の空気感と相まって多く読まれていたようだ。どんな美女にもいずれ悲惨な最期が待っている――「九相詩」とも通じるこの考え方は、女性を卑《いや》しい存在と捉えている当時の価値観の表れでもあるし、同時に、合戦が続いた動乱の時代においては、リアルな実感を伴うものだったはずだ。あれほどの栄華を誇った平家一門さえ、源氏挙兵から四年あまりで滅亡してしまったのだから。

このように、紫式部堕地獄伝説に関しては、紫式部が女性だから不当な扱いを受けていると解釈することもできる。そもそも清少納言《せいしょうなごん》にも零落《れいらく》伝説があり、遡《さかのぼ》れば小野小町《おののこまち》も落ちぶれて諸国を彷徨《さまよ》ったといわれているのだから、才女は随分と貶《おとし》められているようだ。紫式部を供養しようと法会を行ったのが、美福門院加賀という女性であった（決して俊成や定家ではなかった）ことも、女性ゆえの罪障《ざいしょう》（往生の妨《さまた》げとなる原因）を償いたいという思いがあったと見ることもできる。

なお平安時代末期には「人丸供養《ひとまるくよう》（人丸影供《えいぐ》・人麻呂《ひとまろ》影供・人麿《ひとまろ》影供とも）」という行事も存在した。これは飛鳥《あすか》～奈良時代の歌人である柿本人麻呂《かきのもとのひとまろ》を「歌聖《かせい》」と崇《あが》め、人麻呂の肖像画に花や供物を捧げ、また和歌を献上するという催しである。これは和歌の上達を願って皆で集まるイベントだが、この供養する相手を柿本人麻呂から紫式部に変えてみると、「源氏供養」との共通点が見えてはこないか。

「人丸供養」が初めて開催されたのは、元永《げんえい》元年（一一一八）、のちに和歌の名門と称されることになる六条家《ろくじょうけ》の祖、藤原顕季《あきすえ》（一〇五五～一一二三）の邸宅においてである。このときの参加者は一三名。奇妙なことに参加者は全員、男性だった。

平安文学、特に王朝時代の和歌に親しんだことのある読者には、これがいささか異様な光景であることがおわかりいただけるだろう。和歌の世界において、女性が排除されるケースは珍しい。当時の教養の中心とされた漢籍においては確かに女性は排除されていた（清少納言も紫式部も漢籍に通じていたが、漢詩集など公《おおやけ》の場に名前を残すことはなかった）。その代わり、女性たちが自由に用いたのが仮名文字で、和歌は仮名文学の中心であり、女性の活躍を阻むことがなかったのである。例えば『古今和歌集』に始まる勅撰《ちょくせん》和歌集には多くの女流歌人の和歌が収められている。また宮中で開催される内裏歌合《だいりうたあわせ》（左右二組に分かれて和歌の優劣を競う催し）でも、女房歌人の活躍が目立つ。それが平安時代中期（紫式部が生きていた摂関《せっかん》政治の時代）には当たり前の光景のはずだった。

実は「人丸供養」は儒教の行事である「釈奠《せきてん》」の模倣から生まれたといわれている。「釈奠」は孔子《こうし》の肖像画を掲げて、花や供物を捧げる行事だ。

これに関しては北原元秀《きたはらもとひで》氏の論考が興味深い。「人麿影供と院政期歌壇」（『古代文化』五一―四号〈四八三号〉、一九九九年）で、北原氏は顕季が二〇代だった白河《しらかわ》天皇（一〇五三～一一二九／在位：一〇七二～八六）の時代、儒教と和歌が接近し、和歌を政治の道具と考え（「文章経国《ぶんしょうけいこく》」という、文学が国の営みの基礎となるという中国の考え方に基づく）、歌壇から女性を排除する機運があったと指摘しているのである。

もしかすると「源氏供養」は、男性が柿本人麻呂を供養する代わりに、女性が紫式部を供養するという、「人丸供養」の女性バージョンだったのかもしれない（紫式部が『源氏物語』を起筆したと伝わる滋賀県の石山寺《いしやまでら》には、室町時代に描かれた肖像画「紫式部聖像」が今も所蔵されている。「人丸供養」の肖像画同様、「源氏供養」に用いられたと見え、法会の際の煙で黒くくすんでしまっている）。これを踏まえると「源氏供養」は女性読者による女性作家のための、女人成仏《にょにんじょうぶつ》を願うイベントという性格が見えてはこないか。

つまり、女性を罪深い存在と見なし、政治や学問から遠ざけようとする当時の価値観が複合的な要因となって紫式部堕地獄伝説を下支えしていたのである。

もっとも「人丸供養」を男性に限定した営みにしようというムーブメントは長くは続かなかったようで、やがて「人丸供養」は男女問わず歌人たちの重要なイベントとなっていく。「源氏供養」に関しても男女の垣根はやがてなくなっていったのかもしれない。

なお『宝物集』には「源氏供養」が、近年の流行であると記されている。つまり、先に述べた美福門院加賀による法会がその流行の先駆けになった可能性がある。そして、源平合戦が繰り広げられる不安定な世の中を背景にして、人々のあいだに広がっていったと考えられる。

堕地獄に相当する罪は、時代の趨勢《すうせい》に大きな影響を受けて変容していくのだ。

第三章　地獄は何処に？

そもそも地獄とはどこにあるのだろうか。罪を犯した者は、一体どこへ行くのだろう。すでに第一章で挙げたが、『往生要集《おうじょうようしゅう》』には次のように述べられている。

初《はじ》めに等活《とうかつ》地獄とは、この閻浮提《えんぶだい》の下、一千由旬《いっせんゆじゅん》にあり。縦広《たてひろ》一万由旬《さいちまん》なり。

初めに等活地獄とは、私たちの住む世界の地下、一千由旬のところにある。広さは縦横ともに一万由旬。

(往生要集)

八層構造になっている地獄のうち、一番上に存在する「等活地獄」が、私たちの住む世界の地下一千由旬の場所に広がっているという。一由旬は約一一・二キロメートル(一説には一四・四キロメートル)なので、「等活地獄」はおよそ一万一二〇〇〜一万四四〇〇キロメートルの地下で、残る七つの地獄はさらにその下へと広がっていることになる(ちなみに、地球の直径はおよそ一万二〇〇〇キロメートルである)。

地獄に「堕ちる」というだけに

『往生要集』を知らなくても、地獄に「堕ちる」というくらいだから、地獄という場所がなんとなく地下のほうにあるのだろうと思っている現代人も少なくはないはずだ。実際、その理解はあながち間違っていない。

日本人の抱く地獄のイメージの起源は、仏教の興《おこ》ったインドにある。もともと梵語《ぼんご》（サンスクリット）ではその世界のことを「naraka」といった。意味は「地下の牢獄《ろうごく》」である。「naraka」は、生前に悪行《あくぎょう》をしたものが囚《とら》われる場所のこと。すなわちこれが中国に伝来し、漢訳された語こそ「地獄（地下の牢獄）」なのである。なお、音訳したものが「奈落《ならく》」であり、「地獄」と「奈落」という語は翻訳の仕方が異なっているだけで、元は同じ「naraka」のことだ。

つまり地獄は地下にあってこそ、という解釈で疑う余地もなさそうだが、日本の古典文学がすべてそれに倣《なら》っているかというと、そうとは限らない。

例えば本書の冒頭に挙げた『春日権現験記《かすがごんげんけんき》』では、狛行光《こまのゆきみつ》が息絶えたときのことを「あるとき重病をうけて、いきたえにける程に、閻魔《えんま》の庁にいたりぬ（あるとき、重い病となって息絶えると、閻魔の庁に辿《たど》り着いた）」と言うだけで、「閻魔の庁（閻魔王が亡者《もうじゃ》の裁きをする場所）」がどこにあるかもはっきり示していないし、さらには肝心の地獄についても、春日明神《みょうじん》が狛行光を「ぐして地獄のありさまをみせさせ給《たまふ》（連れて行って地獄の様子をお見せになった）」と言うだけで、閻魔の庁からどこをどのように通って地獄へ行ったのか、そのルートには全く触れられていないのである。

地獄、また閻魔の庁、さらにはもっと広げて死後の世界が、すべて地下にあると言い切ってしまうには、『往生要集』の記述に頼るだけではどうも心許《こころもと》ない。死後の世界がどこにあるのか、これについては説話を個別に分析していく必要がありそうだ。

吉《き》志《しの》火《ひ》麻《ま》呂《ろ》の場合

まずは時代を遡《さかのぼ》り、再び日本最古の仏教説話集『日本霊異記《にほんりょういき》』を読んでみよう。ここには吉志火麻呂という人物の逸話が載る。

舞台は聖武天皇《しょうむ》（七〇一〜五六／在位：七二四〜四九）の御代《みよ》。武蔵国《むさしのくに》多麻郡《たまのこおり》鴨《かも》の里《さと》（現在の東京都あきる野《の》市あたりか）の吉志火麻呂は、防人《さきもり》（九州北部の防衛のために徴用された東国《とうごく》出身の成人男性）として筑紫《つくし》（現在の福岡県）にやってきて三年が過ぎようとしていた。火麻呂は故郷に残してきた妻に会いたいあまり、ある一計を案ずる。それは、筑紫まで自分に付き添ってきた母親を殺害し、その服喪《ふくも》休暇で故郷に帰ろうという計画である。火麻呂は母親に向かって、大きな法要があると嘘《うそ》をつき、山中へとおびき出した。そして、一刀のもとに斬《き》って捨てようとしたのである。すると……。

逆《さかしま》なる子、歩み前《すす》みて、母の項《うなじ》を殺《き》らむとするに、地裂けて陥《おチイ》ル。母即ち起《た》ちて前み、陥る子の髪を抱《うだ》き、天を仰ぎて哭《な》きて、願はくは、「吾《わ》が子は物に託《くる》ひて事を為《な》せり。実《まこと》の現《うつ》し心には非《あら》ず。願はくは罪を免《ゆる》し貺《たま》へ」といふ。猶《なほ》し髪を取りて子を留《とど》むれども、子終《つひ》に陥る。

悪逆な火麻呂が、母の前に歩み寄ってその首を斬り落とそうとすると、大地が裂けて中へと落ちていった。母は咄嗟《とっさ》に立ち上がって、落ちようとする火麻呂の髪を摑《つか》んで、天に向かって泣き叫び、「我が子は魔物に取り憑《つ》かれてこのようなことをしたのです。正気ではありません。どうかこの罪をお許しください」と言った。母はなおも子の髪を摑んで引き留めようとしたが、火麻呂はついに地の下へ落ちていった。

（日本霊異記　中　悪逆の子の、妻を愛《めぐ》みて母を殺さむと謀《はか》り、現報に悪死を被《かがふ》りし縁《えん》　第三）

殺されそうになってもなお、我が子に慈悲《じひ》を注ぐ母親の愛に、心揺さぶられる場面だが、まずここでは火麻呂の悪逆ぶりについて、少し解説を付け加えたい。

火麻呂は東国から遠い九州までやってきた防人であり、家に残してきた妻を恋しんでいたという。その期間は三年。妻に会えないあまり思い詰めてしまったのか――と同情したくなるところだが、実は防人の任期は通常は三年間。つまり、あともう少し我慢すれば、防人の務《つと》めを立派に果たして故郷に凱旋《がいせん》できるところだったのである。また当時の規定を参照するに、実は防人の場合は、父母の死においても喪に服すことができるのは任期が明けてから。つまり、母を殺しても、故郷に早く帰ることなどできなかったのだ。実は火麻呂は、防人の規定もろくに知らないくせに、母親を躊躇《ちゅうちょ》なく手に掛けようとする、とんでもなく浅慮《せんりょ》で暴虐《ぼうぎゃく》な人物だったのである。

またこの当時、親孝行を重視する価値観に照らしてみても、母の命よりも妻と会うことを優先しようという発想そのものもいっそう許されなかっただろうし、母親を山中におびき出すために、その信仰心につけこんで「七日《なぬか》法花経を説き奉《まつ》る大会（七日間、『法華経《ほけきょう》』を講釈する大法会《だいほうえ》）」を餌《えさ》にした点も、仏教を深く信仰していた人々には許しがたい振る舞いだったことだろう。

そしてその報《むく》いとして、火麻呂は、裂けた地面の中へと堕《お》ちていってしまう。

大地が裂け、その中へと堕ちていく――火麻呂は生きながらにして、地下の牢獄たる地獄へ堕ちていったのだろうか。残念ながら『日本霊異記』の本文ははっきりとその行き先を、地獄や奈落とは記していない。しかし、悪人がその罪の報いとして地に呑《の》み込まれる話は、実は古い起源を持っている。仏典の中に、まさに仏教の開祖である釈迦《しゃか》をめぐる逸話があるのだ。釈迦（ゴータマ・シッダールタ）の弟子の中には、そのライバルともいうべき提婆達多《だいばだった》（デーヴァダッタ）という人物がいた。提婆達多は釈迦と対立し、教団の分裂を謀《はか》り、さらには釈迦を殺害しようとさえした。『増一阿含経《ぞういちあごんきょう》』によれば、提婆達多が毒を塗った爪で釈迦を襲ったとき、大地が裂け、そのまま提婆達多は地獄に堕ちていったという。紀元前二世紀頃、ギリシャ人のメナンドロス一世（ミリンダ王）と僧ナーガセーナの問答《もんどう》を記録したという『ミリンダ王の問い』にも、同じような話が見える。

説話文学の研究者である今野達《こんのとおる》氏はその論文「日本霊異記〈吉志火麻呂〉説話の演変によせて」（『国語国文』五五－一一号〈六二七号〉、一九八六年）の中で、「そうした話（筆者注：大地が裂けて生きながらにして地獄に堕ちる話）は仏典類を介して古くわが国にも伝わっていたから、吉志火麻呂の話も、いずれはそうした伝来話を踏まえて、奈良仏教が作り出した説教材であったろう」と述べ、吉志火麻呂の説話が古い仏典を起源にしていることを指摘している。

やはり地獄は地下にあることで間違いないらしい。それも場合によっては、死後に閻魔王の裁きを受けることもなく、生きたまま地面の裂け目から地獄の底へ直行することもあるようだ。

ところでこの吉志火麻呂の説話は、様々に変化しながら、後代の古典文学にもしばしば顔を出す極めてポピュラーなモチーフだった。ここでは、右に挙げた今野氏の論文と、中世文学の研究者である村上美登志《むらかみみとし》氏の「『曽我物語』と傍系説話——婆羅門説話をめぐる——」（『国語国文』六四—七号〈七三一号〉、一九九五年）を参考に、「地下へと落下していく報い」について、考えてみたい。

地獄の底へ直行、親不孝の罪

『日本霊異記』成立から時代を下ることおよそ六〇〇年——南北朝時代から室町時代頃、曽我兄弟の仇討《あだう》ちを題材にした『曽我物語《そがものがたり》』が成立する。

曽我兄弟というのは鎌倉時代に実在した御家人《ごけにん》である。兄が十郎祐成《じゅうろうすけなり》。弟は五郎時致《ごろうときむね》。

建久《けんきゅう》四年（一一九三）、源頼朝《みなもとのよりとも》が全国の御家人を集めて、富士山の裾野《すその》で大規模な巻狩《まきがり》（集団で獲物を囲い込む狩りのことで、祭礼や軍事演習を兼ねている）を行った。その晩、頼朝の側近で、幕府の重鎮だった工藤祐経《くどうすけつね》が殺害されるという事件が起こる。祐経を討ったのが、この曽我兄弟。理由は所領争いをきっかけに殺された父の仇討ちだった。

この事件がいわゆる「曽我兄弟の仇討ち」で、これが脚色されて物語となり、全国に広がったものが『曽我物語』である。今でこそ古典の教科書に掲載されることは少なく、なかなか学生時代に触れることのない古典文学ではあるが、芝居が好きな人にとってはお馴染《なじ》みの作品だろう。歌舞伎には『曽我物語』を下敷きにした「曽我物《そがもの》」と呼ばれる一連の作品群がある。

さて、話を元に戻そう。

『曽我物語』には先に挙げた『日本霊異記』の吉志火麻呂によく似た逸話が引用されているのである。

生滅婆羅門《しやうめつばらもん》が父に向《むかひ》て矢を放ちしかば大地破れて忽《たちまち》に八獄《はちごく》の栖守《すもり》となる。

（真名本　曽我物語　巻六）

生滅《しょうめつ》婆羅門という人物は、（自分の）父親に向かって矢を放ったので、大地が裂けてたちまち八大地獄の住人となった。

「生滅婆羅門」という人が何者であるかは不明で、祐成・時致兄弟とも直接関係しない。おそらく自分の父親を殺そうとして矢を放ったのだろう。大地が裂けて地獄に堕ちていったのだという。吉志火麻呂の説話と同じで肉親を殺そうとして「地下へと落下していく報い」を受けたのである。

なお諸本によっては、殺そうとする相手は父親ではなく、母親になっている場合もある。

例えば、一〇〇〇日間に一〇〇〇の命を殺して悪王となろうという誓いを立てた「生滅婆羅門」がある日、亀を殺そうとしたところ、母親がそれを制止したので、母親のほうを殺そうとすると、大地が裂けて奈落の底へと堕ちていったというものである。

『日本霊異記』の吉志火麻呂の話に似ているが、一〇〇〇日間に一〇〇〇の命を奪う誓い（いわゆる「千人斬り」のことで、これも仏典に央掘摩羅《おうくつまら》〈アングリマーラ〉という人物の話として同様の記述がある）や、母親が亀を救おうとする「亀の放生譚《ほうじょうたん》」と呼ばれるモチーフが諸本には追加されている。しかし、結末は同じで、大地の裂け目から地獄へと堕ちていくのである。

この部分、『曽我物語』にどのように引用されているかというと、弟の五郎時致が母親に勘当《かんどう》を解いてもらう場面に登場する。実は曽我兄弟の母という人は、兄弟が仇討ちをすることに一貫して反対していた。そこで弟の五郎時致のほうは寺に入れられるのだが、仇討ちの決意は固く、彼は寺を出奔《しゅっぽん》してしまう。こうして五郎時致は母親に勘当されてしまっていた。しかし、仇討ち決行の直前に、兄の十郎祐成の取りなしによって、勘当は解かれる。

つまり、これらの説話は、母の制止を聞かないという親不孝の例として引かれているのである（もっとも、兄弟は母を殺しはしなかったが、仇討ちによって命を落とし、母を悲しませることになる）。

先に挙げた今野達氏の論文では、これらの説話が唱導《しょうどう》（説教・法談など、仏教の教えを説くこと）に用いられていたことを指摘している。つまり「親孝行をしなさい」「親不孝をすると地獄へ堕ちますよ」と、僧たちが語ったのがこれらの説話の特徴なのである。

親不孝——それも親を殺すという究極の不孝——には「地下へと落下していく報い」、すなわち堕地獄《だじごく》が待っているのだ。

最後に、『小袖曽我《こそで》』に引用されている物語を紹介しよう。

『小袖曽我』は、『曽我物語』を下敷きにした幸若舞《こうわかまい》（戦国時代に流行した、語りを伴う曲舞《くせまい》）のひとつで、後年、読み物用に詞章《ししょう》（セリフや語り）を編集したものだ。成立したのは室町時代頃で、広がったのは戦国時代から江戸時代の初めにかけてである。

ここには、悪行を繰り返す兄弟と、その罪を償《つぐな》おうとする母親の話が引用されている。天竺《てんじく》の香姓《こうしょう》婆羅門とけんしやうの兄弟は父親を殺したうえ、千人斬りの願を立てて悪行を繰り返していた。兄弟の母親はその罪を償うため、一〇〇〇の生き物の命を助ける願を立てたが、とうとう一〇〇〇匹目の亀を助けようというときに兄弟に見つかってしまう。兄弟は千人斬りを達成するために母親を殺そうとするが……。

（前略）大手拡《ひろ》げて懸《か》りしに、眼《まなこ》に霧降《きりふ》つて、母の姿も見《み》も分《わ》かず。大地が、左右《さう》へさつと裂け、兄弟の者《もの》共は、はや、奈落をさしてぞ沈《しづ》みける。母は、御覧《ごらん》じて、なをも親の御慈悲《ぢひ》に、「助けん」と思《おぼ》し召《め》し、兄弟の者どもが髻《たぶさ》を摑《つか》んで引き上げむとし給《たま》へば、空《むな》しき髻、手に留《と》まり、兄弟の者共は、遂《つゐ》に奈落に沈みける。

（兄弟は母親に向かって）両手を広げて飛びかかったが、目の前に霧がかかったようになって母の姿が見えなくなってしまった。すると、大地が左右にさっと裂け、兄弟は奈落へ向かって堕ちていった。母親はこれを御覧になってもなお、親の慈悲の心で助けようとお思いになり、兄弟の髻《たぶさ》（筆者注：頭上に束ねた髪の毛）を摑んで引き上げようとした。しかし髪の毛は抜けて手に残り、兄弟は二人ともついに奈落の底へ沈んでいった。

（舞《まい》の本《ほん》　小袖曽我）

兄弟による父殺しや千人斬りなど、その暴虐性《ぼうぎゃくせい》がエスカレートしている。しかしその他の部分は、『日本霊異記』や元になった『曽我物語』と近似した逸話になっている。そして、ここでははっきりと、兄弟二人が大地の裂け目から「地下へと落下していく報い」を受け奈落の底へ沈んでいったことが示されている。

亡者となってから閻魔王の裁きを受けるまでもない。極悪人には大地の裂け目から「地下の牢獄」、すなわち地獄への直行便が用意されているのである。

さて、ここまで「地下へと落下していく報い」のバリエーションを見てきたが、やはり地獄は地下にあるということで間違いないようだ。だが、同じ説話のバリエーションの変化を見ているだけでは物足りない。
ほかにも、地下に地獄が存在していると、はっきり述べている古典文学はないのだろうか。

証言者が語る地獄へのアクセス

『今昔物語集《こんじゃくものがたりしゅう》』巻一七には賀茂盛孝《かものもりたか》という人物の逸話が載る。彼は普段から行いも良く、熱心に地蔵菩薩《じぞうぼさつ》を信仰していた。そんな彼はある日、風呂上がりに突如《とつじょ》として倒れてしまった。その瞬間、盛孝が見たのは次のような光景だった。

即《すなは》チ盛孝大《おほき》ナル穴ニ入《いり》テ、頭《かしら》ヲ逆サマニ堕下《おちくだ》ル。而《しか》ル間《あひだ》、目ニ猛火《みやうくわ》ノ炎《ほのほ》ヲ見、耳ニ叫ビ泣ク音《こゑ》ヲ聞ク。四方に震動シテ雷《いかづち》ノ響《ひびき》ノ如《ごと》シ。其《そ》ノ時ニ、盛孝心迷《こころまど》ヒ肝砕《きもくだ》ケテ、音ヲ挙《あげ》テ泣キ悲《かなしぶ》ト云《い》ヘドモ、更《さら》ニ其ノ益《やく》無シ。而ル間、高楼《かうろう》ノ官舎《くわんしや》ノ有ル庭《には》ニ到《いた》リ着《つき》ヌ。数検非違使《あまたのけむびゐし》、官人《くわんにん》等《ら》、東西ニ次第ニ着並《つきなみ》タリ。我ガ朝《てう》ノ庁《ちやう》ニ似タリ。

盛孝は大きな穴に落ちて、頭から真っ逆さまに落下していった。そのあいだ、目には猛火《みょうか》が見え、耳には泣き叫ぶ声が聞こえ、辺り一面に雷鳴《らいめい》のように響き渡っている。盛孝はあまりのおそろしさに声を上げて泣き叫んだけれども、どうにもならない。すると、やがて高い楼閣《ろうかく》のある役所の敷地に辿《たど》り着いた。数多《あまた》の検非違使《けびいし》や役人たちが、東西に順序よく居並んでいる。その様子はわが国の検非違使庁に似ている。

（今昔物語集　巻一七　賀茂盛孝依地蔵助得活語《ぢざうのたすけによりてよみがへるをうること》　第一二）

検非違使庁《けびいしちょう》とは平安時代の初期に設置された役所で、都の犯罪を取り締まったり、訴訟を取り扱ったりした検非違使たちの役所を指している。現代でいえば、警察と検察と裁判所を合体させたような役所で、強大な権限を持っていた。

実は風呂上がりに倒れた盛孝が「大きな穴に落ちて」やってきたこの場所こそ、閻魔王が亡者を裁く「閻魔庁《えんまのちょう》」だったのである。亡者を捕らえ、裁く場所だから、「我ガ朝ノ庁ニ似タリ（わが国の検非違使庁に似ている）」と例《たと》えているのだろう。

ここで注目したいのは、この閻魔庁に辿り着くまでの盛孝の体験である。彼は頭から真っ逆さまに大きな穴を落下していったという。どうやら、この記述からも閻魔庁は地下にあるということで間違いないようだ。

前述の通り、この賀茂盛孝の説話が収められているのは、『今昔物語集』の巻一七である。

『今昔物語集』とは、平安時代後期に成立した説話集で、約一〇〇〇話にのぼる説話を載せ、現存している説話集の中では最大規模のものといわれている。舞台は天竺（インド）、震旦《しんたん》（中国）、本《ほん》朝《ちょう》（日本）の三カ所（当時の感覚では全世界である）に及び、登場人物も地方官人や武士、庶民など貴族以外の多彩な階級に及ぶ点に特徴がある。この中でも巻一七は、『地蔵菩薩霊験記《れいげんき》』と呼ばれる書物（現存していない）をベースにしているといわれ、驚くことにまるごと地蔵菩薩のありがたい話が列挙されているのである。

ありがたい話というのは、具体的にどのようなものかというと、「あの世」や地獄に赴いた人物が地蔵菩薩によって救済され、蘇生し、「あの世」で見聞きした出来事を人々に語るという内容である。これらは「蘇生譚《そせいたん》」などと呼ばれる、説話のひとつの類型なのだが、言ってみれば、「あの世」から帰ってきた人の証言録でもあり、当時の人々が抱く死後の世界のイメージを探るにはもってこいの資料ともいえる。

さて、この説話における賀茂盛孝も、普段から地蔵菩薩を信仰していたおかげで、このあと地蔵菩薩によって閻魔庁から無事に救い出され、現世《げんぜ》に帰ってくる。彼はますます信仰心を篤《あつ》くし、出家するとさらに善行《ぜんこう》を積んでその寿命を全うした。

なお地獄と地蔵菩薩の関係については、より詳しく後述することとして、まずはこの巻一七の前後の説話に目を配ってみようと思う。

同じ巻一七に登場する惟高《これたか》という人も、病《やまい》にかかってまもなく亡くなった。その辿り着いた先

（この説話では「冥途《めいど》」と表現される）は次のように描かれている。

広キ野ニ出《い》デ、道ニ迷《まどひ》テ、東西ヲ失ヒテ、涙《なむだ》ヲ流シテ泣キ悲《かなし》ム間《あひだ》、六人ノ小僧出来《いできた》レリ。

広々とした野原に出たが、道に迷い、方角も見失ってしまい、涙を流して嘆《なげ》き悲しんでいると、六人の小僧が現れた。

（今昔物語集　巻一七　依地蔵助活人造六地蔵語《ぢざうのたすけによりてよみがへるひとろくぢざうをつくること》　第二三）

この六人の小僧の正体こそまさに、当時信仰を集めた六地蔵で、惟高は六地蔵によって救済されるのであるが、ここで注目したいのは「冥途」の表現についてである。そこは、方角もわからなくなってしまうような広大な野原らしい。先に挙げた盛孝が辿り着いた場所とは異なる印象を受ける。

実在した武士である源満仲《みつなか》（九一二～九七）の「郎等《らうどう》」（家来）という人物の話も同じ巻一七に載る。彼が「冥途」に赴く様子は次の通り。

（前略）日来《ひごろ》悩ミ煩《わづらひ》テ、遂《つひ》ニ死シヌ。忽《たちまち》ニ冥途ニ行《ゆき》テ琰魔王《えむまわう》ノ御前《おほむまへ》ニ至《いたり》ヌ。郎等其《そ》ノ庭ヲ見廻《みめぐら》セバ、多《おほく》ノ罪人有リ。罪ノ軽重《きやうぢう》ヲ定メテ罰《ばち》ヲ行フ。

数日、病に苦しんで、ついに死んでしまった。たちまち冥途にやってきて、閻魔王の御前《ごぜん》に辿り着いた。その庭を見回してみると、多くの罪人がいて、罪の軽重を判断し処罰が行われている。

（今昔物語集　巻一七　聊敬地蔵菩薩得活人語《いささかにぢざうぼさつをうやまひてよみがへるをうるひとのこと》　第二四）

閻魔王の御前に庭があり、そこに罪人が並べられて罪の軽重を問われているという。最初に挙げた盛孝の見た閻魔庁と同じ場所と思われるが、この場所に辿り着くまでの表現はずいぶんと素っ気なく、明らかに落下している盛孝の説話とは様子を異《こと》にする。

同じ『今昔物語集』の巻一七を少し読んでみただけでもこの通り、地獄や冥途の場所というのは、ぼんやりとして曖昧《あいまい》であり、設定ははっきりと定まっていないらしい。

『日本霊異記』の吉志火麻呂の説話や、『曽我物語』の婆羅門説話のように、はっきりとした「地下へと落下していく報い」はあまり見当たらない。仏典でははっきりとしている「地下の牢獄」という設定が、日本の説話集では説話ごとに異なっているとしか言いようがない。

思えば誰もが仏典に直接アクセスできるわけではない。仏典は学問を積んだ僧のものであり、識字率の低かった時代には、人々は僧たちの唱導によってそれを知るしかなかった。そういえば、清《せい》少納言《しょうなごん》もこんなことを言っていた。

説経《せきやう》の講師《かうじ》は、顔よき。講師の顔をつとまもらへたるこそ、その説《と》くことのたふとさもおぼゆれ。

説経の講師（筆者注：経典の要点を講義する僧のこと）は顔がきれいな人が良い。講師の顔をじっと見つめていればこそ、その説く内容の尊さも感じられるもの。

（枕草子《まくらのそうし》　説経の講師は）

これは『枕草子』の中で、一般的に「説経の講師は」と呼ばれる章段の冒頭部分である。現代風に訳すなら「僧はイケメンに限る」なので、あまり僧の説経を真剣に聞いていないような気がするが、この章段は続きがポイントだ。そこには、説経を聞きに集まる人々の様子や階級、仕草《しぐさ》などが瑞々《みずみず》しい筆致で記録されているのである。清少納言のおかげで、仏教が平安時代中期に僧からの語りによって広がっていく様子がわかる。

清少納言は一条《いちじょう》天皇（九八〇～一〇一一）の皇后である定子《ていし》（九七六～一〇〇〇）に仕えた人物。当時の上流階級（それも一流の文化サロン）で活躍した人物でも、仏教というものは、決して経典の読み書きだけで触れるものではなかった。時に説経・唱導という形で、耳から聞いて知ることも多かった。「聞く仏教」とでも言うべきだろうか。まして読み書きのできない庶民ともなれば、仏教は「聞く」ものだったはずだ。

また中世に入ると、琵琶法師《びわほうし》が『平家物語《へいけものがたり》』を琵琶の伴奏とともに語ったように、芸人が音楽とともに仏教の教えを説き、諸国を巡ることがひとつの文化として形成されていく。『曽我物語』もそうした手段によって広がったもののひとつである。人々は、物語を「聞く」ことによって仏教を知ったのである。

こうしたプロセスを経て地獄について知ったとしても、それはきっと自己の中の曖昧なイメージと結びつき、またあるいは、土俗《どぞく》的な信仰やほかの宗教と混ざり合って、さらにぼんやりとした、死後の世界のイメージに引き継がれていくことになる。

現代のように、データをコピーすることが簡単な時代には想像しがたいが、口伝《くでん》や書写だけに頼った情報伝達は、内容の変化を経て様々なバリエーションを生む宿命にある。

山上に生まれた地獄──立山地獄《たちやまのじごく》と温泉の話

地獄は地下にあるとは限らない。場合によっては、歩いて行くバリエーションもあったようだ。

『今昔物語集』の巻一四には、妻を亡くした書生《しょしょう》（国府《こくふ》に仕える下級役人、書記官）の三人の子が立山《たちやま》（現在の富山県東部の立山連峰《たてやまれんぽう》を指す）へ向かう話がある。少し長くなるが、立山の様子を読んでみよう。

道嶮《さがし》クシテ輒《たやす》ク人難参《まゐりがた》シ。其《そ》ノ中《なか》ニ、種々《くさぐさ》ニ地獄《ぢごく》ノ出湯《いでゆ》有《あり》テ、現《あらは》ニ難堪気《たへがたげ》ナル事共《ことども》見ユ。而《しか》ル間《あひだ》、書生《しよしやう》ガ子共《こども》三人語《かた》ヒ合《あは》セテ云《いは》ク、「我等《われら》此《か》ク母ヲ恋ヒ悲《かな》ムト云《い》ヘドモ、其ノ心不息《こころやすまら》ズ。心不息ズ。去来《いざ》、彼《か》ノ立山《たちやま》ニ詣《まう》デ地獄ノ燃《もゆ》ラムヲ見テ、我ガ母ノ事ヲモ押シ量《はかり》テ、思ヒ観《くわん》ゼム」ト云《いひ》テ、皆詣《まうで》ニケリ。貴《たふと》キ聖人《しやうにん》ノ僧ヲ具《ぐ》シタリ。

地獄毎《ごと》ニ行《ゆき》テ見ルニ、実《まこと》ニ難堪気《たへがたげ》ナル事共無限《かぎりな》シ。燃エ燋《こが》レテ有リ。其ノ地獄ノ有様《ありさま》ハ、湯ノ涌《わ》キ返ル焔《ほのほ》、遠クテ見ルニソラ我ガ身ニ懸《かか》ル心地シテ、暑ク難堪《たへがた》シ。何況《いかにいはむ》ヤ、煮ユラム人ノ苦《くるし》ビ思遣《おもひや》ルニ、哀《あは》レニ悲クテ、僧ヲ以《もつ》テ錫杖《しやくぢやう》供養ゼサセ法花経《ほふくゑきやう》講ゼサセナド為《す》ル程《ほど》、地獄ノ焔《ほのほ》宜《よろし》ク見ユ。

（立山の）山道は険しく、たやすく参詣《さんけい》できない。山の中には様々の地獄の出《い》で湯《ゆ》があって、実に耐えがたいほどおそろしい様子である。そこで、子どもたち三人は相談して「私たちはこんなにお母さんを恋しがって嘆《なげ》いているけれど、一向に心が安まることがない。だから、あの立山というところに参詣し地獄の燃え上がる様子を見て、お母さんの今の境遇を想像して、お母さんのことは諦めよう」と言い皆で立山を参詣した。貴い聖人《しょうにん》と同行した。立山の地獄をそれぞれ見て歩いたが、実に限りなくおそろしい様子である。あたりは燃えて焦《こ》げている。その地獄の有り様といったら、熱湯が炎を上げて沸き返り、遠くのほうから見ているだけでも体にかかるような心地がして、耐えきれないほど熱い。ましてや、地獄の釜《かま》で煮られている人の苦しみを思うと、哀《あわ》れで悲しくて、同行した僧に錫杖《しゃくじょう》供養（錫杖を振り、経文《きょうもん》を唱える供養）をさせたり、『法華経《ほけきょう》』を読み上げさせたりしていると、地獄の炎が少しばかりおさまったように見えた。

（今昔物語集　巻一四　越中国書生妻死堕立山地獄語《ゑつちうのくにのしよしやうのめしにてたちやまのぢごくにおつること》　第八）

燃え上がる炎、煮えたぎる熱湯――その景色はまさに『往生要集』に描かれた「八大地獄」そのものである。このあと、子どもたちは炎の中に、亡くなった母の声を聞く。母は子の名前を呼び、「人ニ物ヲ不与《あたへ》ズシテ（他人に物を与えない）」という罪によって、この立山の中の地獄に堕ちたのだという。彼らはその後、人々の助けを得て『法華経』一〇〇〇部の写経を行う。これによって母は、「天道《てんどう》」に生まれ変わって地獄から救い出されたと物語は続く。

さて、この説話で注目したいのは、子どもたちは立山を登ることによって、生きながらにして地獄へやってきたということ。そしてそこでは、今まさに地獄の苦しみを受けている亡者に会うことができるということ。

本来、「地下の牢獄」であるはずの地獄が山の上にあるのである。しかも、そこには生者《しょうじゃ》も行くことができる。立山の地獄の様子は一体、何を示しているのか。

先に引用した文中の「地獄ノ出湯」という言葉でお気づきになった読者も多いだろう。実はこれは、温泉の景色である。

立山はもともと火山。現在でもその一帯は「地獄谷」と称され、火山性ガスや温泉が噴出している。ガスのせいで目立った植物は育たず、あたりは荒涼としており、時に動物も死に至る。あまりに過酷なその風景は、平安時代の人々にとって地獄を想起させるものに他ならなかった。

立山に限らず、地獄と呼ばれる温泉地帯は数多い。現代で有名な場所といえば、観光コース「地獄めぐり」で知られる大分県の別府温泉だろうか。今でも硫酸鉄《りゅうさんてつ》によって青色をした温泉は「海地《うみじ》獄《ごく》」と呼ばれ、また酸化鉄によって赤く染まっている温泉は「血《ち》の池《いけ》地獄」と呼ばれていずれも国の名勝に指定されている。神奈川・箱根の大涌谷《おおわくだに》もかつては「地獄谷」と呼ばれていたし、熊本県の南阿蘇《みなみあそ》村にはその名もずばり「地獄温泉」がある。数え上げればきりがない。

かなり時代は下るが、例えば正徳《しょうとく》二年（一七一二）に編まれた百科事典『和漢三才図会《わかんさんさいずえ》』で「地獄」という項目を引いてみると次の通り。

日本有地獄皆高山嶺常燒温泉不絶若肥前温泉豊後鶴見肥後阿蘇駿河富士信濃淺間出羽羽黑越中立山越乃白山伊豆箱根陸奥燒山等之嶺

日本にある地獄というのは、どこも高い山の嶺《みね》にあり、常に燃えている。温泉が絶えることがない。例えば、肥前《ひぜん》、豊後《ぶんご》の鶴見《つるみ》、肥後《ひご》の阿蘇《あそ》、駿河《するが》の富士、信濃《しなの》の浅間《あさま》、出羽《でわ》の羽黒《はぐろ》、越《えっ》中《ちゅう》の立山、越《こし》の白山《はくさん》、伊豆《いず》の箱根、陸奥《むつ》の焼山《やけやま》などの山嶺《やまみね》などである。

（和漢三才図会　第五六　山類）

いずれも霊峰《れいほう》として知られる名山であり、同時に温泉地帯を持つ活火山である。つまり江戸時代の中頃には、もはや地獄といえばすなわち、火山・温泉の代名詞だったのだ。

思えば、仏教が成立したインドにも、仏教が発展を遂げた中国にも、砂漠や荒野があり、灼熱《しゃくねつ》の日差しが注ぐエリアが多く存在する。仏教が広がった当時、そういった景色が身近にあったインドや中国の人々にとって、炎と熱に苛《さいな》まれる「八大地獄」はたやすく想像できる世界だったのではないだろうか。一方、日本の場合は、広大な砂漠や荒野はほとんど存在しない。種々の仏典や『往生要集』の説く「八大地獄」を、人々が唱導を通して耳にしたとき、彼らが身近な風景から想像することができたのは砂漠や荒野ではなく、おそらく火山・温泉の風景だったのだろう。

しかし、火山が地獄として特別視され、時に信仰の対象となった理由は、それだけではない。ここでは古代から続く、日本人の「山中他界観《さんちゅうたかいかん》」という信仰について目を向けなければならないだろう。

山岳信仰と山中他界観《さんちゅうたかいかん》

時代は遡って天平《てんぴょう》一九年（七四七）、奈良時代の出来事である。この頃、歌人としても名高い大伴家持《おおとものやかもち》（?～七八五）は、平城京《へいじょうきょう》を離れて国司《こくし》として越中国《えっちゅうのくに》へ赴任していた。その家持は、立山の姿を次のように詠んでいる。

立山《たちやま》の賦《ふ》一首　并《あは》せて短歌　この立山は新川郡《にひかはのこほり》にあり
天離《あまざか》る　鄙《ひな》に名かかす　越《こし》の中《なか》　国内《くぬち》ことごと　山はしも　しじにあれども　川はしも　さはに行けども　皇神《すめかみ》の　うしはきいます　新川《にひかは》の　その立山に　常夏《とこなつ》に　雪降り敷きて　帯《お》ばせる　片貝川《かたかひがは》の　清き瀬に　朝夕《あさよひ》ごとに　立つ霧の　思ひ過ぎめや　あり通《がよ》ひ　いや年のはに　外《よそ》のみも　振《ふ》り放《さ》け見つつ　万代《よろづよ》の　語らひぐさと　いまだ見ぬ　人にも告げむ　音《おと》のみも

名のみも聞きて　ともしぶるがね

遠く離れた鄙《ひな》に名高い、越中国の各地に、山は数々あるけれど、川もたくさん流れているけれど、国《くに》つ神《かみ》のおわします新川の、あの立山には、季節を問わず、雪が降り敷き、その山裾《やますそ》の片《かた》貝《かい》川の清い瀬に、朝夕ごとに立つ霧のように、崇《あが》める思いが消えようか、道を通って、ずっと毎年、遠くからでも振り仰ぎ、とこしえに語りぐさとして、いまだに見たことのない人にも話そう、噂《うわさ》だけでも、名前だけでも、うらやましがるだろう

立山に　降り置ける雪を　常夏に　見れども飽《あ》かず　神《かむ》からならし

立山に降り敷く雪は、一年じゅう見ても飽きることがない、神々《こうごう》しさゆえだろうか

片貝の　川の瀬清く　行く水の　絶ゆることなく　あり通《がよ》ひ見む

片貝の川の瀬の、清く、流れ行く水のように、絶えることなく、道を通いつつ見よう

四月二十七日に、大伴宿禰《すくね》家持作る。

（万葉集《まんようしゅう》　巻一七）

火山として地獄のような景色を有すると同時に、標高の高い立山連峰は一年を通して雪をかぶっていた。これを家持は「皇神《すめかみ》の　うしはきいます（神がいらっしゃる）」「神《かむ》からならし（神々しさゆえか）」など、神聖な景色として描写している。

次に時代は下り、平安時代末期に編纂《へんさん》された『梁塵秘抄《りょうじんひしょう》』には次のような歌謡が載る。

験仏《げんぶつ》の尊きは　東《ひんがし》の立山美濃《たちやまみの》なる谷汲《たにくみ》の彦根寺《ひこねでら》　志賀長谷石山清水《しがはせいしやまきよみづ》　都に間近《まぢか》き六角堂《ろかくだう》

（梁塵秘抄　巻二）

御仏《みほとけ》の霊験《れいげん》あらたかな場所は、東国《とうごく》では立山、美濃の谷汲、彦根寺、志賀寺、長谷寺、石山寺、清水寺、都に近い六角堂《ろっかくどう》

『梁塵秘抄』は、平安時代を通して人々に愛唱された流行歌「今様《いまよう》」を集めて編まれたものである。「今様」とはまさに「当世風」「今風」という意味を持ち、平安時代の半ばには特に貴族たちのポッ

プカルチャーとして親しまれた。右に挙げたこの歌も、多くの人々が口ずさんでいたものと思われる。ここにも、立山は長谷寺や清水寺と並ぶ霊験あらたかで神聖な場所として挙げられているのである。

このように立山は、奈良時代からすでに神さびた霊峰として捉えられ、平安時代には都の人々の流行歌にも登場するほどに、信仰を集めた場所となっていた。

しかし、神聖視された山は立山だけに限ったものではない。日本人は古代から山そのものを信仰の対象としてきた。これを「山岳信仰」という。最もわかりやすい例は、富士山だろう。

山部宿禰赤人《やまべのすくねあかひと》が富士の山を望む歌一首　并せて短歌

天地《あめつち》の　分《わか》れし時ゆ　神《かむ》さびて　高く貴《たふと》き　駿河《するが》なる　富士の高嶺《たかね》を　天《あま》の原《はら》　振《ふ》り放《さ》け見れば　渡る日の　影も隠《かく》らひ　照る月の　光も見えず　白雲《しらくも》も　い行《ゆ》きはばかり　時じくそ　雪は降りける　語り継ぎ　言ひ継ぎ行かむ　富士の高嶺は

天と地が分かれたその時から、神々しく、高く貴き、駿河の富士の高嶺を、空の彼方《かなた》を振り仰ぎ見れば、空を渡る太陽の姿も隠れ、照る月の光も見えない、白雲さえも進みかね、時ならず雪は降る、語り継ぎ、言い伝えていこう、この富士の高嶺を

反歌

田子《たご》の浦ゆ　うち出《い》でて見れば　ま白《しろ》にそ　富士の高嶺に　雪は降りける

田子の浦（筆者注：駿河湾に面した海岸）を通って、うち出て（広々とした所に出て）みると、真っ白に、富士の高嶺に、雪が降っている

（万葉集　巻三）

『万葉集』に収められている山部赤人《やまべのあかひと》（山辺赤人）のこの和歌は、百人一首にも「田子の浦に　うち出でて見れば　白妙《しろたへ》の　富士の高嶺に　雪は降りつつ」という形で採録されており、馴染《なじ》み深い読者も多いだろう。先の「神さびて」「高く貴き」といった語が印象的で、太陽や月、さらには雲でさえもその威光の前には敵《かな》わない――赤人はそのように富士山を讃《たた》え、壮大なスケールで詠み上げたのだった。

一方で同じ奈良時代に編纂された『常陸国風土記《ひたちのくにふどき》』には、筑波山《つくばさん》を神聖視する逸話が載る。神祖《みおや》の尊《みこと》（あらゆる神々の祖）が諸国を巡って神々に会いに行っていた。あるとき、駿河の富士山にやってきて、一晩の宿を頼んだが、富士山の神はこれを断ってしまった。しかし常陸《ひたち》の筑波山

の神は、神祖の尊を快く迎え入れて歓待した。これによって神祖の尊は、富士山を呪って年じゅう雪に閉ざされた山にしてしまい、一方で筑波山は人々が集まって憩《いこ》える場所にしたという。

和銅《わどう》六年（七一三）、全国各地の地誌をまとめて中央に提出するよう詔勅《しょうちょく》が下り、これを受けて養老《ようろう》年間（七一七〜二四）に常陸（現在の茨城県）で編纂されたものが『常陸国風土記』である。ここに挙げた神話は、常陸の古老の言い伝えとして収録されている。筑波山が富士山よりも素晴らしい場所のように語っているのは、筑波山を擁する常陸の地元愛の表れと受け取れるが、いずれにせよ常陸では筑波山は、富士山に匹敵するどころか、それ以上に神聖な山だと考えられていたのである。そして、山そのものが神と考えられていたことをうかがわせる。

さらに、山は祖霊の集まる場所とも考えられていた。『万葉集』の挽歌《ばんか》（死者を悼《いた》む和歌）の半分が山と関連することが、先学によってすでに指摘されている。

例えば、弟の大津皇子《おおつのみこ》（六六三〜八六）を亡くした大伯皇女《おおくのひめみこ》（六六一〜七〇一）は、弟が葬られた二上山《にじょうさん》（現在の奈良県、大阪府の境に位置する）を次のように詠んでいる。

うつそみの　人なる我《あれ》や　明日《あす》よりは　二上山《ふたがみやま》を　弟《いろせ》と我《あ》が見む

この世の人である私は、明日からは二上山を弟として眺めることになるのか死者の魂は山に行くと言い伝えられている地域は今なお多い。例えばイタコの口寄《くちよ》せで知られる青森県の恐山《おそれざん》などがその代表格だろう。

山は「この世」でありながら、同時に「あの世」でもあった。山は、神や仏、死者、あるいはそれ以外の「この世」ならざる者の世界――こういった考え方を「山中他界観」と呼ぶ。これは古代から連綿と続く土俗的な信仰のひとつである。

例えば、修験者《しゅげんじゃ》（山伏《やまぶし》）は山に入るとき「臨兵闘者皆陳列在前《りんぴょうとうしゃかいじんれつざいぜん》」の九字を唱え、印を結ぶという修法《しゅほう》を行った。これは入山の際に、災いを払い、身を守るために行ったものである。山の中に入るというのは、「この世」とは異なる世界へ身を投じることと同義だったからだ。そもそも、修験道こそ、日本古来の「山岳信仰」と仏教（特に密教）・道教などが融合して生まれたもので、山を修行の地と捉え、厳しい苦行の先に霊験（魔法のような不思議な力のこと）を得ることができると考えられていた。立山をはじめとする「山岳霊場」とも呼ばれる場所を形成していったのは、まさにこの修験者たちである。

ことに修験道が広がったのは平安時代末期頃と考えられている。彼らは山の峰々を踏破《とうは》しながら、様々な景色を見た。そして火山性ガスで荒涼とした大地に、噴き上がる熱湯を見て、そこに地獄の景色を重ねたのである。
こうして、地下ではなく、山上に地獄が生まれたのだ。

「あの世」と「この世」を分かつもの

ここまで奈良時代に編まれた『万葉集』を辿ってみたが、では、仏教伝来以前の日本人は皆、「あの世」は山の中にあると考えていたのだろうか。答えは否である。

例えば、上代《じょうだい》文学にしばしば登場する「常世《とこよ》」。死者の赴く国とされ、海の彼方にあると考えられていた。似たような例では、沖縄を中心に信仰された海上の死者の国「ニライカナイ」を挙げることができる。これらの信仰も仏教と混ざり合った結果、中世には「補陀落渡海《ふだらくとかい》（海の彼方にある浄土を目指して出帆《しゅっぱん》し、沖で入水する儀式）」という宗教現象を生むことになる。「山中他界観」に対して、これらは「海上他界観」などと呼ぶ。

ほかにも神々の住む天上の「高天原《たかまがはら》」があり、これはいわば「天上他界観」である。実は「あの世」は、私たちが生活する場所のそここにあるらしい。では、「あの世」と「この世」を隔てているものは何なのだろう。

第一章でも例を挙げたが、『古事記《こじき》』によれば、「黄泉の国《よみのくに》」への通り道は「黄泉《よもつ》ひら坂《さか》」という

「坂」であるらしい。また信仰を集めている霊山は、「しめ縄」や「鳥居」などの結界によって神域を表し、「あの世」と「この世」を分けている場合が多い。

世界に目を向けてみると、様々な例が見受けられるが、共通して挙げられることの多いモチーフは「川」である。例えば長編の叙事詩《じょじし》『オデュッセイア』などを見ると、古代ギリシャには「冥界」の入り口に川があって、カロンという渡し守《もり》がいると考えられていたことがわかる。古代エジプトの場合は「天国」の入り口に川が流れていて、やはり同様に渡し守がいる。北欧にも同様の所伝が見られ、これらは遡《さかのぼ》るとバビロニアやシュメールの伝説まで辿り着くらしい。

そして、現代の日本を生きる私たちにも「あの世」と「この世」とを隔てる「川」の信仰が残っている。そう、「三途《さんず》の川」である。

納棺の際に、「三途の川」の渡し賃として、六文銭《ろくもんせん》を死者に持たせる風習がある地域は今も多い。「三途の川」の向こうに亡くなった身内が見えたなど、臨死体験を証言する人々もいる。江戸時代以前に比べ、神仏の世界が遠くなり、無宗教を自称する日本人が多いこの時代でも、「三途の川」の信仰は現役のようだ。

地獄の場所を探ろうとする本章だが、最後に少しだけ「三途の川」に寄り道をしてみよう。まずは「三途の川」を渡らないことには、地獄には辿り着けないのだから。

「三途《さんず》の川」をめぐる奇妙な話

そもそも日本では、死後の世界に「川」があるという信仰は『日本霊異記』まで遡ることができる。例えば第二章で挙げた、地獄に堕ちた父に会った膳 臣広国《かしわでのおみひろくに》の場合、閻魔庁へ赴く途中、金色の橋を渡した「大河」を見ている。

伴《とも》に副《そ》ひて往《い》く程《ホド》に、二つの駅《うまや》の度許《わたりばかり》に、路《みち》の中《なかば》に大河有り。椅《はし》を度《わた》し、金《こがね》を以《もつ》て塗り厳《かざ》れり。

（あの世からの使いに）連れられてしばらく行くと、二つの駅を通り過ぎたあたり、道の途中に大河が流れていた。橋が架けられていて、その橋は黄金で塗り飾ってある。

（日本霊異記　上　非理に他《ひと》の物を奪ひ、悪行を為し、報《むくい》を受けて奇《あや》しき事を示しし縁《えん》　第三〇）

また、精進潔斎《しょうじんけっさい》せずに写経をして地獄に堕ちたという藤原敏行《ふじわらのとしゆき》の場合も、その途上、墨《すみ》色の大きな川を見ている。

また行けば、大《おほ》きなる川あり。その水を見れば、濃くすりたる墨《すみ》の色にて流れたり。あやしき水の色かなと見て、「これはいかなる水なれば、墨の色なるぞ」と問へば、「知らずや。これこそ汝《なんぢ》が書き奉りたる法華経の墨の、かく流るるよ」といふ。「それはいかなれば、かく川にて流るるぞ」と問ふに、「心のよくまことをいたして清く書き奉りたる経は、さながら王宮に納められぬ。汝が書き奉りたるやうに、心きたなく、身けがらはしうて書き奉りたる経は、広き野辺《のべ》に捨て置きたれば、その墨の雨に濡《ぬ》れて、かく川にて流るるなり。この川は汝が書き奉りたる経の墨の川なり」といふに、いとど恐ろしともおろかなり。

（あの世からの使者に連れられて）さらに行くと、大きな川があった。その水を見てみると、濃く磨《す》った墨の色をしている。「奇妙な水の色だなあ」と思って、（敏行が）「これはどうして、墨の色をしているのか」と尋ねると、「わからないのか。これは、おまえが書き上げた法華経の墨が流れているのだよ」と（使者は）言う。（敏行が）「どうしてこのように、川に流れているのか」と尋ねると、（使者は）「心を澄ませて誠《まこと》を尽くし、清らかに書き上げた経は、そのまま閻魔王宮に納められる。だが、おまえのように、心が汚く、身もけがれたまま書き上げた経は、広い野辺に捨て置かれるので、その墨が雨に濡れ、このように川に流れているのだ。この川は、おまえが書いた経の墨の川だ」と言うので、ますますおそろしいといったらない。

（宇治拾遺物語《うじしゅうい》　巻八　敏行朝臣《あそん》の事）

だが、こういった説話にはただ「川（河）」といって登場するだけで、「三途の川」という語は見えない。それに「三途の川」の渡し賃をめぐる伝説のように、ここを渡るのに困難が伴ったり、何かルールがあったりする様子も見えず、「あの世」の風景のひとつとして描かれている。

ところが、南北朝時代の公卿《くぎょう》、四辻善成《よつつじよしなり》（一三二六～一四〇二）が記した『河海抄《かかいしょう》』という『源《げん》氏《じ》物語』の注釈書には、こんな記載があるのだ。

最初に嫁合の男《をとこ》必《かならず》此川《このかは》を引こすと云々《うんぬん》。

最初に契《ちぎ》りを結んだ男が、この川（筆者注：三途の川のこと）を渡るときに手を引くという。

これはいったい、どういうことだろう？

なお、この一文がどの部分の注釈かというと、「真木柱《まきばしら》」の巻における、光源氏《ひかるげんじ》と玉鬘《たまかずら》の贈答歌《ぞうとうか》に関するものである。

玉鬘は光源氏が引き取って育てた養女で、そのあまりの美貌《びぼう》と知性によって男たちからの求婚が相次いだ。光源氏は養父として、玉鬘にふさわしい相手を見極めようとする一方で、自分も都合良く言い寄っては、玉鬘を困惑させた。結果、どうなったかというと、玉鬘は最も嫌っていた右大《うだい》将《しょう》・鬚黒《ひげくろ》と望まない結婚をすることになるのである。そんな玉鬘に、光源氏はこんな和歌を贈った。

おりたちて　汲《く》みはみねども　渡り川　人のせとはた　契《ちぎ》らざりしを

これに玉鬘はこう返している。

みつせ川　わたらぬさきに　いかでなほ　涙のみをの　あわと消えなん

ここに出てくる「渡り川」「みつせ川」というのが、「あの世」と「この世」を分かつ「三途の川」のことである。

さて、問題はこの和歌をどう解釈するか。『河海抄』の言う通り、最初に関係を持った男が、女の手を引いて川を渡るというのであれば、和歌を現代語訳すると次のような内容になる。まず、光源氏は、あなたとは深い関係にはならなかったけれど、あなたが三途の川を渡るのに、まさかほかの男に手を引かせようとは、そんな約束はしなかったのにね

これに対して玉鬘はこう答える。

三途の川を渡る前に、どうか悲しみの涙の川に水の泡となって、消え失《う》せてしまいたい

慰《なぐさ》めるつもりのわりには、きわどい内容で悔しさを丸出しにする光源氏の和歌に対し、玉鬘は悲《ひ》嘆《たん》の底。これに対して光源氏は、さらにこう慰めの言葉をかける。

心《こころ》幼《をさな》の御消え所や。さても、かの瀬は避《よ》き道《みち》なかなるを、御手《おんて》の先ばかりは、引き助けきこえてんや。

そんな場所（筆者注：「涙のみを」＝悲しみの涙の川のこと）で消えてしまおうなどと、子どもっぽいお考えですね。どのみち三途の川はいずれ必ず通る道なのですから、せめて私があなたのお手の先くらいは引いて助けてさしあげたいものですね。

これはつまり、光源氏が玉鬘の初めての男になりたかったということだろうか。それを玉鬘にはっきり言うというのはセクハラそのもの――いや、どのみち光源氏の玉鬘に対する態度は終始一貫してセクハラまがいなのだが――それとも、実は玉鬘の最初の相手は光源氏だったということだろうか。

戦国時代に成立した『源氏物語』の注釈書『細流抄《さいりゅうしょう》』には、「夫婦の契りを初めて結んだ男が、女の手を引いて三途の川を渡す」という記述があり、さらに時代は下って、江戸時代の国学者である賀茂真淵《かものまぶち》（一六九七～一七六九）や本居宣長《もとおりのりなが》（一七三〇～一八〇一）も同様の説に自身の注釈書で言及している。

これらの解釈の元となったのは『仏説地蔵菩薩発心因縁十王経《ほっしんいんねんじゅうおうぎょう》』（以下『地蔵十王経』と呼ぶ）という唐の時代の経典である。少し長くなるが、三途の川に関する記述を挙げてみる。

葬頭河曲、於初江辺、官庁相連、承所渡、前大河即是葬頭、見渡亡人、名奈河津、所渡有三、一山水瀬、二江深淵、三有橋渡、官前有大樹、名衣領樹、影住二鬼、一名奪衣婆、二名懸衣翁、婆鬼警盗業、折両手指、翁鬼悪無義、逼頭足一所、尋初開男、負其女人、牛頭鉄棒、挟二人肩、

追渡疾瀬、悉集樹下、婆鬼脱衣、翁鬼懸枝、顕罪低昂
（字体は新字に改めた）

初江王《しょこうおう》（冥府《めいふ》の第二の王）の官庁が連なるその前には、葬頭《そうず》という大河（三途の川）があって、ここを渡る亡者を見張っている。奈河津《なかつ》ともいう。渡る場所は三カ所あり、一カ所目は水の流れが速く、また二カ所目は深い淵《ふち》で、三カ所目には橋がある。官庁の前に衣領樹《えりょうじゅ》という大きな樹《き》があって、そこには奪衣婆《だつえば》と懸衣翁《けんえおう》という二人の鬼が住んでいる。奪衣婆は盗みを戒《いまし》めて亡者の両手の指を折り、懸衣翁は不義を憎《にく》んで頭と足をひとまとめに縛りつける。初開の男（初めて関係を持った相手）を尋ね出して、女はその男に背負われて渡る。鉄棒を持った牛頭《ごず》が二人を追い立てて水の流れの速い瀬を渡らせる。衣領樹の下まで亡者がやってくると、奪衣婆は衣を脱がせ、懸衣翁がそれを枝に懸け、罪の軽重を量る。

（仏説地蔵菩薩発心因縁十王経《ほっしんいんねんじゅうおうぎょう》）

なるほど確かに「尋初開男、負其女人」という記述がある。しかし、「奪衣婆」と「懸衣翁」というおそろしげな爺・婆の鬼に指を折られたり、縛りつけられたりするという記述の中にあっては、ずいぶん唐突な表現に見える。
実はこれについては、地獄に関する研究を多く重ねている田村正彦《たむらまさひこ》氏が、明解な説を表している。

それはこの「尋初開男、負其女人」の部分は「最初に関係を持った男を尋ねて、その女を背負わせる」という意味ではなく、「それから初めに男の方の縄を解き、縛られたままの女を背負わせる」という意味ではないかというものである。

するとどうだろう。先ほど挙げた『地蔵十王経』の前後の文脈がかなりスムーズになる。では『源氏物語』における、光源氏と玉鬘のやりとりはどうかわるだろうか。仮に、初めて関係を持った相手によって三途の川を渡るという信仰がなかったとすると、「渡り川」「みつせ川」はあくまでも、「川」や「瀬」から連想させる語として、「逢瀬《おうせ》」（男女の深い関係）を導き出す和歌の技巧上の表現となる。

つまり光源氏の「おりたちて……」の和歌は、

あなたとは深い関係にはならなかったけれど、あなたが逢瀬を遂げる相手が別人になろうとは、そんな約束はしなかったのにね

という、微妙にニュアンスの異なる内容になる。

光源氏が玉鬘にかけたという「心幼の御消え所や。さても、かの瀬は避き道なかなるを、御手の先ばかりは、引き助けきこえてんや」の言葉も、「初めての男になりたかった」という色めかしい台詞《せりふ》

ではなく、「逢瀬は無理だけれど、手を引くくらいの縁はあってほしい」というものになり、いずれ結婚によって縁が切れることになる玉鬘に対する慰めとして、しっくりくるものにはならないか。

田村正彦氏は、「初めての男が女を背負う」というこの信仰を、『源氏物語』をはじめとする王朝物語の注釈の中で生まれた「俗信」であると分析している。どうやら最初に挙げた『河海抄』を皮切りに、中世になってから注釈書の世界で広がった信仰だったようなのだ。近年の研究では、田村氏のほかにも、これらの信仰を『源氏物語』以降の「俗信」と考える研究者は多い。

そもそも、先に挙げた『地蔵十王経』にあったように、渡る場所が三カ所あるとか、奪衣婆・懸衣翁といった鬼がいるとか、そういった伝説は、王朝物語や平安時代までの説話にはほとんど見受けられない。

そういえば『往生要集』には、「三途の川」のような「川」に関する記載さえなかった。どうやら「三途の川」への関心は、『源氏物語』よりも後、中世から近世にかけて強くなっているようである。

どうやら「あの世」の風景は、時代とともに変遷しているらしい。

平安時代の説話集などの古典文学に描かれた「あの世」には、広大な野原や大きな川といった共通する景色はあるけれども、中世以降、人々の関心が移ろうと、それに伴って新しい設定や伝説が生まれ、「あの世」の景色も大きく変化してしまうのだ。

そして、それは時に景色だけでなく、「あの世」の場所さえ変えてしまう。

仏典には、地獄は地下にある世界だと記されていた。「地獄」という言葉がそもそも「地下の牢獄」を語源としている。ところが平安時代に、それまで土俗的に信仰されていた「山中他界観」と仏教が結びつくと、地獄は山の中にも存在すると考えられるようになった。仏典の教えが、当時の人々の宗教観に引きずられてしまい、変化したのだといえるだろう。

「あの世」は、仏教だけでなく様々な宗教と混ざり合い、絡み合って構成されている。場所も景色も、時代に流され、その折々の様相を表しているのだ。

先に挙げた『地蔵十王経』も、単に仏典のひとつとして理解することはできない。これは実は天竺から伝わったものではなく、日本で偽作《ぎさく》されたものと考えられているのだ。それは日本における十王信仰の高まりと大きな関連がある（なお十王とは、「あの世」で亡者を裁く一〇人の王のこと）。

この十王信仰は、古代中国で道教の影響を受けながら誕生・発展し、日本へと流入した。『地蔵十王経』は十王による「あの世」の裁きや、それに必要な法会や供養の方法に関心が高まっていく中で作られたものだ。

実は閻魔王は十王のうち五番目の王である。次章では、複雑に絡み合った仏教と道教について解きほぐしながら、地獄界の代名詞、閻魔王の正体に迫ってみたい。

第四章　地獄のお役所仕事

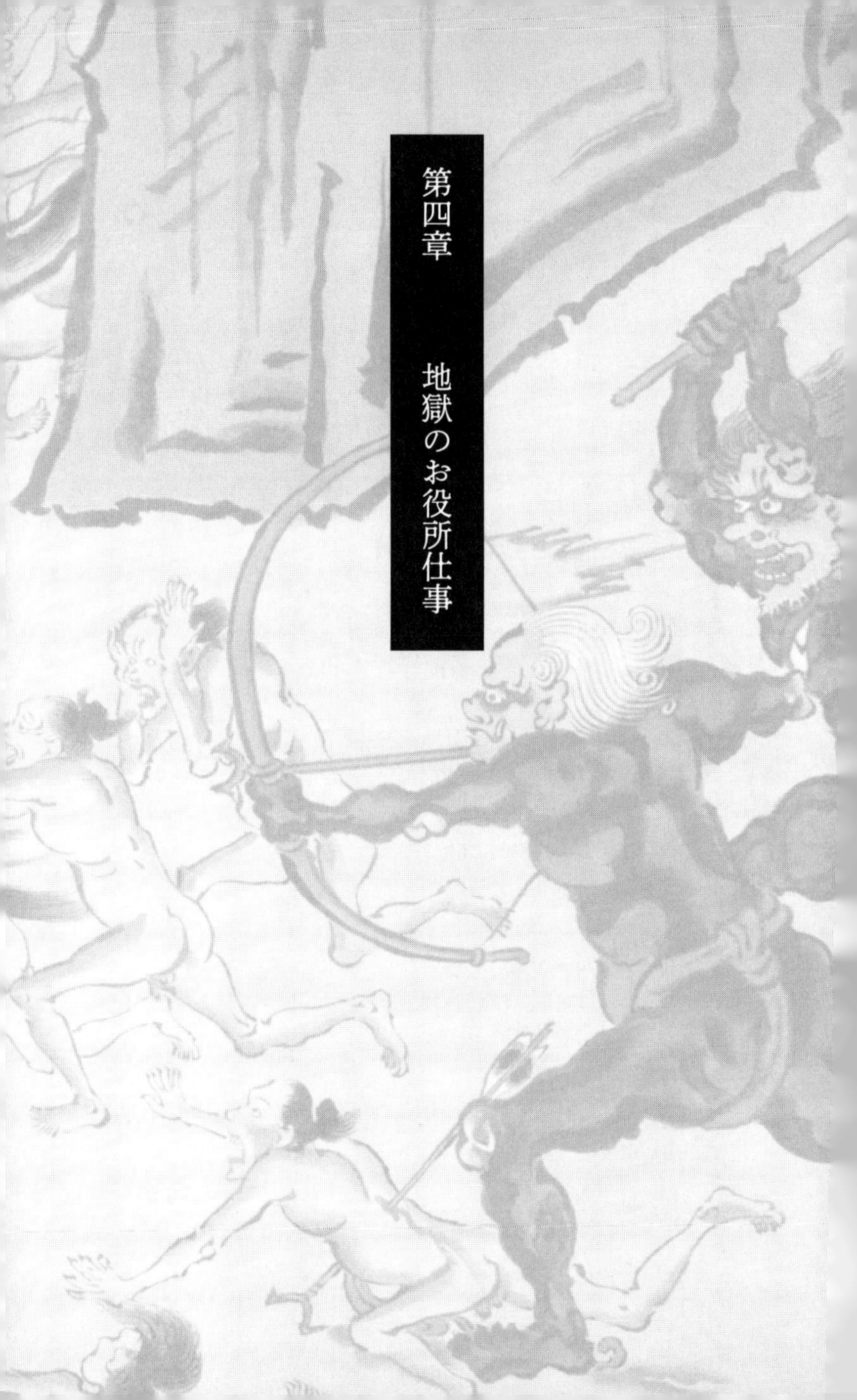

子どもの頃に「嘘《うそ》をつくと地獄の閻魔《えんま》様に舌を抜かれる」と大人に脅《おど》かされた経験はあるだろうか。筆者は小学生の頃、両親や祖父母に「閻魔様」を持ちだされるたびに「閻魔王があの世の裁判官だったら、そんな仕事はしないはずだ。直接罰を与えるのはもっと下《した》っ端《ぱ》の役人ではないか」と、口答えしていた覚えがある。

実際のところどうなのだろうと、随分とあとになってから自分の発言に疑問を持ったこともあった。お盆や法事、またあるいは寺社に行って地獄絵などを見たとき、頭のどこかにいつもこのことが引っかかる。

大人になっても、どうもそのことが気に掛かって、大学の勉強や研究もよそに地獄についての書物を調べ始めた。すると確かに、私の屁理屈《へりくつ》に反して閻魔王が自らの手で罰を与えることもあるらしい（第一章に引用した『往生要集《おうじょうようしゅう》』参照のこと）。ところが、閻魔王の下には「冥官《みょうかん》」という冥《めい》途《ど》の役人や、さらには亡者《もうじゃ》に罰を与える「獄卒《ごくそつ》」という地獄の使者もいて、それぞれ仕事を分担していることもわかる。さらには、「地獄の閻魔様」と慣用句のように言うけれども、閻魔王が地獄にいるとは限らないことが判明し、そのうえ、地獄がどこにあるかも時代と場所によって変遷してしまうことまでわかった。結局のところ、地獄の場所や構造はひとつに断定できず、曖昧模糊《あいまいもこ》としてなんだかよくわからないというところまで、ぐるっと一周して戻ってきてしまったのであった。

ただ、はっきりとわかったのは、現代でもしばしば「地獄の閻魔様」と口にするわりには、閻魔王のことをしっかり理解している人など、（筆者も含め）ほとんどいないということだ。「あの世」にいる、なんだかおそろしげな存在――そんな感じ。

あらためて知ろうとすれば、現代に至るまで日本人の心に生き残り続けてきた理由、また十王《じゅうおう》の中でなぜ閻魔王だけがこれほどの存在感を放っているのか――などと、次々と疑問が湧《わ》いてくる。

そこで本章では、閻魔王をはじめとする冥界《めいかい》の一〇人の王（十王）や、その下で働く冥途《めいど》の官僚である冥官、そして亡者に罰を下す現場で働く獄卒など、地獄をめぐる主な登場人物と、彼らの役割について、仏典や説話を中心に繙《ひもと》いてみたいと思う。

するとそこには不思議と人間味あふれる「地獄」で働く役人たちの様子がほの見えてくる。

閻魔王《えんまおう》は何者か

まずそもそも、閻魔王とはいったい何者なのか？　平安時代末期から日本で信仰されてきた経典「十王経《じゅうおうきょう》」によれば、彼は「あの世」を司《つかさど》る一〇人の王の一人だという。この一〇人の王こそ「十王」と呼ばれ、深い信仰を集めてきた。なぜなら彼らが亡者を裁き、その罪の深さに応じた罰を定めると考えられてきたからだ。もちろん、この一〇人の王による裁判で最も重い判決こそ「堕地《だじ》獄《ごく》」で、罪の重い亡者ほど地獄の下層へと送られることになる。

つまり、慣用句的に「地獄の閻魔様」と呼ぶことも多いが、実は罪の深さを裁く閻魔王がいるのは地獄の手前ということになる（この世界を「あの世」と「この世」の境目として「中陰《ちゅういん》」や「中《ちゅう》有《う》」と呼ぶ）。もっとも、『往生要集』では、閻魔王は地獄の中にいることになっているし（第一章を参照のこと）、説話集でも閻魔王が地獄にいるような描写が散見される。このあたりの理解はかなり曖昧だ。むしろ十王の中で最も代表的な存在の閻魔王だからこそ、堕地獄の判決を下す存在として地獄のイメージと強く結びつけられた結果、描写が揺れることになったのだろう。

先にも述べたが、そもそも一〇人もの王がいるなかで、なぜ閻魔王のみがこれほど注目されたのか。その理由は、彼の存在の起源を遡《さかのぼ》ることによって、いくらか明らかになる。実は閻魔王のモデルとなったのは、「ヤマ（Yama）」という古代インドの神だ。古代インドの神話を収めた『リグ・ヴェーダ』（紀元前一五世紀～同一〇世紀頃の成立）によれば、彼は世界で最初の人間だった。そして、世界で最初に死に、最初に「あの世」に赴いたので、冥界を支配するようになったという。

筆者はかつて、留学生の教え子に「閻魔王とは、どこの国の出身か」と尋ねられたことがある。「あの世」に国籍という概念があるかどうか、はなはだ疑問であるが、あえて答えるなら、彼はインド出身だ。

だが、私たちの頭の中にある閻魔王の姿はどうだろう？　冠《かんむり》をかぶり、笏《しゃく》を持ち、袖《そで》の広がった服を着てはいないか。まるで中国の装いのように。

「ヤマ（Yama）」の存在はその後ヒンドゥー教に引き継がれ、仏教にも入り込んだのだ。そして漢訳されて「閻魔」と呼ばれ、中国で道教と混ざり合いながら信仰を集めるようになり、閻魔王は、古代中国の役人の姿で描かれるようになった。

そして「あの世」と「この世」の境目には、閻魔のほかにも、亡者の罪を裁く王がいると考えられるようになる。こうして中国で生まれたのが十王信仰だった。

かつてシルクロードの要衝《ようしょう》として栄え、石窟《せっくつ》寺院でも知られる敦煌《とんこう》（中国の甘粛省《かんしゅくしょう》）では、『預《よ》修《しゅうじゅうおうきょう》十王経』という経典が発見されている。『預修十王経』が成立したのは唐《とう》の時代（六一八〜九〇七）である。それから間もない平安時代中期頃に作られた漢詩文には、この『預修十王経』の影響が見受けられる。日本の十王信仰は、すでにこの頃に出発していたといえそうだ。

ただし、日本の古典文学に大きな影響を与えたのは、第三章で言及したように日本で作られた『地蔵十王経』のほうだといわれている。「三途《さんず》の川」の伝説が日本で広まったのにも、この『地蔵十王経』が大きな役割を果たしている。『河海抄《かかいしょう》』が『地蔵十王経』の影響を受けているのはすでに述べた通りで、日本で十王信仰が高まってくるのは平安時代末期から室町時代のことである。

さて、こうして中国産の『預修十王経』と日本産の『地蔵十王経』の二つをルーツに「十王信仰」が日本に広がっていった結果、「十王経」やそれに関連する仏書の様々なバリエーションが生まれた。内容にはそれぞれ特色なり差異があるが、基本的には『預修十王経』と『地蔵十王経』のいずれかに遡ることができるといっていい。

さて、少し閻魔王と十王信仰のバックグラウンドがわかったところで、これらの「十王経」を参考に、私たちも「あの世」と「この世」の境目である「中陰」の旅に出てみよう。

「中陰《ちゅういん》」の旅のスケジュール

旅に出るためにはまず、スケジュールの確認をしておきたい。

「中陰」にいるあいだに行われる裁判は、十審制。一〇回も裁かれるとはハードだが、この一連の裁判によって来世での処遇が決まるのだから、むしろ慎重かつ丁寧な審理が用意されているともいえる。

全一〇回の裁判のスケジュールは次の通りとなる。

死後の日数	裁判（法要）	十王
七日目	初七日《しょなのか》	秦広王《しんこうおう》
一四日目	二七日《ふたなのか》	初江王《しょこうおう》
二一日目	三七日《みなのか》	宋帝王《そうていおう》

二八日目　四七日《よなのか》　五官王《ごかんおう》
三五日目　五七日《いつなのか》　閻魔王
四二日目　六七日《むなのか》　変成王《へんじょうおう》
四九日目　七七日《なななのか》　泰山王《たいざんおう》
一〇〇日目　百か日　平等王《びょうどうおう》
二年目　一周忌　都市王《としおう》
三年目　三回忌　五道転輪王《ごどうてんりんおう》

審理は死後、七日ごとに行われる。死後七日目の最初の審判こそが「初七日《しょなのか》」と呼ばれる日だ。現代でも「初七日」の供養《くよう》の風習が残っている地域は多いが、これには遺族が死者に対して、最初の審理を乗り切ることを祈り、秦広王《しんこうおう》に死者の減刑を請願するという目的がある。

そして第七回の審判である「七七日《なななのか》」までがひとつの区切りとなる。七日ごとに行われる審理の七回目なので、七×七＝四九日、つまりこれがいわゆる「四十九日《しじゅうくにち》」の法要である。

全部で一〇回の審判のうち、実は残る三回はいわば再審に相当し、基本的には七回目の泰山王《たいざんおう》の決定によって結審する。現代でも「四十九日」の法要を、死者を悼《いた》むひと区切りとするのはこのことが由来となっている。考えてみれば、三五日目の審判をする閻魔王よりも、結審を司る泰山王のほうが死者にとっては重要な王といえるかもしれない。

「百か日」「一周忌」「三回忌」の法要もそれぞれ平等王《びょうどうおう》・都市王《としおう》・五道転輪王《ごどうてんりんおう》の審判に当たり、遺族が死者の減刑を望むものに他ならない。そして、十王たちは、死者の生前の行いから罪の軽重を量ると同時に、遺族からどれほど供養されているかも審理の対象とする。重い罪を犯していても、遺族から手厚い供養があれば、多少の減刑がなされる。現代風にいえば、情状酌量《しゃくりょう》といったところだろうか。

これについて研究者たちは、「十王経」自体、遺族に複数回の法要を行うよう説く目的で成立したものと考えている。細かいスケジュールが決まっているのは、実は亡者のためではなく、遺《のこ》された者たちが法要を行うことにより、仏教と深く結びつくようにするためなのだ。そしてそれはもちろん、死者への思いを深くすることも目的とし、遺族のグリーフケアも兼ねそなえていたと言えるだろう。

『預修十王経』も『地蔵十王経』も「偽経《ぎきょう》」(「擬経」とも書く)だということがわかっている。「偽経」とは「梵文《ぼんぶん》(サンスクリット語の本文)」を持たない経典のことで、仏教の成立以後、中国や日本で勝手に作られた経典のことである。

だが「なんということだ、私たちは僧のお金儲《もう》けのために騙《だま》されて法要をやらされていたのだ！」

——などと早まってはいけない。

「偽経」というのは「ニセモノ」という意味ではなく、「後世に作られた」という意味であって、決して悪意あって作られたことを指すわけではない。「十王信仰」が生まれていく、その時代の機運の中で、誰かが遺族にとっての必要性を感じて編集したものだ。仏教においては、生前に善《よ》い行いをして功徳《くどく》を積むことが重要視されるが（仏教に限らず世界的な宗教は大抵がそうだろう）、日々行われる仏事をわかりやすくマニュアル化したのである。

しかし、死後に遺族がいかに弔《とぶら》うかが重要となるのであれば、家族や親しい人のいない死者は誰にも供養されず、厳しい十王の審理を受け、減刑もされずただ結審を待つだけということになってしまう。情状酌量もないまま、いわれのない罪で地獄に堕《お》ちてしまうことにだってなるかもしれない。

実はこの発想は、中世の人々に深層的な恐怖を植えつけていたらしい。

何より大切な「後世《ごせ》を弔う」

『平家物語《へいけものがたり》』より、俊寛僧都《しゅんかんそうず》にまつわる逸話を引用しよう。俊寛は、平家打倒の陰謀《いんぼう》をめぐらした罪によって、鬼界島《きかいがしま》へと流罪《るざい》になった。彼は許されることなく、島で無念のうちに病死するのだが、その寵童《ちょうどう》である有王丸《ありおうまる》が駆けつけて最期を看取《みと》った。嘆《なげ》き悲しむ有王丸は次のように言う。

「やがて後世《ごせ》の御供仕《おともつかまつ》るべう候《さうら》へども、此世《このよ》には姫御前《ごぜん》ばかりこそ御渡り候へ、後世訪《とぶら》ひ参らすべき人も候はず。しばしながらへて御菩提《ごぼだい》訪ひ参らせ候はん」

（私も一緒に）このまま後世へお供するべきですが（筆者注：自分も死んで、生まれ変わって来世まで仕えることを指す）、この世にはお姫様（同：俊寛の娘）こそいらっしゃるものの、そのほかには供養をしてくれる人もいらっしゃいません。しばらく生きながらえて、お弔い申し上げましょう。

（平家物語　巻三　僧都死去《そうづしきょ》）

有王丸はまもなく都へ帰り、俊寛の娘にその死を伝え、娘も有王丸もともに出家して俊寛の後世を弔う。「後世を弔う」というのは、中世文学には頻繁《ひんぱん》に登場する言葉で、死者のより良い来世を願って、供養を行うことをいう。より良い来世というのは、つまるところ極楽往生を願い、地獄をはじめとする三悪趣《さんあくしゅ》（三悪道）に堕ちないよう祈ることだ。十王信仰の側面からいえば、十王への減刑のお願いということになる。

俊寛への仕えを果たすため殉死《じゅんし》も覚悟したほど、忠義の厚い有王丸さえ、死をためらう原因——

それは俊寛の「後世を弔う」人物が、俊寛の娘のほかにいないこと。つまりは主立《おもだ》った身内や、有力な家臣、後ろ盾がいなかったのだろう。物語は平家絶頂の折が舞台で、平家に刃向《はむ》かった俊寛を大々的に供養することも憚《はばか》られたはずで、そんな時代に娘一人が遺されるのは、確かにあまりにも心細い。有王丸は自分こそ俊寛の「後世」を弔おうと、命をながらえた。

　実は『平家物語』にはこうした場面が数多くある。時に死さえ覚悟した人々の気持ちをも翻《ひるがえ》させてしまう怖《おそ》れ――それは、「後世を弔う」親族や知人がいないことだったのだ。

『平家物語』に登場する木曽義仲《きそよしなか》（源頼朝《みなもとのよりとも》や義経《よしつね》とはいとこに当たる源氏の武将）には、樋口次郎兼光《ひぐちじろうかねみつ》という忠実な家臣がいた。兄弟同然に育った乳母子《めのとご》（義仲を養育した乳母の子）で、平家打倒のため命運をともにしてきた仲間である。義仲らは破竹《はちく》の快進撃で平家を都落《みやこお》ちさせるものの、時の上皇《じょうこう》であった後白河院《ごしらかわいん》（一一二七〜九二）と対立し、ついにはその要請を受けた源義経らの軍勢によって都を追われ、義仲はとうとう粟津《あわづ》（現在の滋賀県大津《おおつ》市南部）で討たれた。一方、樋口は児玉党《こだまとう》という軍勢によって生け捕りにされるのであるが、このとき彼は次のような言葉で、投降を説得されている。

「日来《ひごろ》は木曽殿の御内《みうち》に今井、樋口とて聞え給ひしかども、今は木曽殿うたれさせ給ひぬ。なにか苦しかるべき。我等《われら》が中へ降人《かうにん》になり給へ。勲功《くんこう》の賞《しやう》に申しかへて、命ばかりたすけ奉《たてまつ》ら

ん。出家入道をもして、後世《ごせ》をとぶらひ参らせ給へ」

いつも木曽殿のお身内には、今井《いまい》（筆者注：義仲の乳母子の今井兼平《かねひら》のことで、樋口の弟）、樋口といって有名でいらっしゃいましたが、今はもう木曽殿はお討たれになってしまいました。何も差し支えはありますまい。どうか我々に降参してください。今度の手柄で恩賞を受ける代わりに、あなたの命をお助けしましょう。出家入道でもして、木曽殿の後世を弔ってさしあげなさい。

（平家物語　巻九　樋口被討罰《ひぐちのきられ》）

これを聞いた樋口は言われたとおりに生け捕りとなる。物語はこの樋口の振る舞いについて「きこゆるつはものなれども（名高い強い武将だったが）」とわざわざ断っている。つまり、樋口は怖《お》じ気《け》づいたわけでもなければ、義仲に忠誠心がなかったわけでもない。すでに義仲は討たれ、戦う理由もなくなり、そこに「後世をとぶらひ参らせ給へ」の一言が、樋口の降参の決定打になったということだ。

討ち死にを覚悟していたであろう樋口さえ、主君の「後世」が気がかりで、武士としては屈辱的ともいえる生け捕りの道を選ぶのだ。それほど「後世を弔う」ということが重要視されていたのである。

なお物語は延々と、家臣たちが討ち取られていくところを描いていく。そして義仲を弔うために投降したはずの樋口もまた、義仲の死から一一日後、後白河院の意向により処刑されてしまう。

「後世（来世）こそ、極楽浄土に生まれ変わりたい、少なくとも地獄に堕ちたくない」——そんなふうに考えていた人々にとって、この展開はあまりにも悲惨に聞こえたことだろう。義仲は「後世を弔う」はずの家臣たちを次々と失うことによって、来世さえ期待できない孤独な末路を迎えたのである。人を殺したという罪を背負い（義仲のみならず武士の宿命である）、家臣からの供養もなく中陰を彷徨《さまよ》い、十王の裁きを待つ。これは中世の人々にとって、最も怖れていた死のあり方だった。

なお、この最期があまりにもショッキングだったのか、あるいは義仲に同情的な人物がいたのか、『平家物語』の異本（伝承の過程で内容や構成に異同を生じた本）には、義仲に仕えた女武者である巴御前《ともえごぜん》が生きながらえて、九一歳で極楽往生を遂げるまで、義仲を弔い続けたとする内容のものもある。

樋口でも今井でもなく、巴御前が生き残るという展開には理由がある。実は「後世を弔う」のは、遺された女性に任された務《つと》めでもあったからだ。

同じく『平家物語』より、建礼門院《けんれいもんいん》（清盛《きよもり》の娘、安徳《あんとく》天皇の母）の言葉を引用しよう。彼女は平家滅亡ののち京都・大原《おおはら》に隠棲《いんせい》するが、そこを訪ねてきた後白河院に対して、源平合戦の顚末《てんまつ》を、生きながらにして六道《ろくどう》の苦しみを味わったと回想する。そして母の二位尼《にいのあま》（清盛の妻時子《ときこ》）の遺言を次のように語る。

「男《をとこ》のいきのこらむ事は、千万《せんばん》が一つもありがたし。設《たと》ひ又遠きゆかりは、おのづからいき残りたりといふとも、我等《われら》が後世《ごせ》をとぶらはん事もありがたし。昔より女はころさぬならひなれば、いかにもしてながらへて、主上《しゆしやう》の後世をもとぶらひ参らせ、我等が後生《ごしやう》をもたすけ給へ」

「（平家の）男が生き残ることは、千にひとつもないでしょう。また遠い縁者はたまたま助かったとしても、私たちの後世を弔ってくれるなどということはないでしょう。昔から女は殺さないのが習いですから、どうにか生き延びて、主上（筆者注：安徳天皇のこと）の後世を弔って差し上げて、また私たちの来世のことも祈ってください」

（平家物語　灌頂巻《くわんぢやうのまき》　六道之沙汰《ろくだうのさた》）

物語によれば、平家一門のほとんどが討たれ、処刑され、清盛に近しい親族で生き延びたのは娘の建礼門院だけだった。ほか一門の公達《きんだち》の妻たちは自害もしているが、なんとか生き残った女性たちはほぼ出家している。

非戦闘員である女性は、基本的には殺されることはない。遺された彼女たちに与えられた使命は、亡くなった父や夫の「後世を弔う」ことだった。亡くなってしまった本人たちはもう仏道修行に励むことはできないので、遺された女性たちが出家して、故人のために徳を積もうとしたのである。特に武士の妻の場合には、殺生《せっしょう》という仏教が最も強く戒《いまし》める罪を犯した夫を、堕地獄から救わなければならなかった。

一族のうち誰か一人でも生き延びなければ——中世の戦乱の時代、一族の血脈を繋《つな》ぐことも重要だったが、武士たちにとっては自分を供養してくれる人を「この世」に遺しておくことが、堕地獄を免《まぬか》れる手段のひとつとして重要だった。堕地獄を怖れるあまり、供養する人物の確保は脅迫的な観念に近かったことが様々な逸話から見てとれる。この供養の手厚さによって、十王の裁断が変わるからだ。

『平家物語』の引用が続いたが、こうした考え方が見えるのは『平家物語』に限らない。中世文学においてはあまりに定番の表現で、むしろ陳腐《ちんぷ》ですらある。そして大概の場合、女性の存在が大きな鍵となっていた。

南北朝時代から室町時代に成立した『曽我《そが》物語』には、曽我兄弟の百か日（死後一〇〇日目の平等王の審理の日）の供養をするため、兄弟の母と、兄十郎《じゅうろう》の恋人だった虎御前《とらごぜん》がともにゆかりの深い箱根権現《はこねごんげん》を参詣《さんけい》する逸話が載る。虎はまもなく出家し「後生善所《ごしやうぜんしよ》、亡き人と一仏浄土《いちぶつじやうど》（来世は極楽浄土に生まれ変わり、亡き十郎殿とどうか同じ浄土に行けますように）」と念じたという。このときの虎の年齢を一九歳と物語は伝えている。

やがて時は流れ、ある日の暮れ方。庭の桜の小枝が斜めに下がっているのを見た虎は、それを若き日の恋人十郎の姿と思い、取りつこうと駆け寄った矢先に倒れてしまう。そのときから病気になり、そのまま六四歳でこの世を去った。物語いわく、

そもそも、建久《けんきう》四年　癸丑《みづのとうし》九月上旬、箱根の御山《おやま》にて出家して、十九歳の秋よりも六十四歳の今日《けふ》に至りて、四十余年《しじふよねん》の勤行空《むな》しからずして、耳目《じぼく》を驚かすほどの正念《しやうねん》往生を遂《と》ぐ。

（訓読本　曽我物語　巻一〇）

そもそも、建久四年九月上旬に、箱根のお山で出家し、一九歳の秋から六四歳の今日に至るまで、四〇年あまりの勤行《ごんぎやう》の甲斐《かい》があって、世間が驚くほど、ただ一念に仏を念じて大往生を遂げた。

これが『曽我物語』の結末である。

『曽我物語』は研究者によっては、遺された女たちをテーマに描いた物語と称する人もいる。それくらい、曽我兄弟の周辺の女性たちの存在感が大きく、活き活きと描かれているからだ。また、『曽我物語』がそもそも女性によって語られてきたことも見逃せない。

『七十一番職人歌合《しちじゅういちばんしょくにんうたあわせ》』（室町時代頃に成立した職人・芸人たちの歌合）には、『曽我物語』を語る「女盲《おんなめくら》」の姿が描かれている。彼女たちは『平家物語』を語り継いだ琵琶法師《びわほうし》同様、全国を漂泊し、物語を語って歩くことを生業《なりわい》としていた。『曽我物語』は彼女たちの口から、女性たちの目を通した男たちの物語として全国に流布していった。語る側にも聞く側にも、曽我兄弟の母親や虎御前に、自らを投影した女性たちがいたであろうことは想像に難《かた》くない。

十王信仰は失った家族の「後世」への不安を背景に広がっている。「十王経」は、不安を抱えた遺族に、より具体的な供養の方法を手ほどきした。それは亡者の中陰の旅のスケジュールであるとともに、それをつつがなく済ませるため遺族がすべきことのガイドブックでもあったのである。

十王も地獄もヴィジュアルが大事

より深く十王信仰を理解するためには「十王図」と呼ばれる、十王たちの絵画もぜひ見てほしい。

【図1】（155ページ）は中国の南宋時代《なんそう》（一三世紀頃）に描かれた「閻羅王図《えんらおうず》」（閻羅は「閻魔《えんま》

羅閣《らじゃ》」の略で、閻魔王の意）。現在、奈良国立博物館に所蔵されているものである。この図のほか秦広王から五道転輪王まで、一人の王につき一幅の掛幅《かけふく》として現存している。一〇幅で一揃《ひとそろ》いというわけだ。いわゆる「十王図」と呼ばれるものは、この形式が多い。

中国を発信源にして広がった十王信仰は、「十王経」のような経典だけでなく、このような絵画としても日本に渡来した。もちろん経典も大きな影響力があったが、やはり視覚に訴えかけてくる絵の力はよほど大きいものがあったのだろう。日本でも同様の「十王図」が描かれるようになった。現在でもこうした「十王図」を本堂に掛け、法要を行っている寺社は少なくない。実際に法事の際に見たことがあるという読者も多いのではないだろうか。

第三章では、識字率の低かった時代に、仏教は僧の説法から耳で聞いて理解するのが通常の習慣だったと解説した。清少納言《せいしょうなごん》が『枕草子《まくらのそうし》』に僧の説経の様子を描いていることも紹介したが、仏教――なかでも地獄に関して――は絵画を通して「見る仏教」としても広がっていった背景がある。当時、教育を受けていない層の人々にとって、経典を読んで理解するのはほぼ不可能で、聞いて知るのがやっとのこと。だが、目の前に地獄の様子を描いた絵画があり、その絵を僧が解説してくれたとしたらどうだろう。これが最もわかりやすいし、何より関心を持ちやすい方法ではないだろうか。

実はこうした絵画とともに、仏教についてわかりやすく講釈することを「絵解《えとき》」と呼び、寺社に

【図1】「閻羅王図」（「十王図」より＝奈良国立博物館所蔵）　中国・南宋時代成立
中央に座っているのが審判をする閻羅王で、左下部に浄玻璃鏡、その鏡の前に亡者が見える

よっては現在もその習慣が残っている（例えば和歌山県の道成寺《どうじょうじ》では、寺に伝わる安珍清姫《あんちんきよひめ》の物語の絵巻を見せながら説法をする）。「十王図」もその多くが、死後に行われる一〇回の審判、つまり中陰の旅のスケジュールを、僧がわかりやすく解説するために制作されたのである。

なお、『枕草子』にはこんな記述がある。

御仏名《みぶつみやう》のまたの日、地獄絵の御屏風《びやうぶ》取りわたして、宮《みや》に御覧ぜさせたてまつらせたまふ。ゆゆしういみじき事《こと》限りなし。「これ見よ、これ見よ」と仰せらるれど、さらに見はべらで、ゆゆしさにこへやに隠れ臥《ふ》しぬ。

（枕草子　御仏名のまたの日）

仏名会《ぶつみょうえ》の翌日、地獄絵の屛風《びょうぶ》を広げ、（一条《いちじょう》天皇は）中宮様に御覧にお入れ申し上げなさる。この絵の気味の悪いことといったらない。「これを御覧、御覧なさい」と仰《おっしゃ》るけれど、決して拝見しないで、あまりにひどい有り様なので、私は小部屋に隠れ伏してしまった。

平安時代、重要な宮中行事のひとつに仏名会（懺悔会《さんげえ》）というものがあった。これは経典を唱え、重ねた罪が消えるよう願う法会《ほうえ》である。陰暦一二月一九日から三日間かけて行われた大規模なものだった。

平安時代の中期から、この仏名会には、地獄の絵を描いた屏風（一般的に「地獄変相図屏風《じごくへんそうずびょうぶ》」という）を飾るのが慣習となった。地獄の絵を見ることによって、自分の罪を想《おも》い、浄土《じょうど》を祈念する目的があったと考えられている。

清少納言は『枕草子』に、この仏名会の翌日の出来事として「地獄絵の御屏風」を見せられたときのことを書いている。その感想は「ゆゆしういみじき事限りなし（気味悪いこと、この上ない）」。ところが、そんなふうに怯《おび》えている清少納言に向かって、「これ見よ、これ見よ」と言っている人物がいる。これは、彼女が仕えた「宮」（一条天皇の皇后定子《ていし》のこと、このとき中宮）、または一条天皇（九八〇〜一〇一一／在位：九八六〜一〇一一）のどちらかだと考えられるが、いずれにせよ清少納言は「ゆゆしさにこへやに隠れ臥しぬ（あまりの気味の悪さに、小部屋に隠れ伏した）」のだという。

清少納言が見た「地獄絵の御屏風」がどのようなものだったのか、実物が現存していない以上、今となってはわからない。だが、表現上多少の誇張があるにせよ、清少納言がその場から逃げ出してしまったというほどなのだから、よほど不気味に描かれた絵だったに違いない。

地獄絵はそれほど、強烈なインパクトを平安貴族に与えたようだ。

『金葉和歌集《きんようわかしゅう》』に収められている和泉式部《いずみしきぶ》の和歌も、このような地獄絵を見て詠まれたものだと考えられている。

ちこくゑにつるきの枝に人のつらぬかれたるを見てよめる　和泉式部

あさましや　剣の枝の　たはむまで　こはなにの身の　なれる成《なる》らん

（金葉和歌集　巻一〇）

地獄の絵に、剣《つるぎ》の枝に人が貫かれているのを見て詠んだ歌　和泉式部

なんとひどいこと。剣の枝がたわむほどに身を貫かれて、この人はいったいどんな罪を犯したのだろうか

この和歌は、樹木に生《な》る「実《み》」と、人間の体を指す「身《み》」を掛けた技巧的な内容になっている。おそらく和泉式部が見た地獄絵では、人間の体がまるで果実のように、枝がたわむほどに樹《き》からぶら下がっていたのだろう。

実はこの場面については第一章で『往生要集《おうじょうようしゅう》』の記述を引用して少し触れている。殺生・偸盗《ちゅうとう》

に加えて、邪淫《じゃいん》の罪を犯した者が堕ちるとされる「衆合地獄《しゅごう》」の風景だ。美女を追いかけて樹に登ると、その枝葉はたちまち剣となって亡者の体を切り裂く。やっとの思いで頂上まで登っても、気がつくと美女は樹の下にいる。また追いかけて下りていくと、再び剣の葉に切り裂かれてしまうのだという。

平安貴族の多くが『往生要集』に関心を持ち、読んでは書写していたと考えられるが、それ以外にもこのように、絵画を通して地獄を知る機会も多かったと考えられる。実際、剣の枝に貫かれた人間の体は、ヴィジュアルを通して見たほうが生々しく、よりショッキングな印象を受けたのではないだろうか。

残念ながら平安時代の地獄絵はほとんど残っておらず、清少納言や和泉式部が具体的にどのような絵を見たかははっきりしない。しかし、やや時代は下って院政期《いんせい》、また鎌倉時代以降の中世に描かれた地獄絵は、いくらか作例が残っている。例えば国宝に指定されている『地獄草紙《じごくぞうし》』は、院政期に制作されて寺院に納められたものと推定されている。京都の金戒光明寺《こんかいこうみょうじ》が所蔵する『地獄極楽図屛風』は鎌倉時代に描かれたものである。

本書の冒頭に挙げた『春日権現験記《かすがごんげんけんき》』も、原本は鎌倉時代に描かれたものだ。「はじめに」では、『春日権現験記』について、筆者は次のように述べた。

詞書《ことばがき》はこの地獄の様子を「くるしみのやう、すべていふべきゝはにあらず」（地獄の苦しみの様子は、いちいち全て言うまでもない）と、随分と素っ気ない表現で述べるだけだが、添えられた絵のほうは地獄の凄《すさ》まじい様子を事細かに描いている。

『春日権現験記』の詞書が、地獄の様子について深く語らないのは、この作品が絵巻だからという点に真相がある。

地獄とは絵で見て理解するものだったのだ。絵が多くを語ってくれるから、詞書はほとんど不要。獄卒に追い回され、臼《うす》に入れられてすりつぶされたり、焼けた鉄の縄を歩かされて炎の中へと堕ちていったりする亡者たちの悲惨な様子さえ目に入れれば、地獄の怖ろしさは充分に伝わる。まさに詞書が「くるしみのやう、すべていふべきゝはにあらず」（地獄の苦しみの様子は、いちいち全て言うまでもない）と言ったその通りである。識字率の低かった時代であり、またその残酷《ざんこく》な生々しさにリアリティを持たせるには、視覚に訴えるというこの方法こそ、仏の教えを広めるために、最も効率的だったはずだ――地獄を怖れ、浄土を願え、と。

人々が抱く地獄のイメージの形成には、この視覚的な要素が大いに影響している。この点を踏まえたうえで、改めてまた『春日権現験記』を見てみよう。

いざ、裁判

『春日権現験記』巻六は、興福寺《こうふくじ》の舞人《まいにん》だった狛行光《こまのゆきみつ》が、病のために命を落とし、「あの世」にある閻魔の庁へとやってきたところから始まる。なお「十王経」においては、閻魔王は第五の王であり、閻魔の庁へ至るまで四人の王の裁きを受けなければいけないはずだが、『春日権現験記』（および多くの日本文学）では、ほかの王たちの存在感は薄く、描かれることはほとんどない。省略されているというよりは、閻魔の庁が十王の裁きを受ける場所の象徴として集約されてしまっているといったほうがいいだろう。

さて、詞書によれば、行光が閻魔の庁へやってくると同時に、貴人《きじん》が現れた。閻魔王はこの貴人を饗応《きょうおう》接待しようとするが、貴人は狛行光の助命を願う。この貴人こそ春日明神《みょうじん》だった。閻魔王の厳しい詮議《せんぎ》を免れた行光は、春日明神とともに地獄巡りの旅へ出掛ける。

詞書は閻魔の庁の様子を詳しくは述べていない。閻魔の庁を言い換えて、「王宮」と呼ぶ程度で、具体的にどのような場所であるか、多くを語らない。その代わり、絵のほうは雄弁だ。これは先に述べたように、絵を見て解説する「絵解《えとき》」が前提になっているからだろう。

【図2】はちょうど狛行光が閻魔の庁へやってきたところ。まず絵の全体を見渡してほしい。朝廷を思わせる寝殿造《しんでんづくり》風の建物が上部を占めているが、孫廂《まごびさし》（床の外側を取り巻く廂《ひさし》）はタイル張りでそのすぐ内側にある板張りの廂は朱色《しゅいろ》の極彩色《ごくさいしき》。およそ日本の寝殿造に使われる色とは思えない。孫廂に座っている役人の装束《しょうぞく》といい、いかにも中国風には感じられないだろうか。

これはやはり十王信仰や閻魔王への信仰が、中国の道教を源《みなもと》にしていることに由来する。また、絵巻の手法としても「この世」ではない世界を描くときには、中国風になるという傾向がある。例えば、浦島太郎が向かう竜宮城も、中国風に描かれるこ

とがほとんどだ。理由は簡単で、近世以前の日本人にとって、まず外国といえば中国だったから。天竺《てんじく》（インド）や波斯《はし》（ペルシャ）も存在こそ知っているが、遠すぎてピンとこない。人や物の往来が頻繁だった身近な外国こそ中国であり、それはそのまま「この世」の外、つまり異界のイメージと結びついていたのである。閻魔王や閻魔の庁が中国風なのは、道教の影響ももちろんのこと、「異界を表現するため中国風に描く」という絵画の技法も理由として挙げることができるのだ。

さて、次に人物を見ていこう。庭の中央に裸の人物がいる。痩《や》せて骨の浮き出た姿は病人を想像させる。おそらくこれが病で命を落としたという狛行光だろう。なぜ上

【図2】『春日権現験記（模写）』（国立国会図書館所蔵）　明治3年写
閻魔の庁へやってきた狛行光（中央にいる上半身裸の下着姿の人物）

半身裸の下着姿になっているかというと、「十王経」などに述べられている通り、鬼（獄卒）に衣服を剥《は》ぎ取られてしまったからだろう。

画面の一番奥、御簾《みす》の陰に二人の人物が向かい合っているのはおわかりになるだろうか。衣服の裾《すそ》の部分しか見えないのでわかりにくいが、じっと目をこらしてみてほしい。左側の人物（162ページ左上隅）は、カラフルな中国風の衣装を身に着けている。一方、相対する右側の人物は、黒い束帯《そくたい》姿でまるで平安貴族のようだ。彼らが何者であるかは、詞書がヒントになる。

けだかき人、王宮にいたり給《たまふ》。閻王専《もはら》饗応の気色《けしき》あり。

（春日権現験記　巻六）

貴人が閻魔王宮にやってきた。閻魔王はもてなそうとしていた。

そう、相対する平安貴族風の人物が「貴人」、すなわち春日明神である。そして左側に座って彼をもてなそうとしているのが、閻魔王ということになる。繰り返し述べている通り、閻魔王は道教の影響を受けて中国風に描かれているのに対し、春日明神は日本の神であるから平安貴族風に描かれて、実に好対照になっている。なお、ともに顔が描かれずに隠されているのは、見るのが畏《おそ》れ多いということだろう。中世以降の絵巻に見られる技法のひとつで、時に帝《みかど》の姿が御簾越しに描かれ顔が見えないのと同様であろう。

その手前には中国の役人風の男たちが二人居並んでいる。閻魔王のそばに控えていることから考えるに、彼らが冥官と呼ばれる「あの世」の官僚たちであろう。そして、行光の背後にいる二人は、いかにも目つき鼻つきが異形《いぎょう》のものとして描かれている。姿は中国の役人風だが、孫廂にいる男たちよりは身分が低そうだ。一番手前にいる赤い装束の人物が左手に持っているのはおそらく棍棒《こんぼう》で、彼らのことは、亡者を責め立てたり、閻魔の庁に引き立てたりする獄卒たちだと理解するのがよさそうだ。気になるのは、その隣で大きな白い笏《しゃく》を抱きかかえている人物。笏には何か文字が書いてあるように見える。

歴史が好きな読者は、笏についてはご存じだろう。これはひな人形のお内裏《だいり》様や、貴族が持っているだけのただの飾りではない。顔を隠すための扇《おうぎ》とも違う。笏は元来、手元用のメモ帳の役割を果たしていた。紙が貴重な時代に、何かを記録したり、重要な事柄を読み上げたりするためには、この笏が最も便利な道具だったのだ。

つまりこの笏を持っている役人は記録係ということになる。実はこの記録係は「十王経」などでは、「司命《しみょう》」と「司録《しろく》」という「あの世」の書記官として語られることが多い。「司命」は文字通り、人の生命を司《つかさど》る者で、その人の罪過《ざいか》も管理し、閻魔王（道教では天帝《てんてい》）に申請する係。「司録」のほうは、人の生前の善業《ぜんごう》・悪業《あくごう》すべてを記録する係で「司録記神」などと呼ばれる。なお、人の生前の行いは、この二人の記録係以外からも閻魔の庁で報告される。『春日権現験記』には描かれていないが、有名なのは「倶生神《くしょうじん》」だろう。「倶生神」は、人が生まれたときから、その左右の肩に乗っているという、男女一対《いっつい》の神のことである。人生をともにしているので、彼らはその人の行いを全て見聞きしている。彼らは人が死ぬと閻魔の庁で、その人の生前の行いを洗いざらい閻魔王に報告するのである。男神のほうが善行を報告し、女神のほうが悪行を報告する。絵に描かれるときは、老翁《ろうおう》と美女の組み合わせになっていることが多い。

さて、再び『春日権現験記』の描写に目を戻してみよう。生前の行いは、司命・司録・倶生神らの記録・証言によって、閻魔王の裁判資料となるが、閻魔の庁の裁きにおいては、さらに客観的証拠も提出されることになっている。絵巻の左部に大きな丸いものが描かれているのがおわかりになるだろうか。これは「はじめに」でも述べた通り「浄玻璃鏡《じょうはりきょう》」と呼ばれるもので、亡者の生前の行いを映し出すという不思議な鏡だ。「浄玻璃」とは、直訳すれば「曇りのない透き通ったガラス」という意味で、この鏡には一点の曇りもなく、あらゆる罪業《ざいごう》が映し出されて露《あら》わになってしまうということを示している。つまり、生前の振る舞いについて、亡者が閻魔の庁でどんなに言い繕《つくろ》ったとしても、その全ては司命・司録・倶生神たちがこぞって記録・管理しており、浄玻璃鏡が隠さず映し出してしまう。閻魔の庁で、嘘や詭弁《きべん》は通用しない。また裏返せば、冤罪《えんざい》も有り得ない。悪行を重ねた者は、全ての真実が明るみに出され厳しい裁きを受けることとなる。また、反対に善行を積んだ者が、理不尽に処罰されたり、誤った判決を受けたりすることはなく、より良い来世への道が拓《ひら》かれることになる。

筆者は本書の冒頭において、近年の地獄ブームについて言及した。ここで述べることはあくまでも個人的な雑感なのだが、この徹底した正しさこそ、近年、人々が地獄に惹《ひ》かれる理由ではないだろうか。フェイクニュースやデマがインターネット上にあふれかえり、陰謀《いんぼう》論が猛威を振るうこの時代に、不安を抱えた人々はたったひとつの真実や正義を求めているのではないだろうか。現実にそんなものが存在するかどうかは、はなはだ怪しい。だが、閻魔の庁にはこれが存在するのである。閻魔王は優秀な冥官や獄卒たちに支えられ、不思議な力を使って真実を知っている。間違えることなど有り得ない。閻魔様は全てお見通し――。

現在の日本人は多くが無宗教といわれるが（実際には無関心が正しいと筆者は考える）、今、人々が地獄に惹かれてしまうのは、現代の社会が抱える不安が関係しているのかもしれない。

冥官《みょうかん》たちは合議制？

さて、ここまでは絵巻の図像を頼りに、閻魔の庁の様子を繙いてきた。今度は絵画を離れて、再び説話集の世界に戻るとしよう。特に注目したいのは閻魔庁《えんまのちょう》で働く冥官たちだ。彼らは閻魔王の補佐をする役人だというが、具体的にはどんな仕事をしているのだろうか。

まず、最初に引用するのは『十訓抄《じっきんしょう》』という説話集である。成立は建長《けんちょう》四年（一二五二）、つまり鎌倉時代である。説話を十カ条の徳目に分類し、年少者の啓蒙《けいもう》のために編まれたものだ。和漢の広い古典籍からの引用・出典が多く、また編者の手による解説・要約が見られ、わかりやすく物語を説いている。

この『十訓抄』には次のような逸話が載る。勘解由相公有国《かげゆしょうこうありくに》（藤原有国《ふじわらのありくに》：九四三～一〇一一）という人が筑紫《つくし》（現在の福岡県）にいた頃、父が突然倒れたので、泰山府君《たいざんふくん》の祭（陰陽道《おんみょうどう》で延命長寿を祈る祭祀《さいし》で、死者を蘇《よみがえ》らせることができるという伝説がある）を行って父を蘇生させた。息を吹き返した父は、冥官たちの議論によって、「この世」に帰らされたと語る。少し長くなるが、該当箇所を引用する。

（前略）父、にはかに病《やまひ》を受けて死にければ、有国、泰山府君の祭を法《はふ》のごとく、心をいたして奉りけるに、三時《さんとき》ばかりありて、生き返りていはく、「われ、閻魔の庁《ちやう》に召されたりつるに、美麗《びれい》なる饗《きやう》をそなへたるによて、返しつかはすべき由《よし》、定めあるに、冥官《みやうくわん》一人、『輔道《すけみち》をば返しつかはさるるといへども、有国をば召さるべし。そのゆゑは、その道のものにあらずし

て、その祭をつとむ。そのとが、なかるべきにあらず』と申すに、また座に着きたる人、『有国、とがあらず。その道のものなき遠国の境《さかひ》にて、孝養《かうやう》心にたへず、この祭をつとめたらむ。沙汰《さた》に及ぶべからず』と申すに、着座の人々、みな『これに同じ』と申すによて、今返されたるなり」といひけり。

父が突然病に倒れて亡くなったので、有国が泰山府君の祭を作法の通りに行い、心を尽くして祈念すると、三時（筆者注：「一時《いっとき》」は二時間）ばかりして、（父の輔道は）生き返って次のように言った。「私は閻魔王の宮殿に連れて行かれたのだが、そこで冥官の一人が、有国が美麗な饗《きょう》を供えたこと（同：泰山府君の祭の供え物のこと）に免じて帰してやるべきだと沙汰《さた》したが、ほかの冥官は『輔道を帰すのは構わないが、有国を召喚すべきだ。彼はその道の者（同：泰山府君の祭を行うにふさわしい陰陽道を極めた者）でもないのに、泰山府君の祭を行った。その罪がないとはいえない』と言った。するとまた、そこに座していた者が『有国に罪はない。その道の者がいない遠国の境（同：有国が住んでいる筑紫のこと）で、親を想う心に堪《た》えず、この祭を行ったのだろう。沙汰には及ぶまい』と言い、着座の人々が皆『その意見に賛同します』と言ったので、私は今こうして帰されたのだ」と言った。

（十訓抄　第一〇ノ七九　才芸を庶幾《しょき》すべき事）

『十訓抄』が描く「あの世」は、冥官たちの合議制によって成り立っているらしい。有国をめぐる彼らの議論は、現代の我々から見ても実に論理的で、妙なリアリティすら感じる。この一堂に会し互いに議論する様子は、古代中国の官僚制度のイメージを引き継いでいるように思われる。

中国では隋《ずい》の時代から、科挙《かきょ》による官僚の登用が行われていた。科挙とは身分や家柄、貧富を問わず、才覚のある者を公平に選抜する試験のこと。隋・唐《とう》の官僚はまさにこの難関試験を突破した選《え》りすぐりのエリートたちで、政治に大きな影響力を持っていた。つまるところ、一部の大貴族が朝廷の要職を占めていた平安時代の日本とは異なって、隋・唐は超の付く実力社会。当時の人々にとっては官吏《かんり》こそ、能力のある人間だけが就くことのできる憧《あこが》れの存在であり、同時に強大な権力を振るうおそろしい存在でもあった。こういった彼らの姿は「あの世」を取り仕切る、おそろしい冥官に投影されていく。

そもそも日本の説話集に登場する冥官や獄卒たちのイメージはその多くが、唐の唐臨《とうりん》（生没年未詳）という人物が編んだ『冥報記《めいほうき》』に影響されていると考えられている。『冥報記』は隋や唐の霊験《れいげん》説話を多く収めた書物で、永徽《えいき》二年（六五一）頃に成立した。この書には多くの冥官伝説が収録されている。そして、それらは様々な説話集に引用されることによって日本に広まっていった。

例えば、『今昔物語集《こんじゃくものがたりしゅう》』には、唐の時代に冥官を務めた柳智感《りゅうのちかん》という人物の伝説が載る。ある地方の長官だった智感は頓死《とんし》し、「あの世」の役所へと連行された。智感に会った閻魔王は、冥官に欠員が出たので智感を新たに任命するという（まさかのスカウト！）。しかし、智感が老いた親を残してきたことを述べると、智感には権官《かりのかん》（仮の官、臨時職員か非常勤職員といったところ）の職務が与えられた。それから昼は「この世」の役人の仕事をし、夜は「あの世」で冥官の任務に就いた（パートタイムの冥官である）。それが三年余り続いた頃、新たに李司戸《りのしこ》という人物が正官（権官に対して正式の官吏）に任命されることになり、智感は解任された。果たして「この世」に戻った智感が李司戸という人物を探してみると、彼は亡くなったばかりだった。そして、智感はこの日から二度と「あの世」へ行くことはなかった（『今昔物語集』巻九「震旦《しんだん》柳智感《りうのちかん》、至冥途帰来語《めいどにいたりてかへりきたれること》　第三一」より）。この印象的な逸話も、出典は『冥報記』だ。そもそも『今昔物語集』の「震旦部」（震旦＝中国のこと）に収められている五〇話あまりが『冥報記』の翻案である。この説話のほかにも、無学なふりをして冥官への任命を免れようとする嘉運《かうん》という人物の話なども引用されている。

『冥報記』は、奈良時代にはすでに日本に伝来していたと考えられている。その頃の時代を舞台とする『日本霊異記《にほんりょういき》』に類似した説話が収められているからである。

ところが、この『冥報記』は中国では早くに散逸してしまったらしい。現在は、日本にのみ古い時代の写本が伝わっているが、どれも完本ではなく一部が失われた状態で、残念ながらその全容はわかっていない。

隋・唐の官僚社会を背景に生まれた冥官伝説は、様々な説話集が『冥報記』を引用することにより、日本に広がっていったのである。

「あの世」の使者は「お役所仕事」

一方で、日本風にアレンジされた冥官伝説もある。

次に引用するのは『十訓抄』成立からわずか二年後、建長六年（一二五四）に編まれた説話集『古今著聞集《ここんちょもんじゅう》』である。教訓的な『十訓抄』に比べると、貴族の日記を典拠に、詩歌管絃《しいかかんげん》など貴族社会を雅《みやび》やかに描く特徴がある。ここには慈心房《じしんぼう》（慈心坊）尊恵《そんえ》という高僧のもとに、「あの世」からの使者がやってきたという逸話が載る。

承安二年七月十六日、脇足によりかゝりて法華經《ほけきやう》を讀奉《よみ》りける程に、夢ともなくうつゝともなくて、白張に立烏帽子《たて》きたる男の、藁沓はきたるが、立文《たてぶみ》をもちて來《きた》れり。尊恵、「あれはいづくよりの人ぞ」と問《とひ》ければ、「炎魔王宮よりの御使也。請文《うけぶみ》候」とて、立文を尊恵にとらせ

ければ、披見《ひらきみる》に、

崛請

閻浮提大日本國攝津國淸澄寺尊恵慈心房

右來十八日、於焰魔廳以十萬人之持經者、可被轉讀十萬部法華經。宜被參勤者、依閻王宣、崛請如件。

かくかゝれたりけり。

承安《じょうあん》二年（一一七二）七月一六日、（尊恵が）脇息《きょうそく》に寄りかかって『法華経《ほけきょう》』を読んでいると、夢か現《うつつ》か定かではないなかに、白張《しらはり》（筆者注：平安時代の下級官人の装束）に立烏帽子《たてえぼし》を身に着け、藁沓《わらぐつ》（同：藁で編んだ草履《ぞうり》）を履いた男が、立文（同：正式な書状の様式）を持ってやってきた。尊恵が「これはどちらからいらした方ですか」と尋ねると、（男は）「閻魔王の宮殿からの使いです。書状を預かっております」と言って、立文を尊恵に手渡したので、見てみると、

崛請《くっしょう》（同：僧侶への招待のこと）

閻浮提《えんぶだい》大日本国摂津《せっつ》国清澄寺《せいちょうじ》尊恵慈心房

右の者は、来たる一八日、閻魔庁で催される、一〇万人の持経者《じきょうしゃ》（同：『法華経』を読誦《どくじゅ》

する人）による『法華経』一〇万部転読《てんどく》の法会に参勤するよう、閻魔王の命令によって要請するものである。

と書かれていた。

（古今著聞集　巻二　釋教第二　慈心房尊惠閻魔王の崛請に依りて法華經轉讀の事）

果たして尊恵がこれを承知すると、数日後に尊恵は息絶え、閻魔王のもとで一〇万人の持経者と一〇万部の経を転読し、まもなく「この世」へと帰されたのだった。

この説話のおもしろいところは、まず「あの世」からの使者が「白張に立烏帽子」という、平安時代の下級官人の姿をしている点だろう。これまで繰り返し述べてきた通り、「あの世」は概《おおむ》ね中国風のイメージで描かれてきた。先に挙げた『十訓抄』での冥官たちの合議の様子も、日本の朝廷というよりは、中国の官僚制度のイメージが強い。それに比べて『古今著聞集』に登場する「あの世」の使いは日本風で、より現実感が強い。この説話を読んだり聞いたりした人々は、「あの世」の役人の姿をよりリアルに想像することができただろう。

そして、もうひとつ興味深い点を挙げるなら、閻魔庁からの「立文《たてぶみ》」の様式である。実はこの立文は、「この世」で実際に使われていた公的な文書の様式をしっかりと踏まえているのである。まず冒頭の「崛請《くっしょう》」は、僧侶への招待状（半ば強制的なので、ニュアンスとしては「召喚状」のほうが近い）の冒頭に使われる決まり文句だ。そして宛名は「閻浮提大日本国摂津国清澄寺尊恵慈心房」となっている。丁寧に訳せば「閻浮提（＝現世《げんぜ》）の日本国、摂津国の清澄寺、尊恵慈心房さま」という意味で、わざわざ宛先を「現世の日本」ときめ細かく書いている点に、妙なおかしみを感じる。そのあとに続く手紙の本文も、形式的な決まり文句だ。

形式的な仕事。現代の私たちは、そんな働きぶりについて、皮肉を込めてこう呼ぶ――「お役所仕事」。

「あの世」の役人たちの働きぶりは、現代の私たちであってもリアリティをもって受け取ることができる。先にも触れたが、近年の地獄ブームの理由のひとつに、筆者はこの「お役所仕事」の描写を挙げることができるのではないかと感じている。「働き方改革」が声高《こわだか》に叫ばれる昨今、自分の仕事ぶりを見つめ直す人は多いだろう。そんな時代の波の中で、中世よりも前、しかも「あの世」の役人たちも、しきたりに則《のっと》って勤勉に働いていたのだとしたら、物語はよりいっそう身近に感じられるのかもしれない。

『今昔物語集』に登場する冥官も、優秀な役人だからとスカウトされたり、パートタイム勤務が可能だったり、あるいは年限や人事異動によって解任されたりする。

まるで現代と変わらないような悲喜こもごもはらむのではないかという気さえしてくる。

古典文学の描写に〝人間〟を探し、古今変わらない人間の喜怒哀楽、滑稽《こっけい》さを見つけ出しては、私たちは一喜一憂してしまう。それが、古典文学の読み方のひとつであり、おもしろさなのだ。

小野篁冥官伝説

小野篁《おののたかむら》冥官伝説

さて、冥官といえば、ぜひとも触れておきたい人物がいる。平安時代初期の公卿《くぎょう》、小野篁（八〇二〜五二）だ。

平安時代の末、院政期にまとめられた『江談抄《ごうだんしょう》』という書には、嵯峨《さが》天皇（七八六〜八四二）に仕えていた小野篁が、同時に閻魔王に仕える冥官であったという逸話が収められている。

「（前略）篁《たかむら》、結政《かたなし》に参る剋限《こくげん》に、陽明門《やうめいもん》の前において、高藤卿《たかふじきやう》のために車の簾《すだれ》・鞦《しりがい》などを切らると云々。時に、篁は左中弁《さちゆうべん》なり。すなはち篁、高藤の父の冬嗣《ふゆつぐ》の亭《てい》に参りて、子細《しさい》を申さしむる間、高藤にはかにもつて頓滅《とんめつ》すと云々。篁すなはち高藤の手をもつて引き発《おこ》す。よりて蘇生す。高藤庭に下《お》りて篁を拝して云はく、『覚えずしてにはかに閻魔庁に到る。この弁、第二の冥官に坐せらると云々。よりて拝するなり』」と云々。

（大江匡房《おおえのまさふさ》が語るところによると）「篁は結政（筆者注：弁官《べんかん》の政務のひとつ）に参上するとき、

陽明門《ようめいもん》の前で高藤卿（同：藤原高藤〈八三八～九〇〇〉のこと）に牛車《ぎっしゃ》の簾や鞦（同：牛車を引く牛の尻にかけて車を固定する紐《ひも》）を切られるという嫌がらせをされたらしい。当時、篁は左中弁だった。すぐに篁は、高藤の父の冬嗣（同：藤原冬嗣〈七七五～八二六〉。史実では高藤の祖父）の屋敷に参上し、事の仔細《しさい》を申し上げていると、高藤が急死してしまった。篁がすぐに高藤の手を取って引き起こすと、高藤は息を吹き返した。高藤は庭に下りると、篁を拝んで次のように言った。『思いがけず私は閻魔庁に行ってきました。すると、この篁が第二の冥官としてその座にいたのです。なのでこうして拝んでいるのです』とのことである。

（江談抄　第三〈三九〉野篁《やくわう》は閻魔庁《えんまのちやう》の第二の冥官為《た》る事）

この説話について繙《ひもと》いていく前に、まずこの話を収録している『江談抄』という書物について簡単に解説しておこう。

そもそも『江談抄』とは後三条《ごさんじょう》・白河《しらかわ》・堀河《ほりかわ》天皇の三代にわたり、その侍講《じこう》（天皇に仕えて学問を講じる職）を務めた大江匡房（一〇四一～一一一一）の最晩年の談話を収めたものだ。大江匡房は和漢の知識に通じた、当代随一の学者。『江談抄』とはわかりやすく言うならば、「王朝の長老、大江匡房インタビュー集」というところだろう。語り手の匡房は七〇歳に差し掛かろうというときで（平安時代の平均寿命から考えると、かなりの長寿である）、聞き手の藤原実兼《さねかね》（一〇八五～一一一二）はまだ二〇代。二人の年齢を踏まえると、若き青年貴族に、様々な知識や見解を語りかける長老・匡房の姿が浮かび上がってくる。事実、『江談抄』には、匡房の豊富な知識に基づいて朝廷のしきたりが記録されたが、それと同時に、当時の貴族たちに伝わっていた様々な説話をも収めることになった。

この『江談抄』に、「あの世」の冥官として登場するのが、小野篁である。

小野篁は嵯峨《さが》天皇に仕えた公卿で、従三位参議左大弁《じゅさんみさんぎさだいべん》まで昇った人物だ。系譜についてははっきりとしたことはわからないが、歌人の小野小町《おののこまち》（生没年不詳）や、書家として知られる小野道風《みちかぜ》（八九四〜九六七）の祖父に当たるという。匡房にとっては、二〇〇年以上前の時代を生きた人物で、詩人・歌人としても名高く、『小倉百人一首』にも和歌が採られている（わたの原　八十島《やそしま》かけて　漕《こ》ぎいでぬと　人には告げよ　海人《あま》の釣舟《つりふね》／参議篁）。

承和《じょうわ》五年（八三八）、篁はある大事件を起こしてしまう。篁は遣唐副使《けんとうふくし》として渡唐することになっていたが、まさに出航の矢先、遣唐大使《たいし》である藤原常嗣《つねつぐ》の乗る船に漏水が見つかり、篁は船を交換するよう命じられるのである。当時の航海はただでさえ命がけ。それにもかかわらず、危険な船に乗るよう強要された篁はついに渡唐を拒否してしまう。これだけならまだしも、篁はさらに朝廷や遣唐使制度を揶揄《やゆ》する漢詩を作ったという（その詩の詳細については現代に伝わっていない）。これを知った嵯峨天皇は激怒し、篁は隠岐《おき》に流罪となってしまった。しかし、承和七年（八四〇）

には赦免《しゃめん》されて都へ帰り、その後も朝廷内で大いに活躍したという。

当時、流罪は死罪にも準じるもので、生きて都へ戻ることは困難だと考えられていた。そうしたなかで無事に戻ってきた篁は、まるで「あの世」から戻ってきたかのように考えられたのかもしれない。また篁は裁判を司る弾正台《だんじょうだい》の要職を歴任しており、これが冥官のイメージと結びつきっかけとなったのだろう。

例えば『今昔物語集』には次のような説話が収められている。

（前略）大臣《おとど》身ニ重キ病ヲ受《うけ》テ、日来《ひごろ》ヲ経ヘテ死給《しにたまひ》ケリ。即《すなはち》、閻魔王ノ使《つかひ》ノ為《ため》ニ被搦《からめられ》テ、閻魔王宮《わうぐう》ニ至《いたり》テ、罪ヲ被定《さだめら》ル、ニ、閻魔王宮ノ臣共《しんども》ノ居並《ゐなみ》タル中ニ、小野篁居《ゐ》タリ。大臣此《これ》ヲ見テ、「此《こ》ハ何《いか》ナル事ニカ有ラム」ト怪思《あやしびおもひ》テ居タル程《ほど》ニ、篁笏《しやく》ヲ取《とり》テ、王ニ申サク、「此ノ日本《につぽん》ノ大臣ハ心直《こころうるはし》クシテ人ノ為ニ吉《よ》キ者也。今度《このたび》ノ罪、己《おの》レニ免《ゆる》シ給《たまは》ラム」ト。王此レヲ聞テ宣《のたま》ハク、「此レ極《きはめ》テ難《かた》キ事也ト云《い》ヘドモ、申請《まうしこ》フニ依《より》テ免シ給フ」ト。然《しか》レバ、篁此ノ搦《からめ》タル者ニ仰《おほ》セ給テ、「速可将返《すみやかにゐてかへすべ》シ」ト行《おこな》ヘバ、将返《ゐてかへ》ル、ト思フ程ニ、活《よみがへ》レリ。

あるとき、大臣（筆者注：藤原良相《よしみ》〈八一三〜八六七〉のこと）は重い病にかかり、数日のうちにお亡くなりになった。すぐに閻魔王の使者に捕縛《ほばく》されて、閻魔王宮に連れて行かれ、罪を定められることになったが、閻魔王宮の並み居る家臣たちの中に、小野篁がいた。大臣はこれを見て、「これは一体どういうことだろう」と怪しんでいると、篁は笏を取って、閻魔王に向かってこのように申し上げた。「この大臣は実直な人物で善良な方です。このたびの罪は、この私に免じてお許しください」と。閻魔王はこれを聞いて、「それはとても難しいことだが、今回はその申請に免じて許してつかわそう」とおっしゃった。すると、篁は獄卒たちに「すぐに連れて帰るように」と命令したので、「連れて行かれる」と思ったときには、大臣は息を吹き返していた。

（今昔物語集　巻二〇　小野篁依情助西三条大臣語《なさけによりてさいさむでうのおとどをたすくること》　第四五）

急死して「あの世」へとやってきた藤原良相が見たのは閻魔王に仕える冥官としての小野篁だった。この説話によれば、かつて篁が朝廷から処罰された際、良相が弁護してくれたことがあり、篁はその恩返しとして閻魔王に対して良相を弁護したのだという（この事件について説話は詳しく語らないが、遣唐使船事件をはじめ、篁には様々なトラブルの逸話が残されている）。赦免されて「この世」へ帰ってきた良相は、朝廷で宰相《さいしょう》として仕える篁に再会し、閻魔王宮でのことを尋ねるが、篁は笑って「このことを他の人に話してはいけない」と言ったという。

つまり小野篁は、「この世」では嵯峨天皇に仕える公卿であり、「あの世」では閻魔王に仕える冥官だったのだ。先に挙げた『冥報記』に載る柳智感の説話と共通する内容だ。波瀾《はらん》万丈の篁の人生や、裁判を司るなどの官歴《かんれき》が、『冥報記』に代表される冥官伝説とシンクロすることによって、小野篁冥官伝説は膨《ふく》らんでいったと考えられる。

ちなみに、この伝説は今もなお生き続けている。

京都・東山《ひがしやま》の六道珍皇寺《ろくどうちんのうじ》には、篁が「あの世」との往還に用いていたとされる「黄泉《よみ》がえりの井戸」がある。井戸は地下に通じていることから、「地下の牢獄《ろうごく》」たる地獄に通うルートと考えられたのだろう。

また京都市北区にある篁のものと伝えられる墓の隣には、紫式部《むらさきしきぶ》のものといわれる墓がある。二人は同じ平安貴族とはいえ、全く別の時代を生きた面識のない者同士のはず。これは実は、第二章で「源氏供養」について述べたが、地獄に堕ちた紫式部を小野篁が取りなしたという伝説に基づくものである。後世になって誰かが紫式部の極楽往生を願って篁と墓を隣同士にしたのだろう。

彼が冥官に結びつけられたのには、その人生・官歴のほかにも様々な理由が指摘されている。例えば「篁」という名前。直訳すれば「竹林」「竹藪《たけやぶ》」といった意味だが、『竹取《たけとり》物語』でかぐや姫が竹から生まれたように、中国の神仙《しんせん》思想の影響から竹は神聖視されていた。篁というその名乗りだけでも、「この世」ならざるものへの連想が生まれる。ほかにも篁は午年生《うま》まれで、当時の陰陽道による星占いでは、破軍星《はぐんせい》（北斗七星を剣に見立てたとき、切っ先となる星の呼び名）を本命星《はんめいせい》

（その人の一生を支配する運命の星）としていた。破軍星は、剣先の星ということで凶兆《きょうちょう》とされる。この禍々《まがまが》しいイメージを背景に、篁は破軍星の化身《けしん》として「あの世」と「この世」を往還できると説明されることもある。

ところで『江談抄』には、説話の語り手である大江匡房自身も冥官であると勘違いされて閻魔王への陳情を頼まれたという逸話も載っている。ここでも鍵になるのは、星回りだ。

「匡房をば世の人謂《い》へること有りと云々。聞くべき事侍《はべ》るなり。先年、陰陽道《おんやうだう》の僧都《そうづ》慶増《きやうぞう》来たりて云はく、『世間の人、殿をば熒惑《けいこく》の精と申すなり。しかれば閻魔庁《えんまのちやう》の訴へ仕らんとて来たるなり』と云々。この事を聞きて以来《このかた》、身ながらも事の外なりと思ひ給ふるなり（後略）」

（大江匡房が語るところによると）「この匡房を世間の人がうわさしているという。というのは次のようなことだと聞いている。先年、陰陽道の僧都である慶増がやってきて言うには、『世間の人は殿が熒惑の精という星回りに生まれたと申しています。（熒惑の精はあの世と往還できるというので）閻魔庁に訴え出たいことがあるためやってきました』などと言う。このことを聞いて以来、自分でも自分が特別な人間のように思っている」

（江談抄　第三〈四〇〉都督《ととく》、熒惑の精為《た》る事）

匡房の星回りである熒惑は別名を武曲《ぶきょく》星といい、破軍星と同じように、その化身は「あの世」と「この世」を自在に往還できると考えられていたらしい。そんなことを告げられた匡房は困惑するかと思いきや、「身ながらも事の外なりと思ひ給ふるなり（自分でも自分が特別な人間のように思っている）」と、まんざらでもない様子。何しろ『江談抄』は匡房の語った内容をそのまま筆録しているのだから、匡房の正直な気持ちが現れていると思いたい。

このとき、匡房の脳裏にあったのは、やはり小野篁だったろう。冥官に間違えられるというのは、小野篁と同一視されていることに等しく、好意的な反応を示したということは、つまり匡房は小野篁という人物を高く評価していたのだろう。すると気になるのは、そもそも篁の冥官伝説が、匡房のインタビュー集ともいえる『江談抄』に詳しく載っている点だ。

小野篁冥官伝説の発信源は、この大江匡房である可能性さえ浮かび上がってくる。

大江匡房は一時期、九州の大宰府《だざいふ》に赴任していたことがある。大宰府といえば大陸との交流が盛んで、様々な人・文物が往来していた。そんななか、匡房もおそらく、当時の王朝・北宋《ほくそう》の書物を多く手にしたと思われる。この時代の中国では、唐の『冥報記』以降も、冥官を題材とした小説が多く書かれていた。特に北宋文学においては、道教が国家の管理下に入ったこともあり、道教の影響が大きくなっている。和漢の文学を比較し、特に大江匡房について研究している李育娟《りいくけん》氏は「『江談抄』と冥官篁説話の生成――北宋文学との接点を手がかりに――」（『国語国文』七八－三号〈八九五号〉、二〇〇九年）で、匡房がこのとき冥官伝説に大いに刺激を受け、小野篁と結びつけたのではないかと考えている。

なお匡房は二度目の大宰府赴任を拒否している。まるで篁が渡唐を拒否したかのように。篁はその無頼《ぶらい》ぶりから通称を「野狂《やきょう》」といった。その一方、優れた漢詩を遺《のこ》し、また『令義解《りょうのぎげ》』の撰修《せんしゅう》に携わるなど、政治家・学者として一流の業績を残した。嵯峨天皇の勅勘《ちょっかん》（天皇から受ける勘当《かんどう》）を蒙《こうむ》りながら、最後までその主君に仕え、大きな信頼を得た。

その生き様に匡房は己を重ね、憧《あこが》れを抱いていたのかもしれない。

大宰府赴任中の匡房が、具体的にどのような書物に触れていたか、記録は残っていない。しかし篁伝説が広がっていくその途中に、匡房が大きな影響を与えたのは間違いないだろう。

獄卒《ごくそつ》からは逃げられない

中国の官僚制度の影響を受け、さらには日本風にアレンジもされた冥官がリアリティを持った役人として描かれる一方で、直接「あの世」から亡者を連行しにやってくる獄卒は、おそろしげなイメージで描かれることが多い。どんな亡者でも獄卒からは逃げられない。どんなに泣きわめいても、罪を犯した者は閻魔庁《えんまのちょう》の裁断を受けなければならないから、獄卒は問答無用で人々を引っ立てていく。そして、あまりにもその罪が重いとき、裁判すら必要ないといわんばかりに、獄卒は亡者たちを直接地獄へと連れて行くことさえある。

そもそも現代、「鬼」という言葉で私たちが連想する姿（赤または青い体、角《つの》、トラのパンツ、鉄棒）は、地獄絵に描かれていた獄卒たちの姿に由来する。節分の時期には今でも鬼の面が使われ、まだ私たちの生活の中に存在している一方で、意外と知らないことだらけだ。

ここでは冥官に続いて、獄卒について見ていこう。

最初に引用するのは『古事談《こじだん》』という説話集である。建暦《けんりゃく》二年～建保《けんぽう》三年（一二一二～一二一五）頃、源顕兼《あきかね》（一一六〇～一二一五）という人物が編んだ。そこには、このような記述がある。

義家朝臣《よしいえのあそん》、懺悔《さんげ》の心無きに依《よ》り、遂《つひ》に悪趣《あくしゆ》に堕《お》ち畢《をは》んぬ。病悩《びやうなう》の時、家の向ひなりける女房の夢に、地獄絵に書きたるやうなる鬼形《きぎやう》の輩《ともがら》、其の数、彼の家に乱入し、家主《やぬし》を捕へ、大札《おほふだ》を先に持ちて将《ゐ》て出でけり。札の銘には「無間《むけん》地獄の罪人源義家」と書きたり。後朝《きぬぎぬ》に「かかる夢をこそ見つれ」とて案内せしむる処《ところ》、守殿《かうのとの》、此《こ》の暁《あかつき》逝去、と云々《うんぬん》。

義家朝臣は懺悔の心がなかったために、とうとう地獄に堕ちてしまった。病気で苦しんでいるとき、向かいの家の女房《にょうぼう》の夢に、地獄絵に描かれているような鬼の姿をした者たちが現れて義家の家に乱入し、家主（筆者注：義家のこと）を捕らえ、大札を先頭に掲げて連れ出した。札には「無間《むけん》地獄の罪人源義家」と書いてあった。翌朝、（女房が義家の家に）「このような夢を見ました」と知らせに行ったところ、義家はその日の明け方に亡くなっていたそうだ。

（古事談　巻四‐二一）

「義家朝臣」とは通称「八幡太郎《はちまんたろう》」、後三年《ごさんねん》の役《えき》などで数々の武功を立てたことで知られる源義家《よしいえ》（一〇三九〜一一〇六）のことである。白河院に昇殿《しょうでん》を許されるなど、当時の武士としては異例の待遇を受けた人物だ。後世、河内源氏《かわちげんじ》（河内国〈現在の大阪府南東部〉を本拠地とした一族で、鎌倉幕府を建てた源頼朝もこの一族の出身者であり、その棟梁《とうりょう》＝リーダーである）の中では殊《こと》に英雄視され、彼が身に着けた鎧《よろい》「源太《げんた》が産衣《うぶぎぬ》」と、敵の首を髭ごと切り落とした太刀《たち》「髭切《ひげきり》」は、河内源氏代々の重宝とまでいわれ、源氏嫡流《ちゃくりゅう》の象徴となった。

しかし、そんな英雄像から一転して、ここでは、みじめでおそろしげな最期が描かれている。合戦で多くの人間を殺した義家は、あっという間に獄卒に連行されてしまったのである。

『古事談』という説話集は、貴人を顕彰《けんしょう》するよりもその人間性を強調して描こうとする特徴がある。そのため、その性格を「醜聞暴露《しゅうぶん》」などと称されることもある。言い換えれば、スキャンダラスな暴露趣味。結果として、尊敬・英雄視されていた人物を貶《おとし》めてしまう傾向があるのだ。義家もそのうちの一人。父親の頼義《よりよし》も多くの命を手に掛けたが、晩年はその行いを悔い改め、人々を弔ったため最期は成仏したという。それに対して息子の義家は「懺悔の心無きに依り、遂に悪趣に堕ち畢《をは》んぬ（懺悔の心がなかったために、ついに地獄へ堕ちた）」のだという。先に述べたように、武士とは殺生を生業《なりわい》とする者たちである。仏教が最も戒める罪を犯さなければ生きていけない彼らにとって、死後、極楽往生を目指すのは切実な問題だった。中世の武士にとって獄卒の存在は、深層的な恐怖だったと思われる。

さて次に引用するのは、『平家物語』より、平清盛の最期である。

『平家物語』によれば、源氏挙兵と時を同じくして平清盛は熱病《ねつびょう》に倒れる。すると二位尼《にいのあま》（平時子、清盛の妻）の夢には清盛を迎えにやってくるおそろしげな獄卒たちが現れた。まもなく清盛は亡くなるが、『平家物語』はこれを、清盛が奈良・東大寺《とうだいじ》を焼き討ちにし、大仏殿を焼亡させた報《むく》いだと述べる。

入道相国《しやうこく》の北の方、二位殿の夢にみ給ひける事こそおそろしけれ。猛火《みやうくわ》のおびたたしくもえたる車を、門《もん》の内へやり入れたり。前後に立ちたるものは、或《あるい》は馬の面《おもて》のやうなるものもあり、或は牛の面のやうなるものもあり。車のまへには、無といふ文字ばかりぞみえたる、鉄《くろがね》の札を

ぞ立てたりける。二位殿夢の心に、「あれはいづくよりぞ」と御たづねあれば、「閻魔の庁より、平家太政入道殿《だいじやうのにふだうどの》の御迎《おんむかひ》に参ッて候」と申す。「さて其札《そのふだ》は何といふ札ぞ」と問はせ給へば、「南閻浮提金銅《なんえんぶだいこんどう》十六丈の盧遮那仏《るしやなぶつ》焼きほろぼし給へる罪によッて、無間《むけん》の底に堕《お》ち給ふべきよし閻魔の庁に御《おん》さだめ候が、無間の無をば書かれて、間の字をばいまだ書かれぬなり」とぞ申しける。

入道相国《しょうこく》（筆者注：平清盛のこと）の北の方、二位殿（同：平時子）が夢で御覧になったことはあまりにもおそろしいものだった。凄《すさ》まじい猛火に包まれた車が、門の中へと入っていく。車の前後に立っている者は、ある者は馬の顔のようなものもおり、またある者は牛のような顔をしているものもいる。車の前には、「無」という文字だけを書いた鉄の札が打ち付けられている。二位殿は夢の中で「この車はどこから」とお尋ねになった。すると「閻魔庁から、平家太政入道殿（同：清盛）の悪行が積み重なったのでお迎えに参る車です」と言う。（二位殿が）「では、あの札は何ですか」とお尋ねになると、「（清盛は）南閻浮提（同：『この世』を指す）の金銅一六丈の盧遮那仏（同：奈良の大仏）を焼き亡《ほろ》ぼしたため、無間地獄の底に沈めるべしと、閻魔庁にて御裁定が下りましたので、『無間』の無の字を書いたのですが、まだ間の字を書いていないのです」と言う。

（平家物語　巻六　入道死去）

清盛を迎えにきた獄卒はいわゆる牛頭《ごず》・馬頭《めず》である。それぞれ、体は人のものだが、頭は牛・馬。獄卒の代表的な存在とされる。彼らが引いてきたのは地獄の猛火に包まれた車。鉄の札には「無間地獄（阿鼻《あび》地獄＝地獄の最下層）」の「無」の字が書かれていた。閻魔王の裁定はすでに下っており、地獄の最下層から直行便で迎えにきたのである。罪人の中でもかなりのＶＩＰ待遇だ。それはやはり、『平家物語』の作者（語り手）が、清盛の罪を、特に深刻に捉えていたことの表れだろう。

治承《じしょう》四年（一一八〇）、平清盛は、かねて対立していた東大寺・興福寺《こうふくじ》など、南都《なんと》（奈良）の仏教寺院に対する攻撃を命令した。これがいわゆる「南都焼討《やきうち》」と呼ばれる事件である。この結果、奈良の中心部に大火災が発生。東大寺・興福寺の伽藍《がらん》のほとんどが焼失、数千人の僧が焼死し、さらには、東大寺大仏殿をも焼き尽くし、聖武《しょうむ》天皇が建立した盧遮那仏像《るしゃなぶつぞう》（奈良の大仏）までもが焼け落ちてしまった（現在、私たちが見ることのできる「奈良の大仏」は江戸時代に建立されたものである）。

まもなく清盛は熱病に倒れるが、人々はこれを「南都焼討」の報いであると考えた。それは奈良の大仏を焼き払ったことが、「仏法への罪」だと考えられたからに他ならない。清盛が地獄へ堕ちたとされるのも、この罪が重く捉えられたためである。また清盛の罹《かか》った熱病が、地獄の業火《ごうか》をも連想させたのだろう。

さらにこの引用部分のあと、まさに清盛が死ぬその間際《まぎわ》の描写も興味深い。清盛は「この世に思い残すことは何もない」と言う。つまり、「この世」への未練がないということ。一見、執心や煩悩を断ち切ったかに見える。しかし、この後、清盛は言う。「ただひとつの未練は、頼朝の首を見なかったこと。仏事供養は必要ない。すぐに討手《うって》を差し向けて、頼朝の首をわが墓前に供えよ」

——これが、清盛の遺言となった。これについて、『平家物語』は「罪ふかけれ」と言う。

先の源義家の例と比較するなら、清盛もまた「懺悔の心がなかった」といえるだろう。「南都焼討」の罪を悔いるどころか、頼朝の首を望み、亡くなるその瞬間まで殺生の罪を重ねようとした。このことを『平家物語』は「罪深い」と手厳しく評する。

また、殺生を生業《なりわい》としていた武士・清盛が口にした「仏事供養は必要ない」という台詞《せりふ》は異例のことで（むしろ物語は清盛の異常性を強調しようとしているといっていい）、ほとんどの武士は貴族以上に、地獄へ堕ちることを怖れ、仏教に深く帰依《きえ》するようになっていった。

清盛の死後、源頼朝によって政治の中心は京から鎌倉へと移っていく。こうして本格的に武士の時代が幕を開けると、地獄はより身近な存在となっていった。

のちに「鎌倉新仏教」と呼ばれる様々な宗派が生まれたのは、この頃だった。この気風はおよそ戦国時代まで続く。

第五章　地獄なんか怖くない

犯した罪からは逃れられない――地獄や閻魔王《えんまおう》に関する説話は、深く読めば読むほどに、私たちにそう訴えかけてくる。誰もが羨《うらや》むほどの栄華《えいが》を極めた平清盛《たいらのきよもり》でさえ、その例外ではなかった。どんなにうわべを繕《つくろ》ったところで、浄玻璃鏡《じょうはりきょう》は生前の行いを映し出し、倶生神《くしょうじん》が余すところなく真実を証言するのである。

ところが、日本の古典文学を見渡してみると、地獄から救われて「この世」に生還した亡者《もうじゃ》の話も多く載る。それも理由は様々で――深い信仰による救済を得た人、生前の善行《ぜんこう》が報《むく》われた人、賄賂《わいろ》を駆使して罪から逃れた人、あるいは、「地獄なんか怖くない」とも言わんばかりの超人的な人々など――。地獄から救われた人々の物語を見渡しただけでも、また別の地獄の一面が見えてきそうだ。本章では地獄からの救済をテーマに、「あの世」から生還した人々を追ってみたいと思う。

獄卒たちのノルマ

まず、『日本霊異記《にほんりょういき》』に載る楢磐嶋《ならのいわしま》という商人の話をしよう。説話にいわく、楢磐嶋は聖武《しょうむ》天皇（七〇一～五六／在位：七二四～四九）の時代に生きた人物である。彼は商《あきな》いのために日本じゅうを旅して回っていたが、寿命が近づいたために閻魔王から呼び出しを受け、使いの獄卒《ごくそつ》が彼を追っていた。こういった住所の定まらない人物を閻魔王の前に召し出すとなると、追いかける獄卒のほうも難儀したようだ。山城国《やましろのくに》の宇治橋《うじばし》（現在の京都府宇治市のあたり）で磐嶋にやっと追いついた三人の獄卒はこう言った。

「我等《われら》、先に汝《なむち》が家に往きて問ひしに、答へて曰《い》はく、『商《あきなひ》に往きて未《いま》だ来《きた》らず』といふが故に、津《つ》に至りて求めき。当《まさ》に相《あ》ひて捉《とら》へむと欲《おも》へば、四王《しわう》の使《つかひ》有りて、誂《あとら》へて言はく、『免《ゆる》すべし。寺の交易《けうやく》の銭を受けて、商《あきな》ひ奉《まつ》るが故に』といひき。故《そゑ》に暫《しまら》く免しつらくのみ。汝を召すに日を累《かさ》ねて、我は飢ゑ疲れぬ。若《も》し食物有りや」

「我々は先にお前の家に行って尋ねたら、『商いに行ってまだ帰ってこない』と言うので、敦賀《つるが》の港に行ってお前を探した。そこでお前を捕まえようとしたところ、四天王の使いがやってきて『彼を許してやってくれ。彼は寺から金を借りて商いをしているのだから（利子付きで返済してくれれば寺の財政が潤う）』と頼むのである。だから少しの間だけ猶予してやったのだ。だが、お前を召し出すために何日もかかったので、我々も腹が減って疲れた。何か食べ物はないのか」

（日本霊異記　中　閻羅王《えんらわう》の使《つかひ》の鬼の、召さるる人の賂《まひなひ》を得て免《ゆる》しし縁《えん》　第二四）

閻魔王（この説話では「閻羅王《えんらおう》」）の命令を受け、楢磐嶋を捕まえるべく「この世」にやってきた三人の獄卒。まずは当然、磐嶋の家を訪ねるものの本人は留守。探し回って港でようやく見つけたのだが、四天王（持国天《じこくてん》・増長天《ぞうじょうてん》・広目天《こうもくてん》・多聞天《たもんてん》、仏法の守護神）の使いがやってきて、逮捕を猶予するように言ってくる。それも理由は「寺が金を貸しているから」――「寺の交易の銭を受けて」というくだりは、寺院が磐嶋の商売の出資元であり、磐嶋の商売がうまくいけば、利子が付いて増えた金が寺院の収入となることを指している。つまり寺院のために元金を増やそうとしている磐嶋を捕まえるのはしばらく待ってほしいというのが、四天王の言い分だった。

獄卒も仏の使いである四天王には逆らえない。ましてや寺のために商売をしているとなれば、手を出しにくい。そこで獄卒たちは四天王の猶予を聞き入れて何日も待つのだが、ついに疲労の限界。磐嶋に向かって食べ物を乞《こ》う、というのが、この引用部分である。

お腹がすいて動けなくなるまで日本じゅうを追いかけ回した挙句、逆らえない相手からの横やり。しかも上司に課せられたノルマも達成できないまま手ぶらでは、地獄には帰れない。現代のサラリーマンの働きぶりを彷彿《ほうふつ》とさせるものがある。

そんな獄卒たちを磐嶋も気の毒に思ったのか、ご馳走《ちそう》をふるまってやることにする。すると獄卒たちは牛の肉を要求するのである。現代の感覚だと、単なる贅沢《ぜいたく》にしか感じられないかもしれないが、当時は仏教が広がり始め、肉食を忌避《きひ》する人々が増えた時代である。当時の感覚では、肉を要求してくる獄卒の姿は、気味が悪くおそろしいものに感じられたのではないか。

さて、磐嶋は牛を差し出したかわりに命を助けてほしいと獄卒に持ち掛ける。そこで獄卒たちは、磐嶋と同《おな》い年のまったくの別人を身代わりに立て、閻魔王のもとへ引っ立てていった。磐嶋は恩人となった獄卒たちが賄賂を受けた罪に問われないよう『金剛般若経《こんごうはんにゃきょう》』を読んで供養した。こうして磐嶋は助かった。結局、九〇歳余りの天寿を全うしたという。

この説話は言う。『金剛般若経』の力によって磐嶋は助かり、寺から金を借りていたおかげで災難から逃れることができたのだ、と。

楢磐嶋の話は、閻魔王の裁きから逃れた稀有《けう》な一例だといえよう。現代人からすれば、獄卒に賄賂を贈るという反則技に見えるが、つまるところは経典による供養と寺院への寄進《きしん》が、磐嶋を救ったということになる。磐嶋の仏教への帰依《きえ》、さらには苦しむ獄卒たちを供養して仏道に導いたことが、磐嶋が救われるに値《あたい》する善行ということになったのだ。

およそ、閻魔王の裁きを逃れて地獄から救済される人々は、仏教的な善行の報いが理由とされる。熱心に修行を重ねたとか、貧しい人に手を差し伸べたとか——現代の我々にもわかりやすい善行が描かれる場合もあるし、磐嶋のような当時の価値観を大きく反映した善行も説話に語られている。

ただし、現代の私たちの道徳観念で考えれば、賄賂、また身代わりという被害者まで出して成し遂げられた磐嶋の救済は、仏教の教えに適《かな》うのかと突っ込みを入れたくなるだろう。当時の感覚をもってしても、仏教的とはいいがたいのではないか。磐嶋が獄卒に牛を捧げるくだりは、仏教とは別の風習を連想させる。この説話には、仏教以外の民俗信仰も紛れ込んでいると考えたほうが良さそうである。

ちなみにこの説話の続きで獄卒は、「磐嶋に便宜を図ったことが発覚すると、杖《つえ》で打たれることになっている」と述べていることから、どうやら獄卒の不正も取り締まりの対象になっているらしい。「この世」の人間から利益供与を受けて狼狽《うろた》える様は、妙に人間臭く、つい感情移入してしまいがちだが、獄卒の不正の隠蔽《いんぺい》のために突然死させられた人物のことを思うと、獄卒は罪を憎《にく》み亡者を断罪する正義の存在とは限らないようだ。

現代的な「正義の味方」を、地獄をめぐる登場人物たちに期待するのはやめておいたほうが良い。彼らを形成してきたのは、これまで述べてきた通り、権力を振るう役人たちの姿なのだ。自分たちもまたそんな彼らに裁かれる立場にあるということを忘れてしまうと、古典文学の中に残る昔の人々の価値観を読み違えてしまうだろう。

それでは何が救済に値する善行なのか。それは信仰によって変容してしまうし、また時代によっても異なる。さらには作者の考え方にも影響される。説話は時代の空気を照らし出している。したがってこのように地獄から救われた人々の物語を辿《たど》っていくと、様々に変化していく善と悪の在《あ》り方が見えてくるのだ。

衣女《きぬめ》の場合

『日本霊異記』からもうひとつ、説話を引用する。舞台は讃岐国《さぬきのくに》（現在の香川県）の山田郡《やまだのこおり》、主人公は布敷臣衣女《ぬのしきのおみきぬめ》という女性である。時代は椈磐嶋と同じ聖武天皇の世だ。

あるとき、衣女は病気になり、疫病神のためにお供え物をした。そこにやってきたのは閻魔王（この説話では「閻羅王」）の使いの「鬼」だった。

其《そ》の鬼、走り疲レニテ、祭の食を見て、䫌《オモネ》リテ就《つ》きて受く。鬼、衣女に語りて言はく、「我、汝《なむぢ》の饗《あへ》を受くるが故に、汝の恩を報いむ。若《も》し、同じ姓同じ名の人有りや」といふ。衣女、答へて言はく、「同じ国の鵜垂郡《ウたりのこほり》に、同じ姓の衣女有り」といふ。鬼、衣女を率《ヰ》テ、鵜垂郡の衣女の家に往きて対面し、即《すなは》ち緋《アケ》の嚢《フクロ》より一尺の鑿《ノミ》を出《いだ》して、額《ぬか》に打ち立て、即ち召し将《ゐ》て去りぬ。

その鬼は走り疲れていて、お供え物を見ると媚《こ》びた様子で食事を受けた。そして衣女に対して言うには、「おれはおまえのもてなしを受けたので、おまえの恩に報いてやろう。誰か同姓同名の者を知らないか」。これを聞いて衣女は答えた。「同じ国の鵜垂郡というところに、同じ姓の衣女という者がおります」。鬼は衣女を連れて、その鵜垂郡の衣女の家へ行って対面すると、赤い袋から一尺の鑿《のみ》を取り出して、額に打ち付けて連れ去ってしまった。

楢磐嶋の説話と同様に、この説話の獄卒（この説話では「鬼」）も衣女を探して疲れ果てていたらしい。そしてご馳走という賄賂を受け取り、見返りに別の人物を身代わりとして地獄に連れて行ってしまう。ストーリーの大枠は磐嶋の説話と共通する。

だがこの後、衣女の説話は違う結末を迎える。身代わりを前にした閻魔王はこう言った。

「此《こ》は召せる衣女に非《あら》ず。誤《アヤま》チテ召せるなり。然《しか》れば暫《しまら》く此《ここ》に留《とどま》れ（後略）」

「これは私が呼び出した衣女ではない。間違って連れてきたのだ。しばらくここにとどまるように」

閻魔王はすぐさま獄卒に命じて、本来呼び出すべきだった山田郡の衣女を連れてこさせた。そして身代わりとなってしまった鵜垂郡の衣女を家に帰したが、困ったことに彼女の遺体はすでに火葬されてしまっていたのである。帰るべき体を失ってしまったことを訴えると、閻魔王は、まだ火葬されていない山田郡の衣女の体のほうを使って蘇《よみがえ》るように命じるのだった。こうして、二人の衣女は、互いに魂《たましい》と体が入れ替わってしまったのである。そして「この世」に戻ってきた衣女（魂は鵜垂郡の衣女、体は山田郡の衣女）は、四人の父母を持ち、両家の財産を引き継ぐことになった。説話は次のような言葉で結ばれる。

饗《あへ》を備《まう》け、鬼に賂《まひなひ》するに、此《これ》は功虚《むな》しきに非ず。凡《およ》そ物有る者《ひと》は、猶《なほ》し賂し饗《あへ》すべし。是《こ》れも亦奇異《またためづら》しき事なり。

（日本霊異記　中　閻羅王の使の鬼の、召さるる人の饗を受けて、恩を報いし縁《えん》　第二五）

このようにご馳走を準備し、鬼にお供え物をする功徳《くどく》は、決して虚しいものではない。財産を持っている者は、やはりお供え物をして饗応《きょうおう》したほうが良い。これもまた不思議な話である。

獄卒に賄賂を渡す行為というのは、現代の我々の感覚では、不正行為に見えなくもない。ところが、この説話はそれを信心《しんじん》深さに基づくものとして、積極的に奨励しているのである。

それにしても、体と魂が互い違いになってしまった二人の衣女が、両家の財産を相続したことで、この説話はハッピーエンドとしているが、どうにも戸惑わざるをえない。鵜垂郡の衣女としては同姓同名というだけでとばっちりを受けたわけであるし、どのみち山田郡の衣女の魂は地獄に堕《お》ちてしまったし、体と魂が違ったまま一人の人間になってしまった娘を迎えた四人の父母だって、何とも思わなかったはずはない。だが、『日本霊異記』がそれを語らないのは、やはり鬼への報恩《ほうおん》と、お供え物の功徳が話の主眼だからであろう。

「お地蔵さん」と地獄

さて、生前に寺への寄進も行わず、死後も肉親からの供養は期待できない、とりたてて仏法のためになるようなこともしていない——そんな人間が地獄に堕ちたとしたら、誰に救いを求めれば良いのだろう。楢磐嶋のように寺を財政的に支えていたとか、衣女のように豪華なお供え物をしたとか、金品で地獄堕ちを免れるのは実はそんなに簡単なことではない。

人々のあいだに仏教が広がった平安時代でも、まとまった額の財産を寄進できるのは大貴族に限られていたし、中世の武士に至っては頼れる血族がいなければ「後世《ごせ》」の供養もままならなかった。そもそも信心が薄く、死後に救われようなどということを思いもしなかった人もいたかもしれない。あまりにも身近で気づかないかもしれないが、奈落《ならく》の底の苦しみからも救済してくれる存在として、長く信仰を集めてきた存在がある。

「お地蔵さん」――地蔵菩薩《じぞうぼさつ》である。

菩薩というのは、仏になるため修行中の存在のこと。いずれ仏となる折に、人々を一緒に浄土《じょうど》へと導いてくれるとされ、特に地蔵菩薩は、釈迦《しゃか》（ゴータマ・シッダールタ）の入滅《にゅうめつ》のあと、弥勒《みろく》菩薩が現れて人々を浄土に導くまでのその間（ちなみに五六億七〇〇〇万年もある！）、人々を救うことを任されたとされる。弥勒菩薩の到来はどう考えても当面先なので、今「この世」を生きている我々も、平安時代の貴族や鎌倉時代の武士と同様に、この地蔵菩薩のお世話になることになろう。

なお場所が地獄であろうと餓鬼道《がきどう》であろうと、どんなに心の汚れた罪人でも、決して見捨てないのが地蔵菩薩である。財産がなくても、お供え物をしなくても、地蔵菩薩は必ず助けに来てくれる――その懐《ふところ》の深さで庶民から圧倒的な人気を誇ったのが「お地蔵さん」だった。現在でも、日本全国の道端に「お地蔵さん」を見ることができるし、そもそも「さん付け」で呼ばれる菩薩はほかにいない（神様なら「お稲荷《いなり》さん」だろうか）。それほど現代の日本人にとっても近しい存在だ。

かつて人々が地蔵菩薩をどのように捉えていたかは、説話を通して見るとよくわかる。

鎌倉時代前期の説話集『宇治拾遺物語《うじしゅういものがたり》』には賀能《かのう》という僧の話が載っている。賀能はたびたび寺の物を盗むような破戒僧《はかいそう》だったので、亡くなったあとには地獄に堕ちたことだろうと師の僧都《そうず》でさえ思っていた。ところがあるとき、塔のそばにあった「お地蔵さん」の像がない。なんと「お地蔵さん」は賀能を救うために地獄へ向かったのだった。どうしようもない悪人だった賀能だが、この「お地蔵さん」にだけは時折手を合わせていたのである。師の僧都の夢枕《ゆめまくら》に現れた人がこう言った。

「賀能《かのう》具して地獄へ入りて、助けて帰り給へるなり。されば御足の焼け給へるなり」

「（地蔵は）賀能とともに地獄へ行き、助けてお帰りになったのです。だから、おみ足にやけどをなさったのです」

（宇治拾遺物語　巻五　山の横川《よかは》の賀能地蔵の事）

果たして夢から覚めた師の僧都が、塔のそばの「お地蔵さん」を改めて確認してみると、実際に足の部分が焼け焦げていた。師の僧都はあまりのありがたさに涙をこぼしたという。

この説話を聞いた人々はおそらく、地蔵菩薩の慈悲《じひ》の深さに感じ入ったことだろう。そして多くの人がこの賀能に自らの行いを映し、ささやかな善行でも必ず救いが訪れるのだと胸をなでおろしたに違いない。地蔵信仰の人気の高さはまさにこの、悪人さえも救い出す慈悲の心にあるのだ。

地蔵菩薩の底なしの慈悲深さを示す説話をほかにも見てみよう。

昔、駿河国《するがのくに》（現在の静岡県）に殺生《せっしょう》を生業《なりわい》とする男がいた。小さな地蔵菩薩の像を作って拝んでいたが、あるとき地獄に引き立てられていくとき、地蔵菩薩が獄卒に頼んで助けてくれるという夢を見た。そこで男は心を入れ替えて殺生をやめたが、数カ月もしないうちにまた元の暮らしに戻ってしまった。まもなく男は死んでしまい、今度は「あの世」で牛頭《ごず》・馬頭《めず》に追い回されているところに地蔵菩薩が現れた。地蔵菩薩は、牛頭・馬頭を説得し、また助けてくれた。男は殺生をやめることを誓って、息を吹き返した。ところがまた一年後、殺生を繰り返して命を落としてしまった。またも獄卒に追い回され、男もさすがに誓いを破ったことを悔い、今度こそはついに地蔵菩薩にも見捨てられてしまったと嘆《なげ》いていると、地蔵菩薩がそばを通り過ぎようとしたので、咄嗟《とっさ》にその衣に縋《すが》りついた。すると地蔵菩薩は男を連れて獄卒から逃げようとする。これにはさすがに獄卒のほうも呆《あき》れたようで、「いかにかかる悪人をば横さまには救ひ給ふぞ。度々誑言《わうげん》申して候ふ物を（どうしてこんな悪人を不当に助けようとなさるのですか。何度も嘘《うそ》を申していますのに！）」と言う。

すると、地蔵菩薩は答えた。

「我は助けず。彼が取り付きけるなり」

「私は助けていない。彼が縋りついてきたのだ」

（沙石集《しゃせきしゅう》　巻二ノ五　地蔵の利益《りやく》の事）

かくして息を吹き返した男は、今度こそ心を入れ替え、出家《しゅっけ》して修行を重ねたという。

地蔵菩薩の救済は、徹底している。どんな悪人でも、悪をやめることのできない心の弱い人間でも、救いを求めている限り、地蔵菩薩は現れる。

なお、これは鎌倉時代の仏教説話集『沙石集《しゃせきしゅう》』に収められた説話で、地蔵信仰にまつわるものの中でも筆者のお気に入りのひとつである。主人公の心の弱さは人間的で、現代に通じるものがある。地蔵菩薩も何やら多忙そうで（事実、説話に登場する地蔵菩薩は、六道《ろくどう》の隅々まで人々を助けに行くので忙しそうに描かれていることが多い）、最後の助け方がこれまでと打って変わって大雑把《おおざっぱ》なところも、妙にリアルに感じられておかしみを誘うし、それでいてその慈悲へのありがたみがじわじわと染みてくる。この説話を耳にした当時の人々は、一層それを感じたことだろう。

現代でも、怖い目にあったり、苦難に陥《おちい》ったりしたときに、思いがけず助けてくれる人が現れることの嬉《うれ》しさを「地獄で仏に会ったよう」「地獄に仏」という。地蔵菩薩の救済はまさに、このようなことをいうらしい。

それは『平家物語《へいけものがたり》』の次の場面が例《たと》えとして最もわかりやすい。

鹿ケ谷《ししがたに》事件（後白河院《ごしらかわいん》〈一一二七～九二〉とその近臣たちが、平家打倒の陰謀《いんぼう》をめぐらせた事件）が露見《ろけん》し、平清盛の命令によって関係者はことごとく捕縛《ほばく》された。その中には、平家と縁の深い大納言《だいなごん》藤原《ふじわらの》成親《なりちか》もいた。清盛の長男の重盛《しげもり》は、清盛を説得して成親を救出しようとやってくる。そのときの成親の様子がこう描かれている。

涙にむせびうつぶして、目も見あはせ給はず。「いかにや」と宣《のたま》へば、其時《そのとき》みつけ奉り、うれしげに思はれたるけしき、地獄にて、罪人共が、地蔵菩薩を見奉《みたてまつ》るらんも、かくやとおぼえて哀れなり。

（閉じ込められた成親は）涙にむせび、うつぶして、目もお合わせにならない。（重盛が）「いかがしました」とおっしゃると、その姿を見つけて嬉しそうに思われた様子は、地獄で、罪人たちが地蔵菩薩をお目にかけるのも、このような様子かと思われて哀《あわ》れである。

（平家物語　巻二　小教訓《こげうくん》）

清盛に捕らえられた大納言成親。陰謀を知って怒りに狂う清盛の命令ひとつで、いつ死罪になるかもわからない。清盛の家臣たちの目が光るなか、それはまさに獄卒に引っ立てられた亡者の姿である。そこに現れたのは、清盛の長男重盛だった。成親にとっては妹の夫で、姻戚《いんせき》関係にある。しかも重盛は人望厚く、平家一門の中でも清盛に強く意見することのできる立場にあった。絶体絶命のピンチに、最も頼れる味方が現れたのである。したがってここで地蔵菩薩の例えが引かれるのである。絶望の淵《ふち》での救済に歓喜する姿を『平家物語』は「哀れ」と述べている。それこそまさに、なすすべのない弱き者が菩薩に縋りつく姿そのものである。

さて、このような地蔵信仰はいつ頃、日本に広がったのだろうか。これまで取り上げた『宇治拾遺物語』『沙石集』『平家物語』は、いずれも鎌倉時代に成立したものだ。これらに先立って平安時代後期に成立した『今昔物語集《こんじゃくものがたりしゅう》』にも、地蔵信仰に関する説話が多く収められている。例えば巻一七に収められた話はそのほとんどが地蔵信仰にまつわるものだ。地蔵信仰の広がりは、少なくともこの頃まで遡《さかのぼ》ることができそうだ。

この『今昔物語集』巻一七からは、亀を助けた男の話を引こう。地蔵菩薩の霊験《れいげん》のバリエーションを見てとることができる。

近江国甲賀郡《おうみのくにこうかのこおり》（現在の滋賀県あたり）に貧しい男が住んでいた。彼は、妻が織った反物《たんもの》を魚に替えるために港へやってきた。するとそこにいた漁師が一匹の亀を釣り上げて殺そうとするので、咄嗟《とっさ》に反物と交換した。男は亀を湖に放してやると、手ぶらで家に帰った。すると、まもなく男は病気で死んでしまった。男はたちまち「官人」（役人のこと、「あの世」の使い）に引っ立てられたという。

「（前略）広キ野ノ中ヲ過《すぎ》シニ、一《ひとつ》ノ官舎ノ門ニ至《いたり》ヌ。其ノ門ノ前ノ庭ヲ見レバ、多《おほく》ノ人ヲ縛伏《しばりふせ》タリ。心ノ内ニ恐《お》ヂ怖《おそ》レ思フ事無限《かぎりな》シ。而《しか》ル間、一人ノ端厳《たんごむ》ナル小僧出来《いでき》テ云《いは》ク、『此レ地蔵菩薩也《なり》。此ノ男ハ我ガ為《ため》ニ恩ヲ施《ほどこ》セル者也。我レ有情《うじやう》ヲ利益《りやく》セムガ為ニ、彼近江《かのあふみ》国ノ江《え》ノ辺《ほとり》ニシテ、大《おほき》ナル亀ノ身トシテ有リシ。海人《あま》ノ為ニ被引捕《ひきとらへられ》テ、命ヲ被殺《ころされ》ムトセシニ、此ノ男慈《うつくしび》ノ心ヲ発《おこ》シテ、亀ヲ買取《かひとり》テ命ヲ助ケテ、江ノ中ニ放《はなち》テキ。然《さ》レバ、速《すみやか》ニ此ノ男可免放《ゆるしはなつべ》シ』ト。官人此レヲ聞《きき》テ、男ヲ免《ゆる》シツ（後略）」

「（役人に引っ立てられて）広い野原の中を通り過ぎると、ひとつの役所の門に辿り着いた。その門の前の庭を見ると、たくさんの人々が縛られ伏せられていた。（わしは）この上ないほどに怖《おそ》ろしいと思った。すると、一人の端正で厳《おごそ》かな小僧が現れて言った、『私は地蔵菩薩である。この男は私のために恩を施してくれた者だ。私はこの世のあらゆる生き物を救うため、近江国の湖のほとりで大きな亀に変身した。漁師に捕まって殺されそうになったとき、この男が慈悲の心を起こして、亀を買い取って命を助け、湖に放してくれた。したがって、速やかにこの男を放免すべきである』。役人はこれを聞くと、すぐにわしを解き放った」

主人公が「あの世」の「官人」に連れて行かれたのは、広い野原の先にある「官舎」の門。庭には罪人と思《おぼ》しき者たちが転がされている。文中に言及はないが、「あの世」の裁きが下る場所、すなわち閻魔庁だろう。

そこに現れたのが地蔵菩薩である（『今昔物語集』では特に「端厳ナル小僧」の姿をしていると述べられる）。実は男が助けた亀の正体はこの地蔵菩薩だった。亀を助けた報いに、男は無罪放免となり「この世」へと帰されたのだった。

本文によれば地蔵菩薩は「有情《うじょう》」（心の働きを持つすべての生き物）を救うため、亀に変身していたのである。この場合の「有情」は湖に棲《す》む生き物たちのことだろう。地蔵菩薩の救済というのは徹底しており、常にあらゆる命に向けられているのである。そして、この亀に変身していた地蔵菩薩を助けたのが主人公の男。文中に理由は詳細には述べられていないものの、おそらく「かわいそうだから」という、ささやかな慈悲の心を起こして亀を助けたのだろう。先の『宇治拾遺物語』の例に見たように、地蔵菩薩は小さな善行にも救済で報いてくれる。かくして男は閻魔庁の門前で、「この世」に戻ることになった。

助けた亀に恩返しをされる話というのは、『浦島太郎』の物語に代表されるように昔話の類型のひとつである。この説話は、その亀の正体を地蔵菩薩とすることで、地蔵信仰の物語も兼ねているといえるだろう。亀に限らず、助けた動物に恩返しをされる話は数多い。殺生をタブーとし、あらゆる命への慈悲を説く仏教と、俗信とが融合した思考が見てとれる。

さて、実はこの話には続きがある。

地蔵菩薩によって「この世」へ帰ることになった主人公の男だったが、その途上、若い娘が鬼に追い立てられているのを見た。両親を恋しんで泣く娘を見て、哀れに思った男は自分が身代わりになると申し出た。これを聞いた地蔵菩薩はその慈悲の心に感心し、二人とも「この世」に帰るように言った。さて、息を吹き返した男はのちに、その娘が暮らしているという筑前国《ちくぜんのくに》（現在の福岡県北西部）へ行った。周囲の人に話を聞いてみると、ある役人の家の娘が、一度死んでから息を吹き返したという。そこで男がその家で取り次いでもらうと、例の娘が驚いて飛び出してきた。二人は再会を喜んで涙を流したという。

この説話は次のような言葉で結ばれる。

其《そ》ノ後《のち》、互《たがひ》ニ契《ちぎり》ヲ成シテ、男本国《もとのくに》ニ返《かへり》ニケリ。各《おのおの》道心ヲ発シテ、地蔵菩薩ニ仕《つかうまつり》ケリ、トナム語リ伝《つたへ》タルトヤ。

その後、二人は親交を結び、男は故郷に帰っていった。各々《おのおの》信仰心を起こして、地蔵菩薩にお仕えしたと語り伝えているそうだ。

（今昔物語集　巻一七　買亀放男依地蔵助得活語《かめをかひてはなちしをとこぢざうのたすけによりてよみがへるをうること》　第二八）

亀を助けたことはささやかな善行だったかもしれないが、地獄で見ず知らずの人のために身代わりとして命を投げ出すことは、生易《なまやさ》しい善行ではない。そんな行いに必ず報いるのが地蔵信仰なのだ。

地獄の探検

これまで見てきたように、地獄や閻魔庁、「あの世」から生還する方法は様々だ。獄卒を饗応したり、供養をしたり、善行を施し、深く地蔵菩薩に帰依するなど――。共通点としては、夢の中で一度「あの世」（閻魔庁や地獄）へ赴くが、何らかの救済で目を覚ます点、またあるいは一度病《やまい》などで死んでしまってから、「あの世」での救済を得て息を吹き返す点が土台にある。先に挙げた亀を助けた男の話の場合、一度死んでから息を吹き返し、同じように生き返った娘と「この世」で再会するなど、生と死をまたいで往来するストーリー性を兼ねているのが興味深い。こういった説話は一般的に「蘇生譚《そせいたん》」と呼ばれる。

この主人公のような生死の往来はほとんどの地蔵菩薩の説話に共通するが、生者《しょうじゃ》が生者のまま、

「あの世」を体感するという物語もある。

時代は説話集が多く作られた平安時代後期〜鎌倉時代を下り、室町時代。この頃、数多くの短編の物語が作られた。ほとんどが作者未詳だが、仏教・民俗信仰・民話を織り交ぜ、様々な出来事をテーマにして乱立し、ひとつのジャンルを形成した。これらの物語は、一般的に「室町時代物語」や「室町物語」と呼ばれる。「御伽草子《おとぎぞうし》」と呼ばれることもあるが、江戸時代に入ってから渋川清《しぶかわせい》右衛門《えもん》という本屋が出版した、二三編に及ぶ昔話のシリーズにも「御伽草子」のタイトルが付せられているので、今回は混同を避けるために「室町時代物語」と呼ぶことにしよう。その代表的なものは『一寸法師《いっすんぼうし》』や『鉢《はち》かづき』、『物くさ太郎』など（この三作品は渋川が出版した二三編にも含まれている）で、現在でも読み継がれているものも少なくない。

さて、その「室町時代物語」の中に『富士《ふじ》の人穴草子《ひとあなぞうし》』という物語がある。主人公は仁田四郎忠常《にったしろうただつね》（一一六七〜一二〇三。新田四郎忠綱《ただつな》、にたんの四郎とも）という実在した鎌倉幕府の御家人《ごけにん》である。彼は時の将軍である源頼家《みなもとのよりいえ》（一一八二〜一二〇四）の命令で、富士の人穴（富士山のふもとにある洞穴のこと）の中を探検する。この人穴は「あの世」につながっており、忠常は浅間《せんげん》大菩薩の導きで地獄の様相を目の当たりにする。さらには畜生《ちくしょう》道・修羅《しゅら》道などを経て、極楽まで導かれる。最後に忠常は地獄の探検について他言を禁じられるのだが、鎌倉へ帰還したあと、頼家の命令で「あの世」の様子を語ってしまう。すると忠常はたちまち命を落としたという。

【図1】『富士の人穴草子』（国立国会図書館所蔵）　万治4年刊
地獄の様子を見る、童形の浅間大菩薩と烏帽子をかぶった仁田四郎忠常（左端）

『富士の人穴草子』（国文学研究資料館所蔵　CC BY-SA）　江戸時代前期頃写
版本を元に制作された奈良絵本の『富士の人穴草子』。手彩色で装飾されている。挿絵は左端にいる童形の浅間大菩薩と烏帽子をかぶった仁田四郎忠常が、釜茹でにされる亡者を見ているところ

忠常は生者として富士の人穴という境界を越えて「あの世」を訪れ、そして再びその穴から「この世」へと戻ってきた。そんな大冒険を、死を経験することなくやってのけたのである。ところが、最後には浅間大菩薩の言いつけを守らなかった報いであるかのように、あっさりと死んでしまったのであった。

この物語には実際にモデルとなった出来事がある。鎌倉幕府の歴史書『吾妻鏡《あずまかがみ》』によれば、建仁《けんにん》三年（一二〇三）六月三日、頼家の命令によって忠常たち主従六人で富士の人穴を探検し、そのうち四人を失った末に二人のみ帰還したというのである。『吾妻鏡』は彼らがいったい何を見たのか記していないが、富士山のふもとには溶岩トンネルが一〇〇カ所以上、現在も「人穴」「風穴」「氷穴」などと呼ばれる場所があり、探検そのものに関しては実際にあった出来事と考えても問題なさそうである。

地獄巡りの物語は、本書の冒頭に紹介した『春日権現験記《かすがごんげんけんき》』をはじめ、様々な物語・縁起・説話に描かれたものと共通しており、おそらく忠常の冒険譚《たん》に地獄遍歴の物語を組み合わせたのだろう。【図1】（212ページ）に挙げた万治《まんじ》四年（一六六一）版の本文から、忠常が冒険に出発するところを少し見てみよう。

いづの国のぢう人《にん》くどう左衛門《さゑもん》の尉《ぜう》すけもりをぐそくして、たいまつ三十もたせ、「七日と申

さんに帰りこずば、いはやのうちにてしゝたるとおぼしめし候へ」とて、すでにいはやへ入《いり》にけり。五町ばかり入てみれば、なにもののもなし。又五てうばかりゆきてみれ共《ども》、なにもののもなし。太刀《たち》をぬきて四方をうちはらひてみれ共、なにもののもなし。又二町ばかりゆきて見れば、日本のごとく月日のひかりあらはれたり。又二町ばかりゆきて見れば、すこし松はらへいでにけり。其地《そのち》の宮は五色也。こゝに川あり。たゞ今ひとのわたりたるとおぼしくて、あしのあと見えにけり。（句読点、濁点は筆者が補足した）

（国立国会図書館所蔵　万治四年版『富士の人穴草子』）

（忠常は）伊豆の国の住人・工藤左衛門尉《さえもんのじょう》すけもりを率いて、松明《たいまつ》を三〇束持たせ、「もしも七日で帰って来なければ、岩屋（筆者注：人穴のこと）の中で死んだとお思いになってください」と言って、ついに岩屋へ入っていった。五町（同：一町は約一〇九メートル）ほど行ってみても何もない。太刀を抜いて四方を切り払ってみたが、何もない。また五町ほど行ってみると、地上のように月日の光で明るくなった。また二町ほど行ってみると、小さな松原へと出た。その場所にある宮殿は五色である。そこに川があった。たった今、誰かが渡ったようで、足跡が見えた。

松明を掲げ、少しずつ地下へともぐっていく様子が目に浮かぶようである。最初こそ何もない洞

『新形三十六怪撰』より「仁田忠常洞中に奇異を見る図」　明治23年刊
忠常の人穴探検を題材にした月岡芳年《つきおかよしとし》の作品。狭い洞窟を潜り抜け、川に行き当たったところで、視線は松明の向こうに何かを見ている。

穴だったはずが、進んでいくごとに、そこにあるはずのない川や建物などの景色が現れてくる。現実からフィクションの世界へ少しずつ入り込んでいくかのようだ。

このあと、浅間大菩薩と出会った忠常はさらにその奥深く、地獄巡りの旅へと向かうことになる。

ここから先は、これまで見てきた地獄の伝説と似通った表現が目立つ。例えば、

又こゝに火車にのりて来るものを鬼共が請取《うけとり》て火のろうへ入て、四方よりつるぎを持てさしとをしせむるもの有。

またここには、火の車に乗ってきた者を鬼たちが受け取って、火の牢《ろう》へ入れて四方から剣で刺して責《せ》めている。

(国立国会図書館所蔵　万治四年版『富士の人穴草子』)

このほかにも、「したを二ひろ計《ばかり》ぬきいだされおめきさけぶ罪人有(舌を二尋《ひろ》〈約三メートル〉ばかり抜き出されて呻《うめ》き叫ぶ罪人がいる)」「ころもをきたる入道を鬼共が火をたきて四方へ引はつてあぶる也(衣を着た僧を鬼たちが火を焚《た》いた上で四方に引っ張って炙《あぶ》っている)」「ある罪人を鬼どもがふせて口を引さき〳〵、口のうちへあけのちをくみいるゝ所有。のまじとすれども、てつぢやうをもつてちやうちやくする也(ある罪人を鬼たちが組み伏せて口を引き裂きながら、赤い血を汲《く》み入れようとしている。飲むまいとすると、鉄杖《てつじょう》で打擲《ちょうちゃく》する)」など、おなじみの呵責《かしゃく》の場面が続く。

忠常はこうして地獄の怖ろしさを目の当たりにし、最後には浄土を見物して「この世」へと戻ってくる。だが、忠常を「この世」へと送り届けた浅間大菩薩は、人穴の中の世界について決して口外《こう》しないよう言いつける。「是《これ》をそむきて語《かたる》ならば、なんじをも頼家をも命をとるべし（言い付けに背いて語れば、お前も主《あるじ》の頼家の命も奪うぞ）」と。『富士の人穴草子』は地獄巡りこそハイライトだが、結末もなかなかショッキングだ。人穴の探検から戻ってきた忠常は、頼家の命令によって人穴の中について報告しなければならなかった。忠常が地獄の有り様を語り始めると、天から大きな呼び声がして、雷が響き渡り、忠常は命を落としてしまう。諸本によって結末はやや異なるものの、このように、忠常がつまらない死に方をしてしまうのは、実在の忠常が比企《ひき》の乱の陰謀に巻き込まれて暗殺され、横死《おうし》を遂げたことをモデルにしていると思われる（探検を命令した側の頼家も、伊豆修禅寺《しゅぜんじ》に幽閉中に暗殺されており、『富士の人穴草子』の作者はこの死も忠常に地獄の様子を語らせた祟《たた》りだと言いたいのだろう）。

『富士の人穴草子』は史実の使い方が巧みで、『吾妻鏡』の記述を下敷きに「地獄」を組み合わせて虚実《きょじつ》を曖昧《あいまい》に織り上げており、富士の人穴そのもののように「あの世」と「この世」の境目がおぼろげな印象を受ける。山中に入ると「あの世」と「この世」の境目が曖昧になるのは、第三章でも述べたように山中他界観《さんちゅうたかいかん》という、山そのものを異界として捉える考え方の表れで、同章で言及した、立山地獄《たちやまのじごく》と同じである。『富士の人穴草子』は、鎌倉時代の史実と、伝統的な地獄の描写と、

『今昔物語集』にも見えていた民俗的な山岳信仰の融合で形成され、すべてがおぼろげに、ゆるやかに結びついている。

なお室町時代の『富士の人穴草子』が、これまで見てきた説話と異なるのは、江戸時代になって出版を契機に大量に流布した点である。

江戸時代に入ると富士講《ふじこう》（富士山を信仰する宗教組織で、江戸を中心に商人・職人・農民など下層階級に多くの信者を持っていた）が盛んになる。その隆盛《りゅうせい》とともに、富士の人穴の霊験を強調した同書は数多く読まれるようになったのである。その証拠に『富士の人穴草子』は、江戸時代に入ってから繰り返し出版されている。簡単にわかるだけで、寛永《かんえい》四年（一六二七）、寛永九年（一六三二）、明暦《めいれき》四年（一六五八）、万治四年（一六六一）に新たに印刷された。刊年不明のものや、後刷《あとずり》も含めればもっと多い。手書きで書写されて回し読みされていた本などは、おそらくもっと存在するだろう。

【図１】（２１２ページ）は先に本文を引用した万治四年出版の絵入り本（国立国会図書館所蔵）で、仁田四郎（左端の烏帽子《えぼし》をかぶった男）が、浅間大菩薩（仁田四郎の右隣にいる童形《どうぎょう》の人物）とともに地獄の様子を見ている場面である。挿絵の右上では、火の車に乗せられた罪人が鬼に引き出されようとしている。中央には鉄縄で搦《から》め捕られた罪人、右下には胸に鉄の釘《くぎ》を打たれる罪人の姿がある。おどろおどろしいというより、皆とぼけた顔に見え、妙にかわいらしく、素朴な味わいの絵だが、余計な情報がない分、何の場面なのかわかりやすい。擦《す》れた部分が多いのは、整版《せいはん》印刷（一枚板の版木に、絵や本文を彫って印刷し、袋綴《と》じにして一丁《ちょう》にする江戸時代に主流となった印刷方法）によって、繰り返し印刷されたために版木が摩耗《まもう》したのだろう。

絵が入っているというのは、いわば初心者向けの本である。文字を読むのが苦手でも、なんとなく内容がわかる。『富士の人穴草子』を必要としていた階級は、そういう人々が中心であった。しかも整版印刷の場合は、版木さえ残っていれば繰り返し印刷することが可能で、安価で大量に出版することができるのである。貴族や武士でなくとも、本を手に取ることができるようになったのが、江戸時代なのだ。

室町時代まで地獄は、僧の説法による「唱導《しょうどう》」、または絵巻や屏風《びょうぶ》絵を用いた「絵解《えとき》」によって広がっていった。上流階級を除いて、人々のほとんどが読み書きできなかった時代、「耳で聞く地獄」と「目で見る地獄」しか存在していなかったのである。説話集のように文字に残された地獄はそのうちのわずかな伝承を、読み書きができる階級の人々が書き留めたものだ。しかし、室町時代以降、特に江戸時代に入ると、大量出版と識字率の上昇によって、地獄のイメージは下層階級まで行き渡るようになる。地獄がメディアに乗った、とでも表現するべきだろうか。

また、出版だけではなく、芝居というメディアが盛んになっていく時代の変遷にも注目したいところだ。

室町時代には能楽《のうがく》が大成し、戦国時代から江戸時代にかけて、さらに様々な芸能が生まれていった。狂言、幸若舞《こうわかまい》、人形浄瑠璃《じょうるり》、歌舞伎――。人々を熱狂させたこれらのメディアも、地獄を見逃さなかった。

地獄のポップカルチャー化がいよいよ始まっていく。

地獄ネタコメディ

能の合間に上演される狂言は、室町時代に成立した会話で展開するコメディである。現在も上演されているものの中には、『朝比奈《あさいな》』という「あの世」を舞台にした演目がある。成立時期こそはっきりしないものの、文禄《ぶんろく》～慶長《けいちょう》年間（一五九二～一六一五）には連続して幾度も上演された記録が残っている。

芝居の冒頭、まず閻魔王が観客の前に現れる。閻魔王いわく、なんと、人々が仏教に帰依してしまったせいで皆極楽へ行ってしまい、地獄では飢饉《ききん》が起きようとしているという。そこで、閻魔王が自ら「六道の辻《つじ》」（「あの世」と「この世」の境目）にやってきて、彷徨《さまよ》う亡者を地獄へ連れて行こうというのだ。すると、そこに「朝比奈」という武士がやってくるのだが――。少し長くなるが、その邂逅《かいこう》の場面を引用する。ぜひ室町時代の地獄ネタコメディを体感してほしい。

閻魔王「地獄の主《あるじ》閻魔王、地獄の主閻魔王、囉斎《ろさい》にいざや出《い》でうよ、出でうよ。これは地獄の主、閻魔大王です。当代《たうだい》は人間が利根《りこん》になって、八宗《はつしゆう》・九宗《くしゆう》に宗体《しゆうてい》を分け、極楽へばかりぞろりぞろりとぞろめくによって、地獄の餓死以《もつ》てのほかな。さる間《あひだ》、今日は閻魔王、自身六道の辻に出で、よからう罪人も通らば一責《ひとせ》め責めて、地獄へ責め落とさばやと存じ候《そろ》。住み馴《な》れし、地獄の里をたち出でて、地獄の里をたち出でて、足にまかせて行くほどに、足にまかせて行くほどに、六道の辻に着きにけり。急ぐ間六道の辻に着いた。この辺りでしばらく休らひ、よからう罪人も通らば一責め責めて、地獄へ責め落とさうと存ずる。

朝比奈「力もやうやう朝比奈は、冥途《めいど》へとてこそ急ぎけれ。これは娑婆《しやば》に隠れもない朝比奈の三郎義秀《よしひで》です。我思はずも無情の風に誘はれ、只今《ただいま》冥途へ赴《おもむ》く。まづそろりそろりと参らう。

閻魔王「クシクシクシクシ、アア、人臭い人臭い。罪人が参ったさうな。どこもとにゐることぢゃ知らぬ。さればこそあれへ一段の罪人が参った。さらば一責め責めて、地獄へ責め落とさうと存ずる。いかに罪人、急げとこそ。急げ。急げ。

朝比奈「ヤイヤイ。

閻魔王「何ごとぢゃ。

朝比奈「最前から某《それがし》が目《ま》の前を、ちらりちらりとちらめくおのれは何者ぢゃ。

閻魔王「身共《みども》をえ知らぬか。

朝比奈「何《なに》とも知らぬ。

閻魔王「これは地獄の主、閻魔大王様ぢゃいやい。

朝比奈「アラ痛はしの体《てい》やな。娑婆で聞いてありしは、地獄の主、閻魔大王こそ、玉《ぎょく》の冠《かんむり》を着、石の帯をし、金銀をちりばめ、辺りも輝く体と聞いてありしが、一向《いっかう》さうもおりないよ。

閻魔王「オオ、その古《いにしへ》は玉の冠を着、石の帯をし、金銀をちりばめ、辺りも輝く体であったが、当代は人間が利根になって八宗・九宗に宗体を分け、極楽へばかり、ぞろりぞろりとぞろめくによって、地獄の餓死以てのほかな。さる間、今日は閻魔王、自身六道の辻《つじ》に出で、よからう罪人も通らば一責め責めて、地獄へ責め落とさうと思ふところへ、今汝《なむぢ》が来た。今一責め責めて、地獄へ責め落とさうぞ。

朝比奈「如何程《いかほど》なりともお責めそい。

閻魔王「責めいでおかうか。それ地獄遠きにあらず極楽はるかなれ、いかに罪人、急げとこそ。急げ。急げ。ヤイヤイ。

朝比奈「何ごとぢゃ。

閻魔王「最前からこの閻魔王が、秘術を尽くして責むれどもゆっすりとも致さぬ。自体おのれは何者ぢゃ。

朝比奈「某をえ知らぬか。

閻魔王「何とも知らぬ。

朝比奈「これは娑婆に隠れもない、朝比奈の三郎義秀よ。

閻魔王「何ぢゃ、朝比奈の三郎義秀ぢゃ。

朝比奈「なかなか。

閻魔王「へェ。牛に食らはれ、たらされた。朝比奈と聞いたならば責めまいものを。

閻魔王「（閻魔王、登場する）地獄の主《あるじ》閻魔王、食い物の調達にさあ行こう、出ていこう。わしは地獄の主、閻魔大王である。最近は人間が利口になって、仏教の様々な宗派に帰依して極楽へぞろぞろ向かうので、地獄では飢饉が避けられぬ。そこで、今日はこのわし閻魔王自身が、六道の辻に赴いて、地獄にふさわしい罪人でも通ったら一責め責めて、地獄へ追い落としてやろうと思っている。（歩き始める）住み慣れた地獄の里を出発して、足にまかせてしばらく行くと、六道の辻にさあ着いた。急いでいるうちにもう着いた。この辺りでしばらく休んで、ちょうどいい亡者でも通ったらちょっと責めて、地獄へ落としてやろう。（座る）」

朝比奈「（朝比奈、登場する）力もだんだん弱々しくなって、この朝比奈は冥途へ急いでいるところだ。俺は娑婆《しゃば》（筆者注：人間界）では名高い朝比奈三郎義秀。俺もとうとう虚《むな》しく死んでしまって、今冥途へ行くところなのだ。とにかく参ろう。（歩き始める）」

閻魔王「（鼻を鳴らして）クンクンクンクン、ああ、人臭い、人臭いぞ。罪人がこっちへ来たようだな。どのあたりにいるのだろうな。（朝比奈を見つける）おや、あそこにちょうどいい罪人が来たぞ。それならば一責め責めて、地獄へ追い落としてやろう。やい、そこの罪人、急がぬか。（杖《つえ》で叩《たた》くなどして責める）急げ、急げ！」

朝比奈「（少しも動じず）やい、お前」

閻魔王「何ごとだ」

朝比奈「さっきから俺の目の前をちょろちょろするお前は誰だ」

閻魔王「わしを知らないというのか！」

朝比奈「全然知らない」

閻魔王「わしは地獄の主、閻魔大王様であるぞ！」

朝比奈「なんとまあ、痛ましい姿だな。娑婆で聞いたところによれば、地獄の主の閻魔大王は美しい宝玉の冠と宝石の帯をつけ、衣装には金銀をちりばめて、まわりも輝くほどだといったが、そうでもないようだな」

閻魔王「ああ、昔は確かに宝玉の冠と宝石の帯をして、衣装には金銀をちりばめて、まわりも輝くほどだったが、最近は人間が利口になっていろいろな宗派の仏教に帰依して、極楽にぞろぞろ行ってしまうので、地獄ではもう飢饉が起きようとしている。そこで、今日はこのわし閻魔王が、自ら六道の辻で、適当な罪人でも通ったらちょっと責めて、地獄へ送ってやろうと思っていたところへ、今お前がやってきたのだ。今に責めて、地獄へ落としてやろうぞ」

朝比奈「いくらでも、責めなされ」

閻魔王「責めずにおこうか。それ、地獄は遠くにはない、極楽こそはるか彼方にあるものだ、さあ罪人、地獄へ急げ。(再び杖で責める)急げ。急げ!(朝比奈、動かない)やれやれ」

朝比奈「どうしたのだ」

閻魔王「さっきからこの閻魔王が、秘術を尽くして責めてもちっとも動かない。いったい、お前は何者だ」

朝比奈「俺を知らないというのか!」

閻魔王「全然知らない」
朝比奈「俺は、娑婆に名高い、朝比奈三郎義秀だぞ」
閻魔王「何だと、朝比奈三郎義秀だと」
朝比奈「そうだとも」
閻魔王「ひえー、(杖を捨てて、どんと腰を落とす) これはいっぱい食わされた! 朝比奈だと知っていたら、責めはしなかったのに!」

「六道の辻」に現れたのは、閻魔王の打擲《ちょうちゃく》にもびくともせず、堂々たる(むしろふてぶてしい)態度の武士で、その名を朝比奈三郎義秀《さぶろうよしひで》といった。これを聞いた閻魔王は途端に座り込んでしまい、思わず「へェ。牛に食らはれ、たらされた。朝比奈と聞いたならば責めまいものを(ひえー、これはいっぱい食わされた! 朝比奈だと知っていたら、責めはしなかったのに!)」と叫ぶ。

閻魔王もびっくりの朝比奈三郎義秀とは、何者なのか。

彼は鎌倉時代に実在した御家人の一人。治承《じしょう》・寿永《じゅえい》の内乱(源平合戦)でも武功を挙げた源頼朝《よりとも》の側近、和田義盛《わだよしもり》(一一四七~一二一三)の息子である。『吾妻鏡』にはその剛力無双《ごうりきむそう》ぶりが、様々なエピソードとして伝わっている。

例えば、正治《しょうじ》二年(一二〇〇)九月、将軍源頼家が小壺《こつぼ》の浜(現在の神奈川県逗子市《ずしし》)で酒宴を催したとき、水練《すいれん》の技を披露するために海へ飛び込むと、海底から生きたサメを三匹素手で捕まえてきたという。また、その勇猛ぶりが最も表されているのは、建暦《けんりゃく》三年（一二一三）五月、父の和田義盛が、執権北条義時《しっけんほうじょうよしとき》（一一六三〜一二二四）に反旗を翻《ひるがえ》し、挙兵して始まった和田合戦《わだかっせん》においてである。朝比奈は和田一族を率いて、鎌倉御所（将軍の住まい）を襲撃すると、惣門《そうもん》（外に面した正門のこと）を押し破り、庭内に乱入したという。そして次々と御所を守る御家人たちを倒し、足利義氏《あしかがよしうじ》（一一八九〜一二五四）と組み合った際には、逃げられた拍子に、鎧《よろい》の袖《そで》を引きちぎったというから、その怪力が印象的だ。この逸話を基にしたのか、『曽我《そが》物語』では、朝比奈が曽我五郎の草摺《くさずり》（胴から下がっている大腿部《だいたいぶ》を守る部分）を引きちぎる場面がある。この頃の鎧といえば、鉄や撓革《いためがわ》（たたき固めた牛革）の札《さね》を組紐《くみひも》で編み上げたもの。ちょっとやそっとの力で千切《ちぎ》れるようなものではない。

また伝説はこうした歴史書や物語にとどまらない。現在も残る鎌倉の朝夷奈切通《あさいなきりどおし》（神奈川県鎌倉市十二所《じゅうにそ》から横浜市金沢区朝比奈町を結ぶ峠道）は、朝比奈が一晩で切り拓《ひら》いたといわれている。様々な伝説において朝比奈は「大力《だいりき》（常軌を逸した怪力のこと）」の武者として、人々に記憶されていたのである。

狂言『朝比奈』が成立した時期には、朝比奈が活躍する『曽我物語』もとうに流布していた。朝比奈三郎義秀は、まさに自ら「娑婆（人間界）に名高い」と言うだけあって、知らない者のいない剛力無双の武者だったのだ。これはその名を聞いた閻魔王も、「へェ。牛に食らはれ、たらされた。朝比奈と聞いたならば責めまいものを（ひえー、これはいっぱい食わされた！　朝比奈だと知っていたら、責めはしなかったのに！）」とおそれ、思わず叫ぶわけである。

狂言『朝比奈』においても、朝比奈の勇猛ぶりはとどまることを知らない。


閻魔王「この土《ど》へ赴く者に、和田軍《わだいくさ》の起こりを尋ぬれど、ただ贔屓偏頗《ひいきへんぱ》のみで定説《ぢやうせつ》が知れぬ。汝まことの朝比奈ならば、和田軍の起こりを語って聞かせい。

朝比奈「某が、自身手にかけたことなれば、空《そら》でも覚えてゐる。語って聞かさう、その床几《しやうぎ》を持て。

閻魔王「心得た。ハハア、この床几に掛かって聞いたならば、さぞ面白いことであらう。サア語れ語れ。

朝比奈「退《の》きをれ。

閻魔王「何とする。

朝比奈「下にゐよ。

閻魔王「閻魔王当たりの荒い罪人ぢゃ。

閻魔王「この冥途へやってくる者に、和田合戦の由来を尋ねても、ただ一方に偏《かたよ》った言い分ばかりで真相がわからん。お前、本物の朝比奈ならば、和田合戦の由来を語って聞かせてみよ」

朝比奈「自分で実際に関わったことだから、はっきり覚えているとも。語って聞かせてやろう。その床几《しょうぎ》（筆者注：折り畳み式の腰掛け）をこっちへ」

閻魔王「わかった。（腰掛けを持ってきて座る）ははあ、なるほど、この床几に座って話を聞いたら、さぞ面白かろう。さあ、語れ語れ」

朝比奈「そこをどけ。（閻魔王を突き飛ばし、腰掛けに座る）」

閻魔王「何をする！」

朝比奈「地べたに座っていろ。（どんと足拍子《びょうし》を踏む、閻魔王尻餅《しりもち》をつく）」

閻魔王「（人当たりならぬ）閻魔王当たりの荒い罪人だなあ」

地獄の主《あるじ》閻魔王をして「閻魔王当たりの荒い罪人ぢゃ」と嘆かせるほどの朝比奈の勇猛ぶり。いや、この場面を見るともはや勇猛というより、ただの乱暴者である。そしてこのあと、朝比奈の和田合戦の語りが始まるが、熱の入ったその語りが、合戦の再現となり、またもや閻魔王に暴力を振るうという展開になる。最後のいわゆるオチは次の通りだ。

閻魔王「アア、和田軍の起こり聞きたうない。語るな語るな。

朝比奈「さう言はずとお聞きそい。

閻魔王「嫌《いや》ぢゃと言ふに。

朝比奈「それならば浄土への道しるべをするか。

閻魔王「この閻魔王でさへ自由自在にする朝比奈ぢゃもの。おのれの行きたい方《かた》へ行かうまでよ。

朝比奈「さう言ふは、道しるべをすまい、と言ふか。

閻魔王「おんでもないこと。

朝比奈「それはまことか。

閻魔王「まことぢゃ。

朝比奈「真実か。

閻魔王「一定《いちぢやう》ぢゃ。

朝比奈「朝比奈腹に据《す》ゑかねて、
地謡「朝比奈腹に据ゑかねて、熊手《くまで》・薙鎌《ないがま》・鉄尖棒《かなさいぼう》を、持たする中間《ちゆうげん》のなきままに、閻魔王に
閻魔王に、ズッシと持たせて朝比奈は、浄土へとてこそ急ぎけれ。

閻魔王「（朝比奈の大暴れにすっかり閉口して）ああ、もう和田合戦の話は聞きたくない。語るな語るな」
朝比奈「そう言わず、聞きなされ」
閻魔王「嫌だと言っているのに」
朝比奈「それなら極楽浄土へ道案内をするか」
閻魔王「この閻魔王でさえ思うままにする朝比奈だもの、自分の行きたいところへ行けばよい」
朝比奈「その言い方はつまり、道案内はしないというのだな」
閻魔王「言うまでもないこと」
朝比奈「それは本当か」
閻魔王「本当だ」
朝比奈「まことだな」
閻魔王「その通り」
朝比奈「朝比奈はすっかり腹を立て（以下の謡《うたい》に合わせて舞う）」
地謡「朝比奈はすっかり腹を立て、熊手・薙鎌・鉄尖棒（筆者注：朝比奈の持っていた武器）

を、持たせる召使《めしつかい》がいないものだから（朝比奈、武器を閻魔王に担がせる。閻魔王はそれを肩に、よろよろと退場）閻魔王に、ずっしりと持たせて朝比奈は、極楽浄土へと案内させたそうな。（朝比奈退場）」

〈狂言『朝比奈』〉

朝比奈はとうとう閻魔王をやりこめてしまい、地獄ではなく極楽へと道案内させ、芝居は幕を閉じる。おどろおどろしく、厳《いか》めしい姿で、罪人を裁くあの閻魔王が、朝比奈の規格外の振る舞いに右往左往する姿がおかしみを誘う演目だ。平安時代〜鎌倉時代にかけて記された説話や伝承が観衆の念頭にあればあるほど、そのギャップにおかしさが感じられる。これは狂言『朝比奈』の成立当初も同じで、それまで絵巻や屛風絵に描かれていた凄《すさ》まじい地獄の様子に怖《おそ》れをなした人ほど、腹を抱えて笑ってしまったのではないだろうか。地獄から生還する人々は、善行を積み、地蔵菩薩などの慈悲で息を吹き返すというのが、説話の世界でのパターンである。ところが、この狂言『朝比奈』は、ただとにかく力ずくで閻魔王をやりこめ極楽へ道案内させるという展開である。善行や功徳など、仏法の力を説く気はさらさらないと言わんばかりで、とにかく朝比奈の振る舞いの痛快さが際立っている。

狂言『朝比奈』の上演記録の残っている文禄《ぶんろく》〜慶長《けいちょう》年間（一五九二〜一六一五）といえば、豊《とよ》臣秀吉《とみひでよし》から徳川家康《とくがわいえやす》の時代へと移り変わるときである。長かった戦国時代がようやく終わろうとしていた。戦乱の世という、「この世」の地獄を見てきた人々にとっては、やっと天下泰平の明かりが灯《とも》り始めた時代だったといっていい。

これは筆者の推察だが、閻魔王をやりこめてしまう朝比奈は、地獄の恐怖を人間が乗り越える時代の象徴だったのではないか。ただひたすら地獄に怯《おび》え、「この世」にも希望が持てず、「あの世」に行ってからの心配ばかりしなければならない戦乱の時代が終わろうとしていたときに、人々は仏法の功徳を説く説話世界から離れ、「この世」の明るさを楽しむ新時代を求めていた、それをもたらしたヒーローこそ朝比奈だったと推測するのである。

現代でこそ朝比奈は大河ドラマや時代劇に取り上げられることもなく、ほとんど忘れられてしまっている人物だが、歌舞伎が好きな読者にはお馴染《なじ》みの人物だろう。『曽我物語』を素材に採った『寿曽我対面《ことぶきそがのたいめん》』では、朝比奈は主人公の曽我兄弟をその仇《かたき》である工藤祐経《くどうすけつね》に引き合わせる重要な役どころとして登場し、現在に至るまで正月の定番の演目となっている。

朝比奈は実は、ポップカルチャーの分野においては、江戸時代を通して人気のあるキャラクターだった。寛文《かんぶん》二年（一六六二）版の古浄瑠璃正本《こじょうるりしょうほん》（現行の人形浄瑠璃のルーツに当たる人形劇の台本）には『あさいなしまわたり』という、朝比奈が和田合戦の後に日本を出て冒険する演目がある。この作品の延長上に、安永《あんえい》五年（一七七六）版の黄表紙《きびょうし》『朝比奈島渡《あさいなしまわたり》』、そして文化《ぶんか》一二年

（一八一五）に刊行が始まった曲亭馬琴《きょくていばきん》の『朝夷《あさいな》巡嶋《じゅんとう》記《き》全伝《ぜんでん》』などがある。また江戸時代前期に制作されたと考えられる奈良絵本『朝日奈』（東京大学国文学研究室所蔵）は、それまでに出そろっていた朝比奈にまつわる伝承をひとつにまとめあげる形で成立した、朝比奈の一代記的な物語である。ここでは、朝比奈は実は巴御前《ともえ》（木曽義仲《きそよしなか》の愛妾《あいしょう》で、大力の武者だったという伝説がある）の子であると伝え、その出生から始まり、最後は浄土へ向かうという、狂言と似た筋立てで終わる。

　実は先に挙げた『富士の人穴草子』にも、朝比奈はほんの少しだけ顔を出している。朝比奈は物語の冒頭、富士の人穴を見に行くいとこの和田平太《へいだ》に、自分を連れて行くよう言う。地獄を巡ることが主眼のこの物語の中には必然性の見当たらない場面であるのだが、まるで朝比奈に言及せずにはいられなかったかのようにさしはさまれている。この物語が生まれた当時、地獄といえばまず真っ先に朝比奈を連想するほどに、その伝説が流布していたことを示唆《しさ》しているのではないだろうか。

　すでに述べたように『富士の人穴草子』は写本・版本ともに多く現存する。古いものでいうと、少なくとも慶長年間（一五九六～一六一五）の写本が現存し、また慶應義塾大学附属研究所斯道文《しどうぶん》庫《こ》には元和《げんな》～寛永年間（一六一五～一六四四）の古活字版《こかつじばん》（木製の活字を組んで印刷した本）が所蔵されている。江戸時代のごく初めには、朝比奈と地獄の関係性はすでに世の中に広く浸透していたと考えて差し支えないだろう。『富士の人穴草子』の成立は、大永《たいえい》七年（一五二七）まで遡ることができるので、場合によってはもっと古くから、朝比奈と地獄は結びつけて考えられていたのかもしれない。

日本の武将オールキャスト

アイルランドのダブリン城にあるチェスター・ビーティー・ライブラリー（アイルランドの鉱山王アルフレッド・チェスター・ビーティー氏旧蔵の東洋美術コレクションを中心にした図書館）には、江戸時代前期に描かれたと思われる絵巻『朝比奈物語』が所蔵されている【図2】【図3】。

この中で朝比奈は、鬼と力比べがしたいと神に祈願したところ小鬼が現れ、それを追いかけるうちに地獄へ行ってしまう。朝比奈は地獄の門を破って閻魔庁に攻め入るのだが、ところがそれは深酒をしたうえでの夢で、こうして朝比

【図2】『朝比奈物語』（Tale of Asaina〈Asaina monogatari〉: CBL J 1132　チェスター・ビーティー・ライブラリー所蔵）　江戸時代前期写
深酒をして眠る朝比奈を小鬼が囲んでいる

【図3】『朝比奈物語』（Tale of Asaina〈Asaina monogatari〉: CBL J 1132　チェスター・ビーティー・ライブラリー所蔵）　江戸時代前期写
夢の中で閻魔庁に押し入る青い装束の朝比奈（右端）、驚き慌てる獄卒たちと赤い装束の閻魔王（左端）。卓の前に立っているのは冥官たち

奈は自分の慢心を悟り無常を知る。

一度は死を経験したうえで地獄を目にする説話の登場人物に比べて、まるで悲壮感がないのが朝比奈をめぐる伝説の特徴のようだ。おそろしい獄卒に追い立てられ、恐怖と絶望の中で地蔵菩薩に縋《すが》りつく人々とはまるで違う。小鬼を追いかけた勢いでそのまま閻魔庁に攻め込むというのは、あまりにも向こう見ずで呆れてしまう。だが、そこに痛快さがある。

なお、この物語の中に描かれる、地獄の門を破るという場面は『吾妻鏡』における記述が基になっているのだろう。和田合戦の際に、鎌倉御所の惣門を破って攻め入ったというものである。改めて、そのくだりを確認してみよう。

而朝夷名三郎義秀敗惣門。乱入南庭。攻撃所籠之御家人等。剰縦火於御所。郭内室屋不残一宇焼亡。

朝比奈三郎義秀は惣門を破り、南庭に乱入した。籠《こ》もっていた御家人たちを攻撃し、さらに御所に火を放った。敷地内の建物は残らず焼けてしまった。

（吾妻鏡　建保元年五月二日条）

狂言『朝比奈』の中でも、朝比奈は閻魔王に対して、この和田合戦の惣門を破った話をする。素手で押し破って、御家人たちを圧《お》し潰したという武勇伝だ。『朝比奈物語』成立との前後関係は不明だが、やはり同じように、この『吾妻鏡』の記述から派生して地獄の門を押し破る場面は『義経《よしつね》地獄破《じごくやぶ》り』という江戸時代前期の奈良絵本（江戸時代前期頃さかんに作られた手彩色の絵本で、嫁入道具などに用いられた工芸品の一種）にも登場する【図4】（241ページ）。この絵本も『朝比奈物語』と同じチェスター・ビーティー・ライブラリーの所蔵だ。

『義経地獄破り』は日本史のスター武将たちも参戦する豪華な顔ぶれのストーリーだ。

ある修行者が不思議な山伏《やまぶし》の導きで「あの世」を訪れる。その日はちょうど、亡者たちが「この世」へ帰る精霊会《しょうりょうえ》（現在でいうところのお盆、盂蘭盆会《うらぼんえ》のこと）の日だった。修行者はそこで、どこにも帰ろうとせずに話し合いをしている男たちを見つける。彼らはすでに死んだはずの源義経とその従臣たちで、地獄を攻め落とす密談をしているのだった。義経は盗賊の熊坂長範《くまさかちょうはん》に命じて地獄の釜《かま》のふたを盗み出させると、高名な刀鍛冶《かたなかじ》の三条小鍛冶宗近《さんじょうこかじむねちか》らに命じて、鉄を溶かして太刀《たち》や薙刀《なぎなた》などの武具を鍛えさせた。さらに三途《さんず》の川の奪衣婆《だつえば》を夜討ちにして絹を奪い、源氏の白旗を作った。

まもなくこの謀反《むほん》のたくらみは獄卒たちの知るところとなり、酒呑童子《しゅてんどうじ》（大江山に棲んでいたという鬼の頭目）ら獄卒たちは迎え撃つ準備をする。合戦のはじまりは死出《しで》の山で、まず弁慶が一騎打ちで茨木童子《いばらきどうじ》（酒呑童子の手下）を討ち取った。これをきっかけに、木曽義仲《きそよしなか》や源三位頼政《げんさんみよりまさ》ら源氏の武将たち、和田義盛など鎌倉幕府の御家人たち、さらには楠木正成《くすのきまさしげ》も馳《は》せ参じ、奮戦して獄卒たちを討ち取った。

残った獄卒たちは内裏《だいり》に籠もって防戦する。鉄の壁が幾重にもめぐらされており、義経たちも攻めあぐねた。そこで……。

判官《はうぐわん》御覧じて、「相州《さうしう》の浅猪奈《あさゐな》はなきか。この門破れ」とありければ、「承る」とて、えいやえいやと押しけれども、鉄《くろがね》の門なれば、たやすく倒るべきとは見えず。鬼どもは、「浅猪奈は大力にて、門を破るが上手なり。皆々立ち寄りて抱えよ、面々」とて、手に手を重ねて押さへけり。寄せ手のつはものこれを見て、折りあふ者は誰々ぞ。武蔵坊弁慶・姉歯《あねは》の平次光頼《へいじみつより》・御所方の古屋《ふるや》五郎、そのほか、三穂野屋《みおのや》の四郎・河津《かわづ》の三郎などを先として、聞こえたる大力、ここを先途《せんど》と押す程に、さしもに強き門なれども、屏風《びやうぶ》を倒すごとくに、天地に響きて倒れければ、押さへたる鬼ども、押しに打たれて死ににけり。

そこで判官《ほうがん》（義経）は周囲をご覧になって、「相州《そうしゅう》（筆者注：相模国《さがみのくに》、現在の神奈川県）の朝比奈はいないか。この門を破れ」と仰《おお》せになったので、朝比奈は「承知いたしました」と言って「えいや、えいや」と押したけれども、鉄の門なのでそう簡単に倒れるようには見えなかった。鬼たちは「朝比奈は大力で、門破りの達人だ。みんな集まって門を支えろ、各々方《おのおのがた》」と、手に手を重ねて門を押さえた。攻め入る武将たちは、これを見てさらに集まってきた。それが誰かというと、武蔵坊弁慶・姉歯平次光頼・御所方の古屋五郎、三穂野屋の四郎、河津三郎などをはじめとして、名高い大力の者たちが、「ここが勝負」と押せば、さすがに強い門と

【図4】『義経地獄破り』(Volume 1 from Yoshitsune's invasion of hell〈Yoshitsune jigoku yaburi〉: CBL J 1017.1　チェスター・ビーティー・ライブラリー所蔵)　江戸時代前期写
地獄の門を押し破る朝比奈たち。左手に薙刀を持つ中央の人物が弁慶だろう。彼らの背後から修行者が様子を見ている

いえども、屏風を倒すかのように、天地に轟音《ごうおん》を響かせて倒れたので、押さえていた鬼たちは、圧し潰されて死んでしまった。

（チェスター・ビーティー・ライブラリー所蔵『義経地獄破り』）

まさにこのやりとりだけでも、朝比奈がいかに門破りのイメージで知られていたかがわかる。そして、朝比奈に力を貸す者たちも、大力で名高い者たちだという。その中にいる河津三郎《かわづさぶろう》（祐泰《すけやす》）というのは、曽我兄弟の実の父で、『曽我物語』の中には相撲で力比べをした逸話が収められている。相撲の決まり手のひとつ「河津掛け」は、彼の名前にちなむものだ。武蔵坊弁慶に関しては説明不要であろう。義経の従臣で、彼もまた大力で知られる。

なおこれらの面々は、歴史上、一緒に戦ったことはない。義経が源平合戦で平家に対して快進撃を続けていた頃、朝比奈はまだ子どものはずだ。もっとも、この義経の軍勢に馳せ参じた者に、楠木正成（?～一三三六）ら、義経よりもずっと後世の武将も描かれているのは、この物語の舞台が「あの世」だからこそといえよう。年代は違っていても、皆すでに死んでいて同じ「あの世」の住人なのだ。夢のオールスターキャストである。

この後、この門破りを知った平家の武将たちも、義経の助太刀《すけだち》をしようと合流してくる。夭折《ようせつ》した小松内府重盛《こまつのないふしげもり》や、勇猛で知られる能登守教経《のとのかみのりつね》らである。史実を超越した、「この世」では考えられない展開だ。平重衡《しげひら》が城郭《じょうかく》に火を放ったことで、獄卒たちは逃げ出し、朝比奈は弁慶とともに閻魔王を救出した【図5】（244ページ）。重衡が火を放つというのは、彼の焼き討ちによって東大寺《とうだい》が焼失したことへのパロディだろう。

なおこの後に続く閻魔王を救出するという展開からは、パロディ元となった『平家物語』の存在が透けて見える。地獄の内裏《だいり》（閻魔庁）は朝廷、閻魔王は帝《みかど》を指している。『平家物語』において、平家追討を掲げて進軍した義経の最大の目的は、平家が西国に連れ去った安徳《あんとく》天皇の救出と、三種の神器の奪還であった。結果として、帝は壇ノ浦《だんのうら》で入水《じゅすい》し、神器の一つの剣を失うことになる。平家打倒を果たしたとはいえ、義経にとっては大きな〝失態〟だった。そこでこの『義経地獄破り』では、閻魔王の救出に成功、浄玻璃鏡などの宝具も奪還に成功する。義経は「あの世」でついに悲願を達成したわけだ。さらに三途の川の合戦でも、『平家物語』の宇治川先陣争いが再現される【図6】（245ページ）。

さて、獄卒たちを追い払って地獄を解放した義経たちが、武将たちに恩賞として分け与えたのは、様々な地獄である。弁慶は「無間《むけん》地獄」を与えられ、「無間守《むけんのかみ》」（例えば能登《のと》国を治めることになれば能登守《のとのかみ》、薩摩《さつま》国を治めれば薩摩守《さつまのかみ》なので、「無間地獄」を司《つかさど》る者は「無間守」ということなのだろう）となった。朝比奈の父の和田義盛は「叫喚《きょうかん》地獄」七〇〇〇町を与えられたというから、朝比奈もその近くを領地にしたのかもしれない。餓鬼道や畜生道は木曽義仲らに与えられたという。

しかし、義経たちの苦しみは消えなかった。一日に三度、身体から炎が噴き出して身を焦がすのだ。地獄の苦しみは獄卒を追い払ったところで解決はしない。武将たちに助けられた閻魔王は阿弥陀仏《あみだ》に救いを求めるよう助言する。そして義経が西方浄土《さいほう》を願って念仏を唱えると、阿弥陀仏が来迎《らいごう》し、皆を極楽に迎えたのだという。

ここまで目撃者として合戦を見てきた修行者は、夢から目を覚まし、「この世」へと戻ってきた。

物語の末尾、登場人物が極楽に往生してハッピーエンドとなるのは、平安〜鎌倉時代の説話にも数

【図5】『義経地獄破り』(Volume 2 from Yoshitsune's invasion of hell〈Yoshitsune jigoku yaburi〉: CBL J 1017.2　チェスター・ビーティー・ライブラリー所蔵)　江戸時代前期写
焼き討ちされる閻魔庁。画面手前では冥官たちが浄玻璃鏡などの宝具を持って逃げようとしている

多く見られる展開であり、また室町時代物語にも珍しい展開ではない。

　特に神仏の功徳を語るものの場合、その不思議な力や、登場人物たちの善行によって人々は極楽に導かれ、神仏のありがたさをしみじみと感じるという結末になる。これは背景に唱導があり、神仏の功徳を語り伝え、布教していくことが目的になっているからだ。

　しかし、『義経地獄破り』の場合、結末がやや唐突な印象を受ける。修行者を導く山伏の正体が実は浅間大菩薩だと明かされるくだりがあるので、浅間大菩薩の不思

【図6】『義経地獄破り』〈Volume 2 from Yoshitsune's invasion of hell〈Yoshitsune jigoku yaburi〉: CBL J 1017.2　チェスター・ビーティー・ライブラリー所蔵〉江戸時代前期写
「三途の川」で再現される宇治川先陣争い。左下に立っているのは修行者

議な力を示した物語と理解することもできるが、同様に浅間大菩薩の登場する『富士の人穴草子』を下敷きにしているだけにも見える。この物語のハイライトはやはり、その書名の通り、地獄の門を破って獄卒と合戦を繰り広げる「地獄破り」の場面なのだ。

寛文《かんぶん》元年（一六六一）には、この『義経地獄破り』と似た内容の古浄瑠璃正本『義経地獄破《よしつねじごくやぶり》』が出版されている。残念ながら原本は関東大震災で焼失してしまっているが、幸いなことに『新群書《しんぐんしょ》類従《るいじゅう》』所収の本文で、内容だけは確認できる。絵本と同様に義経が地獄を制圧する物語で、からくりを用いた人形劇として上演していたことが想像される（鉄の門が倒れて鬼たちを圧し潰すという場面は、生身の人間が演じるには舞台セットを考えるだけでも大変そうだが、人形劇なら比較的容易に演じることができそうである）。

江戸時代前期においては、古浄瑠璃の流行のあと、金平浄瑠璃《きんぴらじょうるり》の流行が始まる。金平浄瑠璃とは、平安時代、源頼光《よりみつ》に仕えた坂田金時《さかたのきんとき》（あの金太郎さんである）の息子という設定の架空の人物、坂田金平《きんぴら》が活躍する人形浄瑠璃である。坂田金平は剛力無双の武者で、悪人や妖怪を次から次へと退治するというのが、金平浄瑠璃と呼ばれる一連の作品群に共通する展開だ。そしてこの金平も、地獄を制圧するという「地獄破り」の主人公になることが多い。

狂言『朝比奈』や、これまで見てきたような「地獄破り」の物語には共通点がある。それはいずれも人気を博したのが、江戸時代初期～前期のあいだという点である。どうやらこの頃に「地獄破り」というモチーフが流行し、ひとつの物語の類型になったと思われるのである。その主人公は、閻魔王や獄卒をやっつけることのできる剛勇の武士なら、だれでもよい。ただし、室町時代頃から地獄の伝説と結びついていた朝比奈が、最もしっくりくる主人公だったのだろう。やがて大力という共通点を持つ弁慶や金平と同一視され、混ざり合うことによって、「地獄破り」の物語にバリエーションが生まれていったのではないだろうか。

筆者はその伝播《でんぱ》にはやはり、古浄瑠璃や金平浄瑠璃が大きな役割を果たしていたのではないかと考えている。先に述べたように、人形劇である分、架空の世界の舞台セットが作りやすく、空を飛ぶ・火を噴くといった荒唐無稽《こうとうむけい》な展開にも、からくりで対応しやすい。現在の人形浄瑠璃（文楽《ぶんらく》）と違って、当時は一体の人形を一人で操る、もっと簡易なつくりだったから、なおのこと「実写化」がしやすかったのではないだろうか。観客は、武士を中心に愛好者の多い能・狂言と違って、商人・職人層が中心である。からくりを駆使し、観客を喜ばせる痛快活劇として「地獄破り」のモチーフが受け入れられていったのではないかと筆者は思いを馳《は》せるのである。

そして室町時代から江戸時代へ移っていく時期は、日本の歴史の中においても、大きな転換点だった。それまで幾度となく続いてきた戦乱が収まって、世の中は天下泰平へと舵《かじ》を切っていく。

江戸時代に入って政権が安定したことで、人命が重みを増し、それぞれの暮らしが少しずつ落ち着いてくると、死後の恐怖が薄れていき、人々はいつ赴くかわかりもしない「あの世」よりも、今生きている「この世」の暮らしに重きをおくようになるのである。もちろん、江戸時代の人々は現代の我々と比べれば、相変わらず過酷《かこく》な暮らしぶりだったし、信心深くもあった。ただし、それまでの時代とは、信仰の風向きが決定的に変化している。

説話集や浄瑠璃のなかのエピソードからは説法・教訓めいた部分が少なくなり、読者・観客の行動を戒《いまし》めるような表現が少なくなっていく。その代わりに地獄そのものを娯楽として享受《きょうじゅ》するような物語が増えていく。これを筆者は、出版文化の始まり、芸能の変化などの視点から分析したが、ほかにも時代の変化から様々な分析が可能であろう。

なかでも注目したいのは江戸時代の人々の宗教観である。彼らが求めた信仰は「現世利益《げんぜりやく》」。「あの世」での処遇が良くなることよりも、「この世」で良いことが起きたらいい——短絡的で刹那《せつな》的といえばそれまでだが、江戸時代に入ってようやく、普段の暮らしに希望を持てる人々が増えたのだろう。

なお一八世紀頃には、「閻魔参り」という閻魔堂を参詣《さんけい》する風習が見え始める。例えば東京・小《こ》石川《いしかわ》の源覚寺《げんかくじ》の閻魔堂は「こんにゃく閻魔」と呼ばれて現在も信仰を集めているが、御利益は眼病治癒《ちゆ》であるといわれている（閻魔王に祈願して眼病が治った老婆が好物のこんにゃくを供えたため「こんにゃく閻魔」と呼ばれるようになった）。まさに「現世利益」のわかりやすい例であるといえるだろう。

「あの世」のことより「この世」のことに比重が置かれたとき、地獄はもう怖《おそ》ろしいだけのものではなくなっていった。朝比奈が地獄の門を押し破るように、新しい時代がその恐怖を打ち破っていったのだ。

第六章　パロディ化した地獄

極楽へ　やるぞとゑんま　子をしかり

（画本柳樽《えほんやなぎだる》）

「この世」の子どもたちが悪いことをすると、「地獄に堕《お》ちるぞ」「舌を抜かれるよ」と脅《おど》かされるならば、きっと閻魔王《えんまおう》の子どもは「極楽へやるぞ」と叱られているに違いない。江戸時代には、地獄や閻魔王を題材に、様々なパロディ作品が作られた。この川柳《せんりゅう》もそのひとつ。

江戸時代に入ると、地獄の怖《おそ》ろしさを伝えるはずの説法や絵解《えとき》が、聴衆におもしろく聞こえるよう、ますます滑稽《こっけい》化していった。このことを指摘したうえで、江戸文化の研究者として知られる三《み》田村鳶魚《たむらえんぎょ》（一八七〇～一九五二）は、「地獄極楽を信ずるどころではない、かえってそれを一つの玩弄《がんろう》物にする気分にまで持って行ってしまった」と述べている。さらに狂言『朝比奈《あさいな》』のように、地獄をパロディ化した戯作《げさく》が次々と生み出されたことについても「地獄極楽をおもちゃにする心持の展開したもの」と言う。

まるで対極にあるはずの地獄と笑い――なぜ、これらが同居することができたのだろう。江戸時代の地獄と笑いについて解きほぐすことで、また新しい地獄の姿が見えてくるかもしれない。本章では「江戸のおもちゃ」と化した地獄について、見てみようと思う。

地獄を笑いとばせ

まずは、江戸時代中期に流行した川柳から繙《ひもと》いてみよう。

そもそも川柳とは、俳句と同じ五・七・五の一七音で、風俗や世相をおもしろおかしく表現したものだ。なお、川柳という名前は点者《てんじゃ》（俳句などの評価、採点をする人のこと）だった柄井川柳《からいせんりゅう》（一七一八〜九〇）に由来している。

川柳も地獄を題材にしたものは少なくない。例えば、

閻魔さま　仏師《ぶっし》がへたで　笑ひ顔

（新撰画本柳樽）

閻魔王の像を彫った仏師が下手だったせいで、怖いはずの顔が笑い顔になってしまったというもの。閻魔堂に納められた像が笑っていたのでは、閻魔王の威厳も台無し。子どもに対する「嘘《うそ》をつくと閻魔様に舌を抜かれる」という脅しも効果がなさそうだ。

さし引は　閻魔も困る　医者の罪
（画本柳樽）

生前に犯した悪行《あくぎょう》も、積み重ねた善行《ぜんこう》も閻魔王にはすべてお見通し。とはいえ、医者の場合は善悪の判断が難しい。江戸時代には医師免許も国家試験もないので、少し薬の知識があれば、誰でもすぐに開業できた。そんな民間の医者たちは、死にそうな患者を助けたこともあれば、助かるはずの患者を死なせたこともあるだろう。

又行て　来るとたかむら　ちよつと死に
（川柳評万句合《まんくあわせ》）

第四章でも取り上げた小野篁《おののたかむら》伝説をモチーフにしたもの。篁は、昼は「この世」で朝廷、夜は「あの世」で閻魔庁に仕えていたという。閻魔庁に急な仕事で呼び出されたら「ちょっと行ってくる」といった具合に、しばらくのあいだ死んで、またすぐに息を吹き返すのだろう。本来、死は取り返しのつかないもので、だからこそ怖ろしいのに、篁のように生死を自在に往還できたら死の恐怖から解放されるうえに世界が広がって楽しそうだ。

ゑで見ては　地ごくのはうが　おもしろい

（川柳評万句合）

本書の本質を突いたかのような一句である。蓮《はす》の台《うてな》の上に仏様がいて、紫色の雲がたなびく極楽浄土《じょうど》の様子は、どんな絵師が描いても似たようなもの。その一方で、地獄絵に関しては、罪人を釜茹《かまゆ》でにする様子や舌を抜く様子、逃げ回る罪人たちにそれを追いかける獄卒《ごくそつ》たちなど、活き活きと描かれ、見ている分にはおもしろいものだ。見ている分には――。

川柳のほかに狂歌《きょうか》も見てみよう。狂歌は川柳と同じでおもしろさを追求した短詩だが、こちらは五・七・五・七・七の三一音で表現する。

かけ乞《ごひ》の　みるめかぐはな　うるさくて　人に忍ぶの　うら盆もがな

（万載《まんざい》狂歌集　秋上）

この「かけ乞《ごい》（掛乞）」とは、掛け売りの代金を集金する人のことである。現代はキャッシュレス化が進み、現金払いのほかにも電子マネーやクレジットカードを使った分割払いなど、様々な支払いの仕方がある。だが、江戸時代の場合は、その場で商品を取引してツケにしておき、代金はあとでまとめて決済する掛け売りが一般的だった。この決算期に当たるのが、お盆と大晦日《おおみそか》。当然、集金担当である「かけ乞」は半年もしくは一年分の売り上げを回収するため、血眼《ちまなこ》になって町じゅうを走り回る。支払う側も、すぐ現金が用意できればいいのだが、そうもいかないのが世の常。この「かけ乞」の取り立てをおそれて逃げ回る人や、なんとか現金を調達しようと知人を訪ねて回る人が現れ、お盆と大晦日には金銭をめぐる悲喜こもごもが繰り広げられたのである（なお、大晦日の決算を描いた作品として有名なのが、井原西鶴《いはらさいかく》の『世間胸算用《せけんむねさんよう》』である）。この狂歌はその「かけ乞」を、閻魔庁に仕える「みるめかぐはな（見目嗅鼻）」に例《たと》えたもの。「見目嗅鼻」とは、男女の頭の載った幢《はたほこ》（上部に小旗をつけたほこ）のことで、男（見目）は凝視し、女（嗅鼻）は嗅ぐことで、亡者《もうじゃ》の善悪を判断する、おそろしい獄卒である。したがって、先ほどの狂歌を現代語に訳すと、「閻魔庁の見目嗅鼻のように掛乞がうるさくて、人目を忍ぶ静かなお盆だったら良いのに」といったところだろう。お盆は決算期であると同時に「地獄の釜のふたが開く」といわれ、亡者が「この世」に帰ってくる時期でもあることから、地獄の見目嗅鼻を引き合いに出したのである。

なお、この狂歌の作者は四方赤良《よものあから》（一七四九〜一八二三）。別名の大田南畝《おおたなんぽ》または大田蜀山人《しょくさんじん》という号のほうが有名かもしれない。南畝は狂歌のほかにも洒落本《しゃれぼん》・滑稽本《こっけいぼん》などといった戯作や随筆などを著《あらわ》していたが、同時に江戸幕府の人材登用試験である学問吟味《がくもんぎんみ》に首席で合格して登用された秀才官僚でもあった（ちなみにこの寛政《かんせい》六年〈一七九四〉の学問吟味で同時に首席合格したのは遠《とお》山景晋《やまかげくに》、あの「遠山の金さん」の実父である）。また南畝は勘定所《かんじょうしょ》や長崎奉行所《ぶぎょうしょ》に勤務するなか、執筆や蔵書の収集も続けた教養人でもあった。一見、悪ふざけにも見える江戸時代の川柳・狂歌だが、やはり深い教養があってこそ鋭い社会諷刺《ふうし》がひねりだせるのである。

とはいえ、地獄がすっかり怖くなくなったのは、そんな知識人に限ったことではなかった。幸い、式亭三馬《しきていさんば》（一七七六〜一八二二）が文化《ぶんか》三年（一八〇六）に刊行した『酩酊気質《なまえいかたぎ》』に、当時の市井《しせい》の人々の口語に近い文体が残っている。というのも、この『酩酊気質』は、「なき上戸《じょうご》」や「はら立《たち》上戸（怒り上戸）」など、酒に酔った人々の口ぶりを描いた作品なのだ。自序によれば元は噺家《はなしか》のために書かれたものだというから、物まね芸の台本だったのだろう。

さて、その中に「あくたい上戸」という項目がある。その名の通り、酔うと悪態をついて悪口をまくしたてるタイプのこと。その台詞《せりふ》にはこんな一節がある。

たとひ地元が閻魔で、店頭《たながしら》が視眼齅鼻《みるめかぐはな》、葬頭川《しやうづか》のおん婆《ばあ》が防《ふせぎ》をして、赤鬼青鬼がちんからりんと鉄棒《かなぼう》ひいて、十王十躰《じふわうじつてへ》が小額《こひてへ》をくつ付《つけ》て、頭《かしら》たのみやすと渡りを付やうが、おれが「やつとこさとお神輿《みこし》をすえて、一ばんウンニャとかぶりを振《ふつ》ちやァ、しやッとでもいはせるこつちやァねェ。

たとえ地主が閻魔王で、店頭（長屋《ながや》の借家人たちの代表）が見目嗅鼻、三途《さんず》の川の奪衣婆《だつえば》が守りをして、赤鬼青鬼が鉄棒引いて、十王《じゅうおう》が額《ひたい》を床にくっつけて、「お頭、どうぞお頼みします」と交渉してこようが、俺がどっしり座って、ひとつ、「いやだ」と首を横に振れば、一言も言わせることじゃねえ。

（酩酊気質）

巻き舌でつばを飛ばしながらくだをまく姿が目に浮かぶようだ。七・七・七・五の潮来節《いたこぶし》のリズムを基本にしているため、なんとも調子が良く、威勢よく小気味よく聞こえるが、この酔っぱらいに一晩じゅう付き合わされるとなると、聞いているほうはしんどそうだ。「たとえ上司が閻魔王で、先輩が獄卒だろうが、頭を下げられても俺ならビシッと断ってやる！」と、酔っぱらって叫んでいるサラリーマン、現代にもたくさんいる気がする。

地獄だって世知辛い？

川柳や狂歌で笑い飛ばされ、酔っぱらいにまでコケにされるようになってしまった地獄。さらには諷刺のネタにもなっている。幕末の旗本《はたもと》、宮崎成身《みやざきせいしん》の雑録『視聴草《みききぐさ》』には、享保《きょうほう》年間（一七一六〜三六）に作成された落書《らくしょ》（政治や社会を諷刺した匿名《とくめい》の文書）が収められている。題名は「地獄倹約《じごくけんやく》」。地獄の鬼たちに節約、経費節減を命じ、あわせて極楽に対しても、贅沢《ぜいたく》禁止令が出されたというものである。内容を一部引用してみると、次の通り。

一　鬼の銕《くろがね》の臼《うす》、無用たるべし。自今以後ハ野つらの石に可仕事。

一　鬼の鉄の臼について　鉄製は贅沢で無用のもの。今後は野原に転がっているような無加工の石を使うように。

一　釼《つるぎ》の地獄、侈《おご》りニ相見《あひみ》へ候《さうらふ》。自今以後ハ竹ニて仕《つかまつ》るべし。但《ただ》し今迄《いままで》有来分ハ其侭差置《そのままさしおき》、重《かさね》て仕直時、連々ニ竹ニ可仕事。

一　剣の地獄について　剣は贅沢なものである。今後は竹を用いるように。ただし、これまで用いていた剣はそのまま利用し、漸次《ぜんじ》、竹に取り換えていくように。

一　鬼共豹虎の皮の下帯《したおび》ハ茨木童子《いばらきどうじ》・石熊童子《いしくま》の外《ほか》一切無用たるべし。下々の鬼共蜜々に法外之義於有之ハ、屹度《きっと》呵責《かしゃく》すべし。但し狸狐等之皮ハ苦るしからさる事。

一　鬼たちは、茨木童子《いばらきどうじ》や石熊《いしくま》童子を除いて、ヒョウ皮やトラ皮の下帯（ふんどし）をしめてはならない。下々の鬼が違反してこっそりヒョウ皮・トラ皮を着用したときは、厳しく責めさいなむであろう。ただし、タヌキやキツネの皮のふんどしについては、使用して構わない。

一　鬼共牛馬を食すべし。猥《みだり》ニ人を喰ふべからず。但《ただし》五節句又ハ閻魔王招請《しょうせい》之時ハ格別之事。

一　鬼たちは牛や馬を食べること。好き勝手に人間を食べてはいけない。人間を食べていいのは、五節句や閻魔王に招待された特別の時だけである。

（視聴草　地獄倹約）

『視聴草』は風変わりな資料で、編者の宮崎成身が手に入れた様々な資料を、分類もしないまま次から次へと順番に綴《と》じていったというもの。和歌や俳句の下書きはもちろんのこと、たまたまもらった引札《ひきふだ》（店舗のチラシ）や長寿の記念にご近所に配られたおばあさんの手形まで、ありとあらゆる雑多な資料が収められている。通常では捨てられてしまうようなささやかなものまで綴じてあることから、当時こそ価値がなくとも、現在となってはその頃の暮らしぶりを伝える貴重な資料となっているのである。この「地獄倹約」もそのひとつ。

この地獄の倹約令が標的にしたのはまず、罪人をすり潰す鉄の臼。鉄製など贅沢だからそのへんの石を使えという。次には剣の山も竹に取り換えろという始末。挙句《あげく》の果てには、地獄の鬼のトレードマークというべき「トラのパンツ」までが槍玉《やりだま》にあがり、ヒョウ皮・トラ皮は一律禁止にし、キツネやタヌキなど安価な皮に替えろという。なお茨木童子や石熊童子など、中世から説話の世界で語り継がれてきた有名な鬼については、免除されている点、当時の階級社会を反映している。贅沢な「トラのパンツ」は、勇猛な武将と戦ったキャリアのあるような、格上の鬼にのみ許可するというのである。

そう、この地獄の倹約令は、享保年間当時に実際に発せられていた贅沢禁止令を痛烈に揶揄《やゆ》したものなのだ。江戸時代を通して、庶民に対する贅沢禁止令は頻繁《ひんぱん》に出され、そのたびに着物の柄や素材、使用していいもの・悪いものが、逐一《ちくいち》事細かに指示されたのである。当然、人々は反発。派手な柄は裏地にするなど、規制の網の目を潜《くぐ》り抜ける人々が現れると同時に、落書（詩歌形式なら落首《らくしゅ》と呼ぶ）でユーモアを用いて幕政を批判する人々もいたのである。

江戸時代の落書（落首）で有名なのは寛政《かんせい》の改革を批判した「白河の　清きに魚も　住みかね

て　元の濁りの　田沼《たぬま》恋しき」だろう。改革を主導した松平定信《まつだいらさだのぶ》が白河《しらかわ》藩（現在の福島県白河市のあたり）の藩主だったことにかけ、その規制の厳しさを水の流れに例えたのだ。汚職が横行していたという田沼意次《たぬまおきつぐ》の時代（清い白河の流れに対して濁った沼である）のほうがまだましという意味だ。面と向かって幕政を批判すれば罪に問われる時代には、こうした落書（落首）が人々による数少ない抵抗の手段のひとつだったのである。

地獄の倹約令もそれと同じだ。「下着の素材にまで規制をかけようなど、鬼のパンツに口出しするのと同じこと。実にくだらない！」――直接的な批判を避けていながら、この落書は雄弁だ。まるでバンクシーのようである。

それにしても、この落書を見る限り、地獄の威厳はすっかり失墜《しっつい》してしまったような気もする。

これまで平安～室町時代の説話を見てきたなかでは、地獄への恐れは根が深く、人々はただ一念に後世《ごせ》の平安を願って往生《おうじょう》を望んでいたというのに、なぜ信心《しんじん》深かった日本人がこんなにも変化してしまったのだろう？　地獄など怖れるに足らんと言わんばかりではないか。

筆者は「あの世」への怖れがなくなったのではなく、江戸時代になり「この世」へ向ける人々の意識が変化したことに大きな鍵があると考えている。

この世の地獄――災害

寛文《かんぶん》二年（一六六二）五月一日、巨大地震が京を襲った。四〇〇〇軒以上の家屋が倒壊し、当時すでに多くの人口を抱えていた京都盆地を中心に、七〇〇〜九〇〇〇人の死者が出たといわれている（寛文近江《おうみ》・若狭《わかさ》地震）。仮名草子《かなぞうし》作者であった浅井了意《あさいりょうい》は、その年のうちにこの地震のルポルタージュともいうべき『かなめいし』という作品を上梓《じょうし》した。五年前に江戸で発生した明暦《めいれき》の大火を記録した『むさしあぶみ』（一六六一年刊）の姉妹編に相当し、被害の状況や飛び交ったデマなどを記録しており、具体的な地震災害の記録としては日本最初の書籍といっていいかもしれない。

上巻に書かれた被害状況は、まさに悲惨で目を背けたくなるものも少なくない。まず、あまりの揺れに驚いた子どもが神社の石灯籠《いしどうろう》に抱き着いたところ、その灯籠が頭上に崩れ、押しつぶされて死んでしまったという話が載っている。遺体は顔の見分けもつかないくらいに損傷していたが、親は着物の柄から我が子と気づき、遺体を俵《たわら》に入れて帰っていったという。また、二条室町《にじょうむろまち》では妊婦が女中《じょちゅう》たちと一緒に倒壊した土蔵の下敷きになった。すぐに家族が掘り返したが、腹が破れて胎児が飛び出した状態で事切《ことき》れていたという。

平成以降続く災害のニュースを見聞きするたびに、『かなめいし』のこの記述は心を揺さぶってくる。命を落とした者の無念はいかばかりか、遺《のこ》された者の悲しみはどれほどのものか、想像するだけで胸が痛い。

災害は、善人を救い、悪人の命を奪うわけではない。突然に弱い者から順に襲い掛かり、容赦《ようしゃ》なくその命をもぎ取っていく。そういう意味では地獄よりもずっと、残酷《ざんこく》なのだ。

江戸時代以前も、災害は数多くあった。しかし中世以前は、局地的に起きた災害の情報を、大勢が一度に共有することはできなかった。江戸時代に入って、街道が整備され、人間や物資の交流が盛んになって初めて、災害の情報が速やかに全国各地に伝わるようになったのである。また、大量出版が行われるようになると、情報の精度・速度はますます向上し、『かなめいし』のような本が全国に「この世」の地獄の有り様を伝えたのである。

江戸時代の人々の信仰が、「あの世」での往生を目指すものではなく、「この世」で良いことが起こるように願う現世利益《げんぜりやく》が中心であることは、第五章で述べた通りである。恐怖や不安の対象も死んだあとに地獄へ堕ちることより、生きているあいだの「この世」の出来事へと移っていったのではないだろうか。所詮《しょせん》「あの世」の地獄は想像に過ぎない。戦乱がなくなった時代には、「この世」の暮らしを脅《おびや》かすものの一つが、災害だった。

さて、前置きが長くなったが、『かなめいし』には地獄に関するこんな記述がある。

京都の方広寺《ほうこうじ》では、修復のために大仏の頭が取り外してあった。日雇いの人足《にんそく》たちが、この頭部を鉄床《かなとこ》や玄能《げんのう》で叩いて壊していたところ、ちょうど地震が起きた。
修復のためとはいえ、大仏の頭を打ち壊すのは、いくら「この世」のことしか関心がない江戸時代の人々でも畏《おそ》れ多かったのだろう。突然の大きな揺れに、「無間《むけん》地獄」の口が開いたと勘違いした人足たちは散《ち》り散《ぢ》りに逃げていったという。

俄《にはか》に、おびたたしき大なえゆり出だして、大仏殿《だいぶつでん》ゆるぎはためきければ、日用《ひよう》どもは、地震とは思ひもよらず、うちくだく仏の罰《ばち》あたりて、ただ今無間地獄におつるとこころえ、百人ばかりの日用の者ども、一同に声をあげ、手をすりて、「南無釈迦如来《なむしやかによらい》、かやうにかちこはし奉る事、われらがこころよりおこる所には候はず。日用つかさに雇はれて、下知《げぢ》によりて打ちくだき奉る。我らに科《とが》はなきものを、ゆるさせ給へ〱」とわびことする。奉行《ぶぎやう》の者どもは、「いかに、これは地震なるぞや。日用の者ども、さはぐな〱」といへども、耳にも聞きいれずして、仏の肩にのぼり、御手の上にあがりて居《ゐ》たる日用ども、落つるともなく、飛ぶともなく、やう〱逃げおりてこそ、初めて地震なりとはおぼえけれ。

突然激しい地震が起こって、大仏殿が音を立てて揺れたので、日雇いの人足たちは、地震とは思いもよらず、打ち砕く仏の罰が当たって無間地獄に堕ちるのだと思い込み、一〇〇人ほどが一同に声をあげて、手を擦《す》り合わせて「南無釈迦如来、このように叩き壊し申し上げるのは、自分たちの心から起こったものではありません。日雇いのお頭《かしら》の命令で打ち砕き申し上げるのです。我々に罪はありません、どうぞお許しください、どうぞお許しください」と詫《わ》び言をする。監督役たちは「おい、これは地震だぞ。お前たち、騒ぐな騒ぐな」と言うけれども、耳にも聞き入れず、仏の肩にのぼり、御手の上にいた者たちは、落ちるでもなく飛ぶでもなく、やっと逃げ下りてきて、ようやく地震だとわかったのだった。

（かなめいし　上　大仏殿修造《しゆざう》并日用のものうろたへし事）

人足たちはうろたえて叫び、監督役たちは慌ててそれを落ち着かせようとしている。ここでは地獄の怖ろしさは主眼にならない。地震に対して狼狽《ろうばい》するだけの、非力な人々が描かれているのである。滑稽にも感じられるが、それはあえて当時の読者の興味・関心を引きつけるためだったのだろう。人は、他人の怯《おび》える様子をおもしろがる残酷さを持つ。

つまり、この本を手に取った人は、被災者に同情すると同時に、時に卑《いや》しくもおもしろがっていた。ただし、いつまで他人事《ひとごと》として笑っていられるかはわからない。内心はいつかこの悲劇が自分にも襲い掛かってくるのではないかと怖れていたからこそ、この本に飛びつき、京の名所の被災状況を知ろうとしたのである。それは、いつ訪れるかわからない「あの世」の地獄よりも、より身近で、人生に肉薄した怖ろしさだった。まさに「この世」の地獄である。

応挙《おうきょ》の『難福図巻《なんぷくずかん》』

近江国《おうみのくに》(現在の滋賀県)にある円満院《えんまんいん》の門主《もんしゅ》、祐常《ゆうじょう》は、「この世」の地獄と極楽を写実的に描いた絵で人々を教化しようと、絵師の円山応挙《まるやまおうきょ》に『難福図巻《なんぷくずかん》』(『七難七福図巻』とも)三巻の作画を依頼した。応挙は明和《めいわ》五年(一七六八)にこれを完成。上巻には地震や洪水などの天災を描き、中巻には盗賊や処刑などの人災、そして下巻に、家族円満・五穀豊穣《ほうじょう》などを描き、人生の「難」と「福」を表現した。これは現在、京都の相国寺《しょうこくじ》承天閣《じょうてんかく》美術館の所蔵となっている。

依頼主の祐常は自ら構想を練り、設計図ともいえる下絵を描いて、イメージを応挙に伝えるという徹底ぶり。各寺院に伝わる地獄絵を見に行くなど取材も行っていたらしい。そのこだわりの成果もあって、応挙が描き上げた天災と人災の有り様は、目も背けたくなるような凄《すご》みにあふれている。

例えば、上巻には、大地震で倒壊する建物から逃げ惑う人々、大洪水になすすべなく押し流されていく人々が描かれている。中巻の盗賊や追剝《おいはぎ》の被害はもっと無惨《むざん》で、殺される男や犯される女、裸で山中に放り出される旅人たちや、井戸に放り込まれようとする子どもまで描かれる。盗賊・追剝の姿は当世風であるものの、ひときわ大柄で屈強そうに描かれていて、おそらくこれまでの伝統的な地獄絵に描かれた獄卒の姿を参考にしたのだろう。応挙がその筆致を遺憾《いかん》なく発揮したこの絵巻は、まさに依頼主の祐常が望んだ「この世」の地獄そのものである。

それにしても祐常はなぜ、「あの世」の地獄ではなく「この世」の地獄を描かせたのだろうか。これについては、絵巻の冒頭にその理由が次のように記されている。

世上《せじやう》地こく天堂《てんだう》の絵ありといへとも　まのあたりミさることとなれは……

世の中には地獄・極楽の絵はたくさんあるけれども、(誰も)目の当たりにしたことはないので……

(難福図巻)

昔ながらの地獄・極楽の絵を見せても、誰も見たことがないので、今どきの人々は信じない。むしろ「この世」の地獄の写実画のほうが、リアルで人々に与える衝撃が大きいと祐常は考えたようだ。事実、この絵巻が制作された明和二～五年頃は、京都には地震をはじめとした災害が続いた時期でもあった。盗賊・追剥の類いは残念ながらいつの時代も存在し、その犯罪の被害者になることを怖れるのは普遍的な心情でもあるが、それが殊更《ことさら》に強調されているのは災害をきっかけとした世情不安も背景にあるのかもしれない。そこで祐常と応挙は、時代が求めるリアリティを追求した。結果として、現代に生きる私たちが見ても冷や汗を浮かべてしまうような、時代を超えた普遍的なメッセージが完成されたのだった。

病と地獄

「この世」に襲い掛かる天災として忘れてはいけないのは、地震・洪水などの自然災害のほかに、疫病《えきびょう》がある。二〇二〇年には新型コロナウイルスのパンデミックがWHOによって宣言され、私たちの生活は一変してしまった。特に年が明けてからは変異株が猛威をふるい、この文章を記している今も感染者・死亡者ともに未《いま》だ減る気配を見せず、アメリカでは特に人種差別の問題も表面化して混乱が続くばかりだ。まさに地獄の様相——といいたいところだが、日本における地獄は、感染症との関係はあまり深くない。

平安時代末期、人々の様々な病を表した『病草紙《やまいのそうし》』という絵巻が制作された。歯痛・腹痛をはじめ、不眠症や肥満まで、様々な病気の様子が収められている。同時期に制作された『地獄草紙《じごくぞうし》』『餓鬼《がき》草紙』との共通点から、一連の「六道《ろくどう》」を描いたシリーズのうち人道《にんどう》の苦しみ（つまり「この世」の苦しみ）を表現したものと考えられている。この中にも、感染症の症状とおぼしきものもないことはないが、そこに地獄との関係性はあまり見いだせない。

　古代から中世にかけて猛威を振るった疫病といえば疱瘡《ほうそう》（天然痘《とう》）であろう。特に奈良時代、天《てん》平《ぴょう》年間（七二九〜四九）に起きた大流行が象徴的で、当時政権の中枢にいた藤原《ふじわら》四子（藤原不比《ふひ》等《と》の子どもたち、武智麻呂《むちまろ》・房前《ふささき》・宇合《うまかい》・麻呂《まろ》の四兄弟）が相次いで感染して死亡し、社会に衝撃を与えた。このときには、大流行の原因は怨霊《おんりょう》による祟《たた》りだと考えられたようで、特に天然痘の場合は、その後も疱瘡神《ほうそうがみ》という疫病神《やくびょうがみ》に擬人化して考えられた。江戸時代に入って、麻疹《はしか》やコレラの流行があったが、そのときも同様に、疫病神を退けるためのお札が刷られるなどした。地獄をおもちゃにしてはばからない近世の人々も、流行病《はやりやまい》に関しては地獄に関心を向けることはほとんどなかったのである。

　実は地獄と関わりが深いと考えられていたのは、流行病ではなく、先天性の障碍《しょうがい》・病である。すでに一章で一度引用したが『徒然草《つれづれぐさ》』の「世には心得ぬ事の多きなり（世の中には納得のいかないことが多いものだ）」から始まる章段を見てみると、そこには他人に酒を無理強いする人を非難する記述がある。兼好《けんこう》法師は、酒に弱い人に無理やり飲ませ、そのひどく苦しむ様子を見ておもしろがることを、とんでもない風習だと一刀両断し、でたらめで無軌道な飲み方・飲ませ方については「人としての知恵をなくし、善のもととなるものを火のように焼き尽くして、悪を増し、すべての戒律を破って、来世《らいせ》は地獄に堕ちるに違いない」と辛辣《しんらつ》に批判した。表現こそ強烈ではあるが、時に急性中毒で死者まで出すアルコール・ハラスメントの悪質性を知っていれば、現代を生きている私たちにも納得の批判と受け取ることができるだろう。
ところが問題は、この後に続く一文である。

「酒を取りて人に飲ませたる人、五百生《ごひゃくしゃう》が間、手なき者に生る」とこそ、仏は説き給ふなれ。

「酒を（無理やり）人に飲ませる人は、五〇〇回生まれ変わる間ずっと、手のない者に生まれ変わる」と、仏はおっしゃっている。

（徒然草　第一七五段）

酒を無理強いした人間が報《むく》いを受けるという考え方はまだ良いとして、その報いが何度生まれ変わっても手のない者に生まれ変わるというのは、とても受け入れることのできない表現だろう。まして やそれが地獄に堕ちることと同義かのように記されている。これでは、先天的に四肢《しし》がない人は皆、地獄に堕ちてもおかしくないような悪行を前世で行ったことになってしまう。先天的な障碍や病は、一定の確率で生じるもので、当事者には一切何の責任もない。それが、現代の科学的な考え方だ。

ところが、前世の悪行が現世に影響を及ぼすという考え方は、残念ながら今なお障碍や病気を持つ人々への差別を支えているとしか言いようがない。ハンセン病への偏見が現在も完全には払拭《ふっしょく》されないのは、これらを「業病《ごうびょう》」などと呼び、前世の悪行の報いとみなしてきた歴史が背景にある。因果応報《いんがおうほう》の考え方は、プリミティブで最もわかりやすい考え方だったことは、『日本霊異記《にほんりょういき》』について解説した際に述べたけれども、その考え方が歪《ゆが》んだ形で受け止められた結果、多くの人々を傷つけ、深刻な差別を生み出してきたことは、ここで一言断っておかなければならないだろう。いびつな因習・迷信をいたずらに信じ込み、偏見・差別を未来に遺してはならない。そのためにも、私たちは過去を学び続ける義務がある。

暮らしの中で

では、災害や犯罪など「この世」の地獄に関心が向いた近世の人々は、「あの世」の地獄には興味を持たなくなってしまったかというと、そうでもない。江戸時代を通して『往生要集《おうじょうようしゅう》』をはじめとする仏書は大量に印刷され続け、「あの世」の地獄への怖れが薄まっていったのと反比例してむしろ、その地獄のイメージは数多くの人々に共有される結果となった。平安時代には、経典を読むことができるのは貴族などの有力者に限られていたけれども、江戸時代には出版物によって誰もが地獄のイメージを知ることとなった。

そして地獄のイメージは暮らしの中に当たり前にある存在になっていった。地獄に関することわざが多く生まれたのもこの頃だ。

「地獄の沙汰《さた》も金次第」（地獄の裁きも金でなんとかなるのだから、ましてこの世では大抵のことは金銭で解決する意）は、比較的古く、室町時代に編まれた『玉塵抄《ぎょくじんしょう》』にすでに見えている。天竺《てんじく》浪人（平賀源内《ひらがげんない》のペンネーム）が著した『根無草《ねなしぐさ》』（一七六三年刊）や式亭三馬の『浮世風呂《うきよぶろ》』（一八〇九～一三年刊）にも見えているから、江戸時代を通して現在まで使われていることがわかる。「あの世」でも三途の川の渡し賃をはじめとして、何かと金銭は入り用らしいというイメージが多くの人に共有されていなければ、こうした言い回しは相手に通じないし、広く使われるということもないだろう。破滅への第一歩を表す「地獄の一丁目」や、窮地に陥《おちい》った際に思わぬ助けが現れることを示す「地獄で仏に会ったよう（地獄に仏）」も、江戸時代から現在まで使われていることわざだ。いずれも地獄を引き返せない窮地の例えに用いている。

では反対に、現代ではあまり使われなくなったことわざを見てみよう。代表的なのは「紺屋《こうや》の地獄」だろうか。紺屋はもちろん染物屋《そめものや》のこと。染物の仕上がる日を違約するので、紺屋は地獄に行くという。染物は手間のかかる作業で、客が要求する時期に納品できないことがしばしばあったらしく、地獄を引き合いに出して紺屋の仕事を揶揄《やゆ》したものだ。現代では地獄のイメージは江戸時代からあまり変化せずに広く共有され続けているけれど、逆に紺屋のほうが私たちの暮らしにおいて身近ではなくなってしまったので、今はほとんど使われれない。同じようなものでは「大名は地獄の下積み」というものも挙げられよう。寛政九年（一七九七）に儒学者の太田全斎《おおたぜんさい》（一七五九〜一八二九）が著した『諺苑《げんえん》』に収められているこのことわざは、いかにも江戸時代らしい言い回しだ。大名は厳しい税の取り立てをして民を苦しめるから、生きているうちに地獄に堕ちる悪行をせっせと積み立てているようなもの。つまり死後は必ず地獄へ堕ちるという意味を表している。このことわざに関しても地獄ではなく、大名のほうが私たちの暮らしから消えてしまったので、使ったところで相手に通じないものになってしまった。

「土井火《どいひ》の車阿部《くるまあべ》地獄」あたりになると、もはや当時を生きていた人にしかわからない。大名の土井家と阿部家は財政が苦しかったことから、窮乏《きゅうぼう》していることの例えだ。

江戸時代のうちに消えていってしまった常識が多くある一方で、地獄のイメージが変わらず現代まで引き継がれていることは、驚くべきことなのかもしれない。

ファッションとしての地獄

暮らしに欠かすことのできないものといえば、今も昔もファッションである。落首について書いたくだりで述べたように、江戸時代はたびたび贅沢禁止令が出され、さらには身分や職業によって着るものが決まっていたことから、現在のように自由な服装は許されていなかった。とはいえ、人々はその限られた範囲の中で、流行を追い、おしゃれを楽しんでいた。そんななか、地獄ファッションが流行した時期もあったという。

江戸時代後期の随筆『萍花謾筆《ひょうかまんぴつ》』によれば、承応《じょうおう》年間（一六五二〜五五）に「地獄染《じごくぞめ》」という奇妙な染物の図柄が流行したという。

承応《じょうおう》のころほひに地獄染とて、焔魔王《えんまわう》を始《はじめ》、十王等のかたちを始として、見る目かぐ鼻ぜうはりのかゞみ、或《あるい》は堕獄の罪人の業《ごふ》のはかりにかゝりたる所などを染て衣類の模様とせし事はやり、高きも卑きも老若男女の差別なく着しければ、思ひ〳〵の人心にて、それより卒都婆《そとば》染、五輪《ごりん》染など染出し、終《しまひ》には、化し野にされかうべなどの捨たる所を物々しく着かざりありく事とはなりぬ。いとあさましき事なりけり。芝居・狂言の衣裳にも野ざらしとて是《これ》を用ひ、遊女のうちかけに卒都婆・石塔なんど縫入《ぬひい》れて着つれば、たゞ忌《いま》はしき事のみを明くれに見るばかりなり。

承応の頃、「地獄染」といって、閻魔王をはじめとして十王たちの姿や、見目嗅鼻《みるめかぐはな》、浄玻璃鏡《じょうはりきょう》、あるいは地獄に堕ちた罪人の罪を秤《はかり》にかけているところ（場面）などを染めて、衣類の模様とすることが流行し、身分の高い者も低い者も、老若男女の区別なく着たので、思い思いの発想で、卒塔婆《そとば》や五輪塔《ごりんとう》なども染めて模様にし、ついには化野《あだしの》にしゃれこうべ（髑髏《どくろ》）が打ち捨てられている様子をものものしく着飾って歩くことになった。なんとも思いがけないことだ。芝居・狂言の衣装にも「野ざらし」といってこういうものを用い、遊女の打掛《うちかけ》にも卒塔婆や石塔などを縫い込んで着たので、ただひたすら忌まわしいものばかり、明け暮れ目にすることになった。

（萍花謾筆）

この文章によれば、閻魔王や浄玻璃鏡、地獄に堕ちた罪人の図が衣類の模様として大流行し、老若男女問わず、さらには身分の区別なく身に着けたというから凄《すさ》まじい。

しかも模様はしだいに過激になり、卒塔婆や五輪塔、ついには打ち捨てられた髑髏《どくろ》まで。地獄どころか死をイメージするものすべてがファッションになった。芝居の衣装にも使われ、華やかな遊女も卒塔婆や石塔の柄の打掛を着るようになったという。

『萍花謾筆』の著者である桃花園三寿《とうかえんさんじゅ》（生没年不詳）は、相模国《さがみのくに》（現在の神奈川県）を旅したとき、金井（現在の横浜市栄《さかえ》区金井《かない》町あたりか）の染物屋で、【図1】にあるような染型紙を見たという。

まさに髑髏の染型だ。

承応年間の「地獄染」の大流行がどこまで真実なのか、残念ながらはっきりしないものの、地獄や髑髏は江戸時代にはたびたび流行し、ファッションスタイルに取り入れられていたことは、浮世絵からもわかっている。例えば、江戸時代末期に迫力ある武者絵で人気を博した歌川《うたがわ》国芳《くによし》（一七九七～一八六一）は、自画像を描くとき、地獄の柄の半纏《はんてん》を着た後ろ姿を描くことが多い。嘉永《かえい》二年（一八四九）に刊行された『日本奇人伝《にほんきじんでん》』における自画像は、縦縞《たてじま》の小粋な着物姿に描かれた渓斎英泉《けいさいえいせん》（一七九一～一八四八）の肖像と対比するかのように、獄卒や浄玻璃鏡の模様の着物をまとった後ろ姿だ。

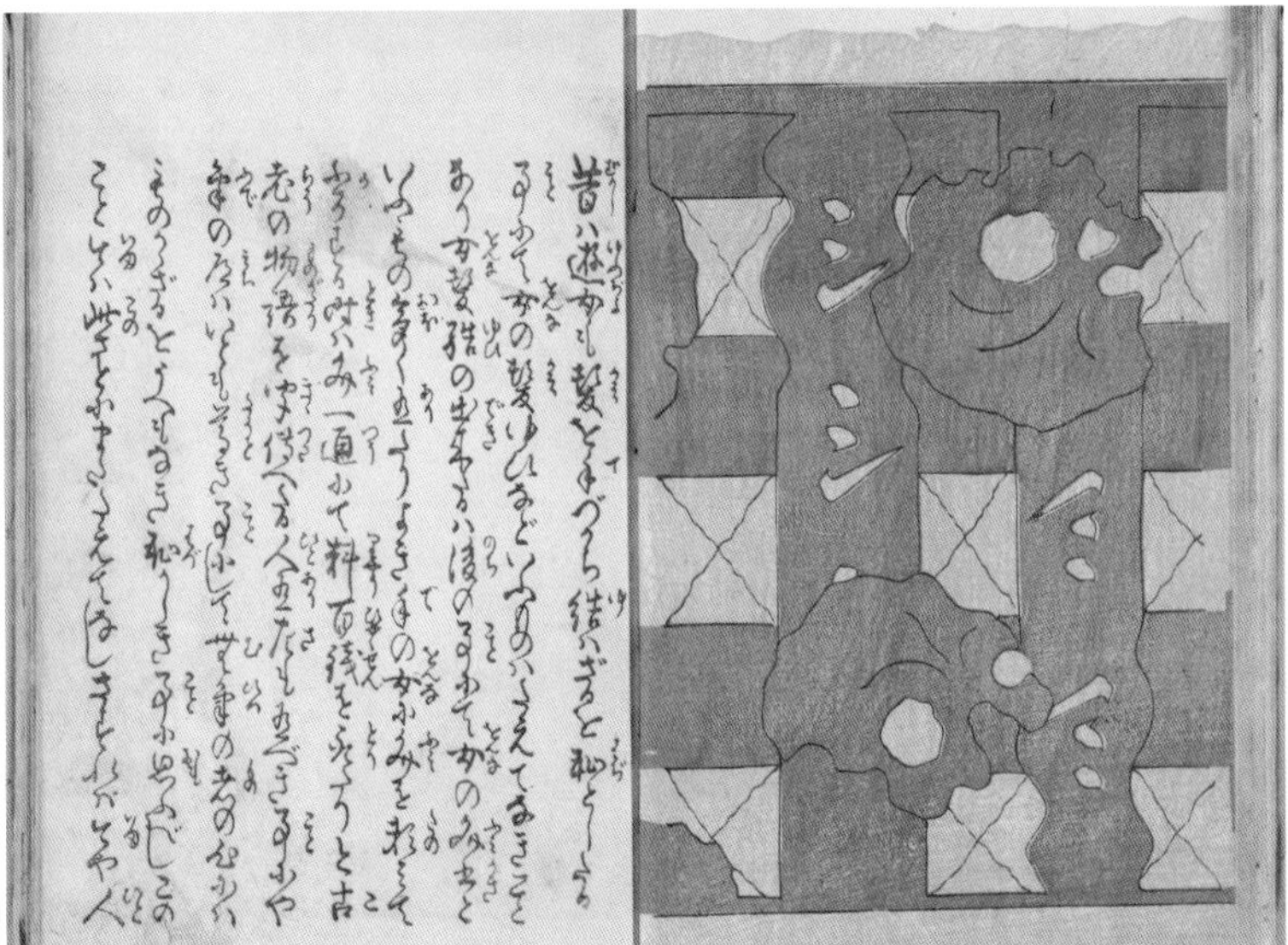

【図1】『萍花謾筆』（国立国会図書館所蔵）　刊年不明
髑髏デザインの染型紙の模写

これはおそらく俠客《きょうかく》の彫り物を意識しており、義俠心《ぎきょうしん》や一本気なイメージをセルフプロデュースしたものと考えられている。まさに武者絵にふさわしい絵師の姿というわけだ。これを日常的に着用していたかまではわからないものの、根付《ねつけ》（帯に袋などを下げるときの留め具）など江戸時代に用いられていた小物には髑髏の作例は少なくなく、現在も手ぬぐいなどに伝統柄として残っている。地獄をテーマに全身をコーディネートするのは、贅沢禁止令や周囲の目なども考えると難しそうだが、小物に取り入れる分には何の問題もなさそうだ。

なお、遊女たちが着たという地獄の柄の打掛《うちかけ》については、遊女「地獄太夫《じごくだゆう》」の伝説のほうから分析していきたい。

地獄太夫《じごくだゆう》が語るもの

地獄太夫とは、山賊にさらわれて遊女に売られてしまったという人物。以降、自らの不運を前世の報いと懺悔《ざんげ》すると「地獄」の名を名乗り、かの一休宗純《いっきゅうそうじゅん》（一三九四〜一四八一）とは歌を交わしたことをきっかけに、師弟関係を結んだという。

実在する人物かというと首をひねらざるを得ない。一休宗純に関しては逸話に事欠かないので、モデルになった人物がいなかったとは言い切れないものの、地獄太夫が一挙に人々の知るところとなるのは、江戸時代に入ってから『一休関東咄《かんとうばなし》』（寛文《かんぶん》一二年〈一六七二〉刊）をはじめとする、「一休さん伝説」が流布するようになってからである。

特に山東京伝《さんとうきょうでん》（一七六一～一八一六）が記して文化六年（一八〇九）に刊行された読本『本朝酔菩提全伝《ほんちょうすいぼだいぜんでん》』では、前半の重要な役どころとして登場する。盗賊に親を殺され、兄・姉たちと生き別れになった少女が、やがて堺《さかい》の遊女・地獄太夫となり、地獄の様子を描いた着物をまとったという。そして一休宗純と出会って悟りを得るのである。物語は、生き別れになった兄である野晒悟助《のざらしごすけ》の仇討《かたきう》ちや、そのほかの登場人物が現れては退場し、中国の小説『酔菩提伝』を一部翻案しつつ、怪談・仇討ち・孝子譚《こうしたん》など、様々な要素を取り入れて複雑に展開する。要所に一休和尚《おしょう》の導きがあり、物語を動かしていく。

挿絵【図2】（280ページ）に描かれた地獄太夫は初世歌川豊国《とよくに》（一七六九～一八二五）の手によるもの。打掛には閻魔王・司命《しみょう》・司録《しろく》・浄玻璃鏡はもちろん亡者を呵責《かしゃく》する獄卒の姿まで描かれている。『萍花謾筆』が遊女のファッションに言及したのは、すでにこの地獄太夫の姿が人々のあいだで知られていたからだろう。

なお地獄太夫は、江戸時代末期から明治時代にかけて、多くの絵画に描かれた。美女と地獄の組み合わせは、それぞれたおやかな女性とおそろしげな獄卒を巧みに描き分けることが要求されるため、絵師にとって腕が鳴るモチーフだったに違いない。見る側も、美人画と地獄絵を同時に楽しむ

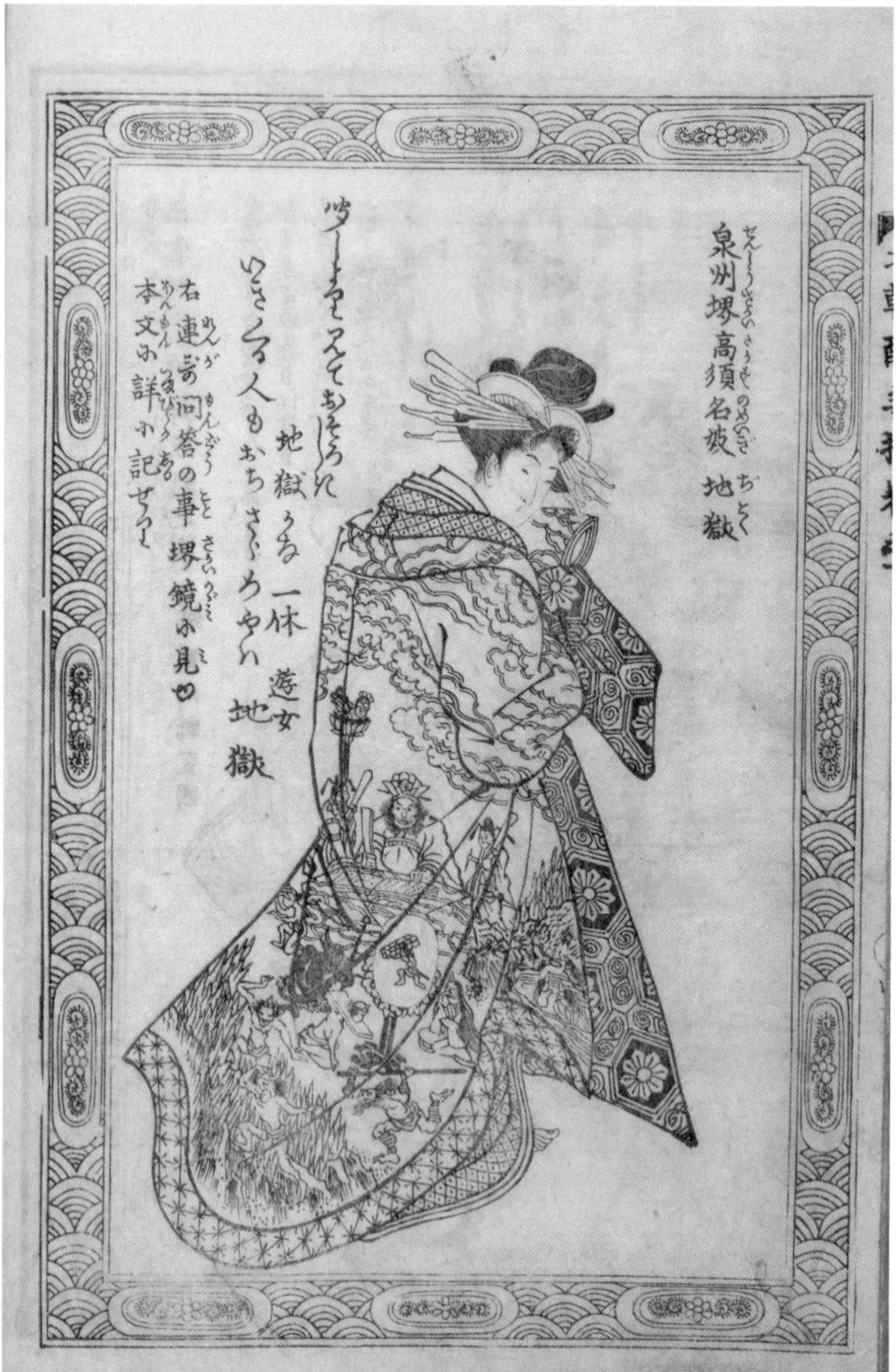

【図2】『本朝酔菩提全伝』（国文学研究資料館所蔵）　文化6年（1809）刊
地獄太夫。着ている打掛は閻魔庁の柄。初世歌川豊国による

ことができるし、さらには若さ・美しさのそばに隣接する死が透けて見え、悟りに至る大切な教訓が隠されているとも解釈でき、奥が深く、考えさせる内容になっている。仏教的なモチーフなので、よほど露骨な諷刺に使わなければ、幕府の規制にもかかりにくい。

先に挙げた歌川豊国も『本朝酔菩提全伝』の挿絵に基づく浮世絵を何点も仕上げているし、さらには自ら地獄の着物をまとった姿を描いていた歌川国芳にも作例がある。

有名なところでは月岡芳年《つきおかよしとし》（一八三九〜九二）の『新形三十六怪撰《しんけいさんじゅうろっかいせん》』から「地獄太夫悟道の図」【図3】（282ページ）を挙げることができるだろう。まさに悟りを得た仏のような半眼《はんがん》の表情で座る地獄太夫。打掛には獄卒たちが描かれているが、青色の帯に描かれているのは紫色の雲で、これは菩薩《ぼさつ》の来迎《らいごう》か、あるいは浄土の様子を示している。最も興味深いのは、背景に連なる骸骨《がいこつ》たちの姿だ。地獄太夫の師といわれる一休宗純は、杖に髑髏を掛けて練り歩いたという逸話でも知られている。ヨーロッパの「死の舞踏」や「メメント・モリ」の発想をも想起させ、単なる怪奇や美人画にはとどまらない奥行きを感じさせる。明治時代に入ってなお、地獄のイメージは伝統的なものを踏まえながら、新しい表現へと広がりを見せていく。

芳年の作例でもうひとつ触れておきたいものがある【図4】（283ページ）。こちらの地獄太夫は鏡を覗《のぞ》き込んでいる。遊女が使う鏡といえば、化粧などの身支度を想起させるけれども、ここで描かれた鏡は大きく、蓮の花の装飾（鏡の縁の下部）がついていて、まるで浄玻璃鏡のようだ。し

【図3】『新形三十六怪撰』より「地獄太夫悟道の図」(国立国会図書館所蔵)　明治23年刊
月岡芳年による

かも、その鏡に映り込んでいる姿は、地獄太夫の美貌《びぼう》ではなく、髑髏の姿である。

どんなに美しい者も、死んでしまえばいずれは皆同じ髑髏になってしまう――ここにはそういったメッセージが隠されている。地獄太夫には、死後、遺骸を野辺《のべ》に捨てさせて、その朽ちていく姿を衆人に晒《さら》して、死後も無常の教えを説いたという伝説がある。だが、この美女の遺骸が腐り果てていく様が悟りにつながるという逸話は、実はルーツがかなり古い。

先にも一度言及しているが、鎌倉時代に成立した仏教絵画に「九相詩《くそうし》（九相図《くそうず》）」というものがある。これは美女の遺骸が野辺に捨てられ、その骸《むくろ》が腐って膨張し、獣に食い荒らされてしまい、やがては骨だけ

【図4】「地獄太夫」（国立国会図書館所蔵）刊年不明　鏡を見る地獄太夫と獄卒たち。月岡芳年による

になってしまうというもの。その様子を九段階で表現しているので「九相」の名前がある。その絵はあまりにグロテスクで衝撃的ですらあるが、これは生身の肉体はいずれ腐って失われてしまうということを強調し、肉体への執着を断ち切るため、その教えをわかりやすく描いたものなのである。特に女性に対する妄執《もうしゅう》を捨てきれない僧たちへの戒《いまし》めとして用いられた。この美女は小野小町《おののこまち》とも、檀林《だんりん》皇后（嵯峨《さが》天皇の皇后だった橘嘉智子《たちばなのかちこ》〈七八六〜八五〇〉のこと）ともいわれ、鎌倉時代から繰り返し語られ、絵画にされたモチーフである。芳年が描いた浄玻璃鏡は生前に犯した罪を映し出すものではなく、地獄太夫もやがては朽ちた骸骨になる――むしろ、どんな美女もその正体は骸骨に過ぎない――そういった真実の姿を映し出す鏡になっているのである。ただ、この絵の興味深いところは、それを獄卒たちがかがみこんで覗いているところだ。二人も連れだって、横から何か口を出していそうな姿が滑稽だ。本当は生前に犯した罪が映るはずなのに、骸骨が映ってしまって困っているのかもしれない。「こいつ、悟っているのかも」「いや、これが本性なんだ」と囁《ささや》きあっているようにも見える。さらに、肝心の地獄太夫は後ろ姿で、その美貌を私たち鑑賞者には見せてくれないところも、この絵の凝っているところだ。興味深いけれど、想像に任せるしかない。それにそもそも、女性の容貌をどうこう言うことがすでに愚《おろ》かなことで、美醜《びしゅう》へのこだわりは煩悩《ぼんのう》に過ぎないのだ。

さて、最後に触れるのは、河鍋暁斎《かわなべきょうさい》の作例である。「画鬼《がき》」と称された異才――そう、本書の冒頭に触れた鬼才の絵師である。本章はまた最後に暁斎の描いた地獄に触れて、幕を下ろそうと思う。

実は暁斎は地獄太夫に深く関心を寄せ、繰り返し題材に用いているのである。最も有名なのは、かつて暁斎に師事していた御雇《おやと》い外国人ジョサイア・コンドルが所有していた「一休禅師地獄太夫図《いっきゅうぜんじじごくだゆうず》」(現ウェストン・コレクション)であろう。屏風の前に立つ地獄太夫、その背後で一休さんが骸骨と一緒に踊っているというものだ。『本朝酔菩提全伝』の一場面に、あまりにも俗っぽい一休和尚を怪しんだ地獄太夫が、障子の陰から舞妓《ぶぎ》たちと踊り狂う様子をうかがったところ、障子には踊る骸骨の影が映っており、一休和尚がただならぬ人物であることに気づくという場面がある。おそらくこの部分に着想を得たものだと考えられ、おもしろいのは踊る一休さんがあまりにも滑稽なこと、骸骨が鳴らす三味線までが皮を張っておらず「骸骨」になっているところなどが挙げられる。そして、着目すべきは地獄太夫の着物である。最初に見た瞬間は、地獄の業火《ごうか》が燃え上がり、罪人たちは地獄の底へ真っ逆さまに落ち、獄卒たちが罪人を釜茹でにしているように見えるのだが、よく目を凝らしてみると、実は炎に見えるものは珊瑚《さんご》の枝。獄卒に見えたのは七福神で、地獄の底へ落下していく罪人に見えるのはなんと「寿」という文字である。地獄太夫の打掛は、地獄の柄どころか、その正反対の縁起物の柄なのだ。思い込みを逆手に取ったような「遊び」がまさに、暁斎らしさと言えるだろう。なお、この作品は人気が高かったと見え、同じ構図の作例も多いうえに贋作《がんさく》も多い。ほかにも鏡に映り込んだ地獄太夫を閻魔王がのぞき込む「閻魔と地獄太夫図」(現プライス・コレクション）など、数え上げればきりがない。

人はいつか必ず死ぬ――地獄だけでなく、髑髏や幽霊をモチーフとして好んだ暁斎の作品には、いつも同じメッセージが表れているように感じられる。

古代から中世にかけて、日本人の信仰に根づいた地獄のイメージは、近世に入って一般的になるに従い、怖ろしいもの・畏怖《いふ》すべきものから、暮らしの中に当たり前にあるものに変化した。灼熱《しゃくねつ》の炎、釜茹で、剣の山、そういった伝統的イメージは維持しながら、川柳・狂歌・戯作・浮世絵など、新しいメディアが現れるたびに、新しいかたちで地獄は表現された。信仰心が変わろうとも、社会制度が変わろうとも、そのたびに地獄は新しい装いで顕現《けんげん》する。現代ならば、それが漫画や映画、あるいはＳＮＳの中に現れるだけ。地獄はいつも私たちのそばにある。

きっと日本人が地獄を完全に忘れてしまうことは、今後もおそらくないだろう。なぜなら、人はいつか必ず死ぬのだから。

さいごに——奇妙な地獄

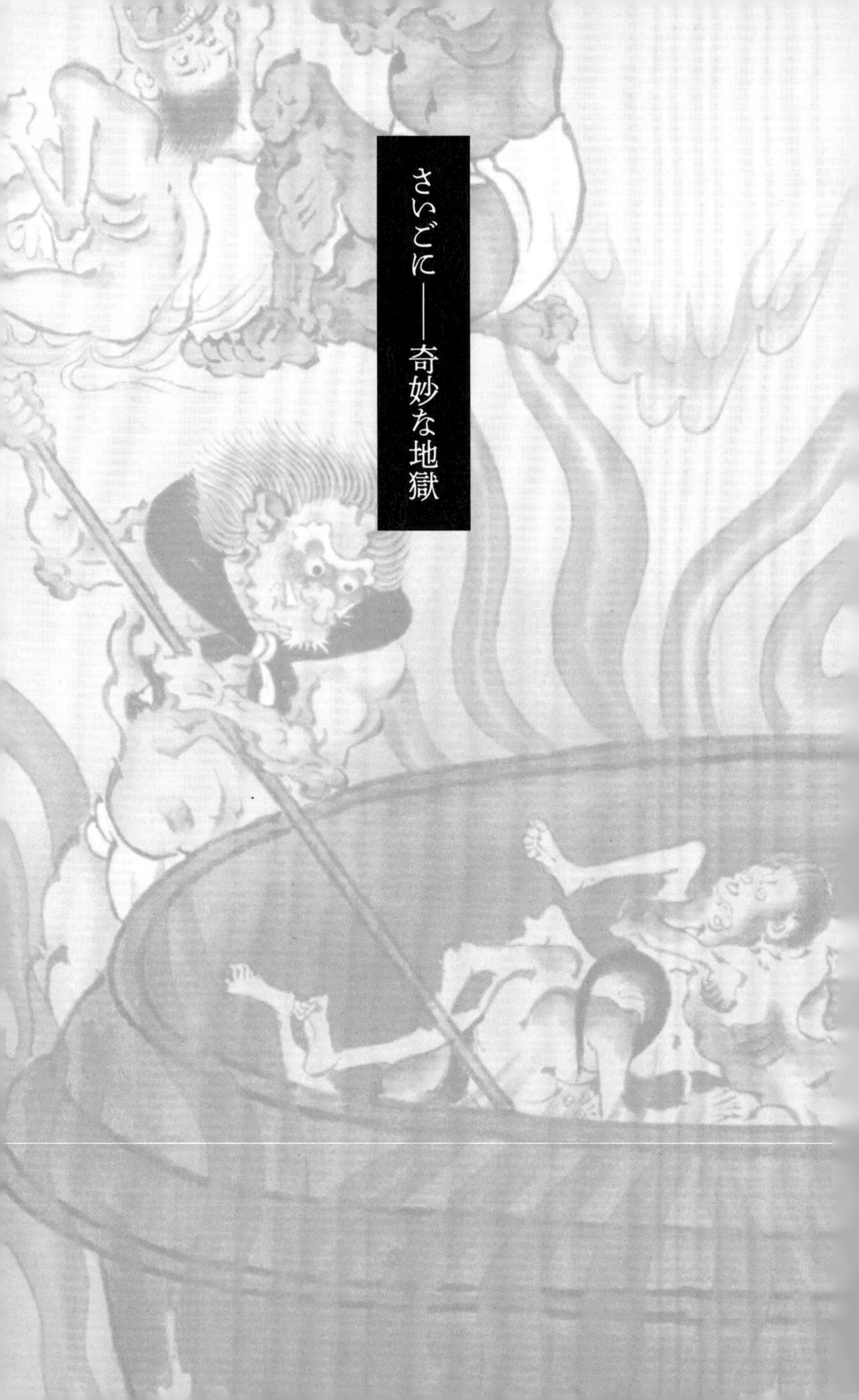

「画鬼《がき》」――河鍋暁斎《かわなべきょうさい》にこれほどふさわしい呼び名はほかにない。鬼はおそろしい獄卒《ごくそつ》の姿を想起させ、地獄に深い関心を寄せ続けた姿、画業に邁進《まいしん》するその凄《すさ》まじい覚悟と鬼才ぶり、どちらも同時に表している。

本書の冒頭では、暁斎による『暁斎画談《がだん》』を紹介し、暁斎が伝統的な地獄巡りの絵画の模写をしていたことを紹介した。それから『春日権現験記《かすがごんげんけんき》』を入り口にして、平安時代初期に成立した説話集『日本霊異記《にほんりょういき》』、平安時代後期に成立した『今昔物語集《こんじゃくものがたりしゅう》』、鎌倉時代頃に成立した軍記物語『平家《へいけ》物語』などから、古代～中世にかけて、古典文学に表された地獄の様相を紹介してきた。そこには、地獄を怖《おそ》れ、苦しみばかりの「この世」を捨てて、清らかな極楽を目指そうという、素朴な信仰心が様々な形で表現されていた。ところが、室町～江戸時代にかけて「この世」への関心が高まって現世利益《げんぜりやく》が重視されるようになってくると、しだいに地獄と笑いの距離が近くなり、江戸時代に入ってからは特に諷刺《ふうし》やパロディに用いられ、親しみを持って受け止められるものに変化していったことがわかる。そして最後に、地獄太夫《じごくだゆう》の表現から、幕末～明治にかけての絵画表現に言及したことで、本書はようやく冒頭に触れた河鍋暁斎の存在へと戻ってきたことになる。

『暁斎画談』に収められたこの一枚の絵を見てほしい【図1】（290ページ）。これは暁斎が左官《さかん》の佐十《さじゅう》という男に贈った絵だという。左上に仏や菩薩《ぼさつ》の姿があるのは良いとして、右上の閻魔王《えんまおう》らしき人物も、右下の獄卒たちも何やら地べたにはいつくばっているように見える。

これは一体、どういった内容の絵なのだろうか。
『暁斎画談』には、次のような解説が付されている。

本郷元町《ほんごうもとまち》に住す左官《さくわん》職佐十《さじふ》と云ふ、年七十に近くして躄《あしなへ》と成たれども、元越中《えっちゅう》の者なれバ是を養ふ者なき故、飢餲《きかつ》身に迫りて如何《いかん》と為方《せんかた》なき体を見て、暁斎氏之を憐《あはれみ》、細川玄以法印《ほそかわげんいほふいん》が作りし朝比奈能《あさひなのう》の合《あひ》狂言に基き、其後篇《そのこうへん》の心を以《もつ》て書たるにて、地獄界不景気なるより十王ハ閻魔王を始として、五道の冥官に至まで皆極楽に至《いたり》、夫々《それぞれ》の官に附《つか》ん事を願、鬼ハ尽《ことごと》く角を切取り、是を角細工《つのざいく》する者に売て小遣銭《こづかひせん》を拵《こしら》へ、地獄の官員の後より弥陀如来《みだにょらい》の本庁に到り、飯《めし》焚雇人《たきやとひにん》にならんとて其支度をする様を画て与えたりけれバ、佐十大いに喜び、早速表具して諸方《しよはう》の繁市場《さかりば》に持往き、是を飾りて其画の講釈をなしたるに、見聞の人、此掛物に賽銭《さいせん》を投たる故、思ひの外の金を貯《たくは》へ、神田橋本町《かんだはしもとちやう》へ相應の家を求めて引移り、暁斎氏の許《もと》へ礼に来り、再生の恩を謝したりとぞ。

本郷元町に住む左官《さかん》の佐十という男は、七〇歳近くになってから足が悪くなってしまった。しかし元は越中《えっちゅう》の出身なので、近くに頼れる親族もおらず、仕事も失ってもう飢えるしかないという窮地《きゅうち》に陥《おちい》った。どうにもできずに困っている様子を見て、これを憐《あわ》れんだ暁斎は、細川玄

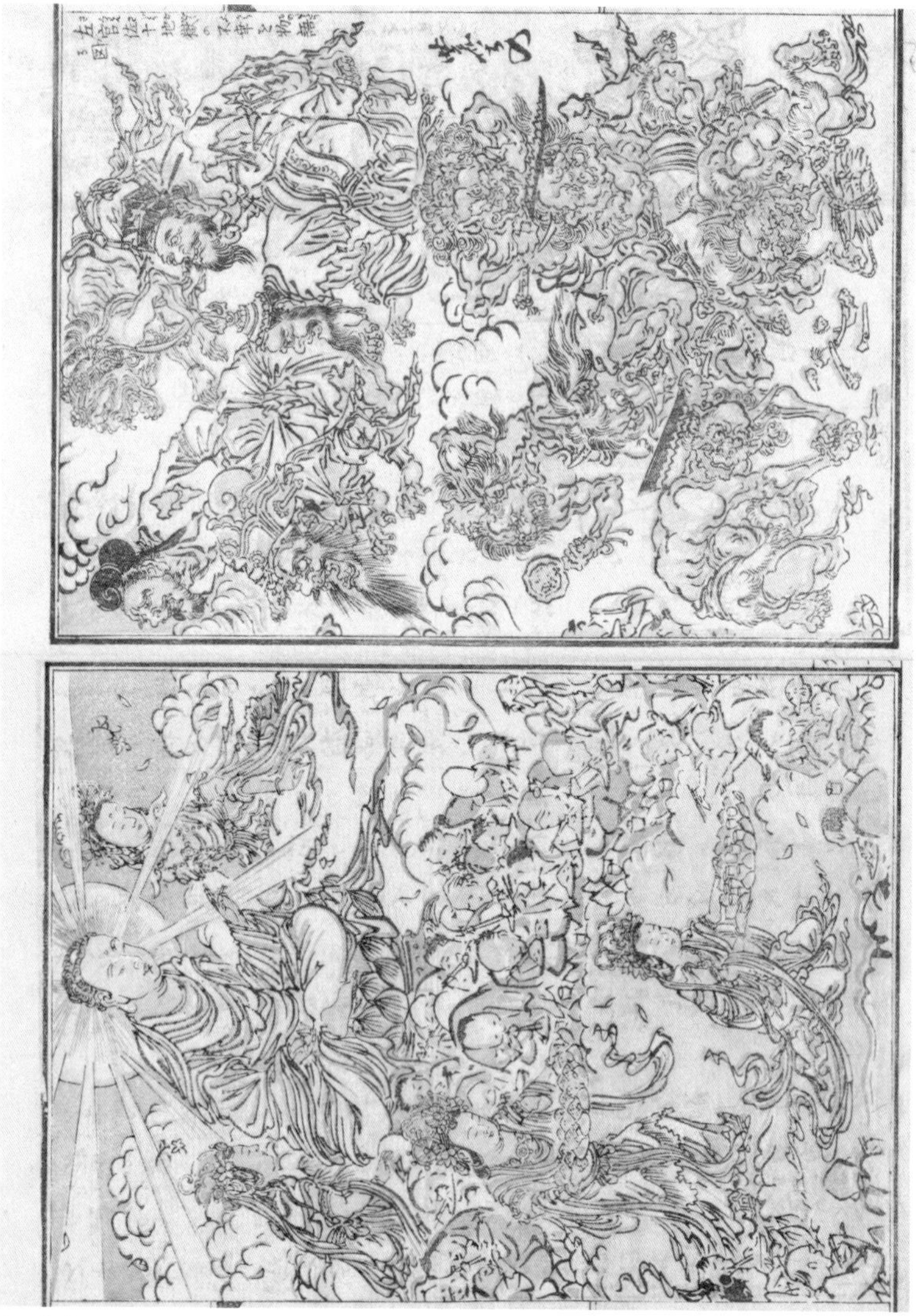

【図1】『暁斎画談』(川崎市市民ミュージアム所蔵)　明治20年刊
極楽で就職活動をする十王や獄卒たち

以法印《ほういん》が作ったという『朝比奈《あさいな》』の狂言に基づき、その続きを書くようなつもりで、地獄が不景気になってしまう話を描いた。（その内容は）地獄が不景気になってしまったので、閻魔王をはじめとして十王《じゅうおう》たちや、それに仕える冥官《みょうかん》たちもこぞって極楽へ行き、官職につけてもらえるよう願ったというもの。鬼たちはみんな自分の角《つの》を切り取って、角を加工する細工師に売って小銭を蓄《たくわ》え、冥官たちのあとを追って阿弥陀如来《あみだにょらい》の本庁へ行き、飯炊き係に雇ってもらおうとする。こんな絵を描いて佐十に与えたところ、佐十は大いに喜んで、早速その絵を表装して、あちこちの繁華街に持っていき、これを講釈してみせた。見物人はこの掛け軸に賽銭《さいせん》を投げたので、予想外の額のお金が貯《た》まった。佐十は神田橋本町に、ちょうどいい家を見つけて引っ越すと、暁斎のもとへお礼にやってきて、再出発できたことを感謝したという。

（暁斎画談）

暁斎が描いたこの絵は、第五章で紹介した狂言『朝比奈』のパロディで、地獄が不景気のあまり大変なことになってしまったというもの。『朝比奈』では、亡者《もうじゃ》がみな念仏を唱えて極楽へ行ってしまうから地獄が窮乏《きゅうぼう》しているという設定だったが、暁斎の絵はその設定を引き継いで、地獄の状況はさらに悪化し、先の見えない不景気に陥ってしまったとしている。閻魔王ほか十王や冥官たちが、将来のない地獄を捨て極楽で就職活動をしているのである。右上で頭を下げているのが、再就職のお願いをする十王たち。おそろしい顔で亡者を裁いていた威厳など、もうどこにもない。さらにかわいそうなのが獄卒たちで、右下に描かれている彼らは、自分の角を切り取って角細工の職人に売り、これまた極楽で飯炊きの職を得ようと必死になっている。互いに角を鋸《のこぎり》で引き（もとは罪人を引くための鋸だったのだろうか）、それを集めて一束にしている者もいる。いくらくらいで売れるのだろう。【図1】の右頁左中央部にいる獄卒は、角がなくなった自分の顔を鏡で見てショックを受けている様子だ。

でもそんな様子にも、阿弥陀如来は微笑《ほほえ》んで、慈悲《じひ》の心を向けているらしい。仏様の足元、画面左下では、菩薩が人々に食べ物を振る舞っている。お茶とおにぎりだろうか。老若男女、たくさんの人が菩薩を囲んで、美味しそうにごはんを頬張《ほおば》っている。よく目を凝らしてみると、赤ん坊にごはんを分け与えている若い母親や、仲良く連れ添うおじいさんとおばあさん、あるいはよほど美味しかったのか皿まで舐《な》めている人もいて、とても楽しそうだ。そう、ここは極楽。美味しいごはんを誰でもお腹いっぱい食べることができる幸せな場所。そしてそのごはんを望んでいる人はたくさんいて、菩薩も忙しそうなので、飯炊きの人手はまだまだ足りなさそう。獄卒たちの就職口は充分ありそうだ。

足を悪くしたことで仕事を失った佐十は、暁斎にもらったこの絵を持って講釈して回ることで、生活を立て直すだけの貯金ができたという。きっとその講釈には、暁斎の絵の迫力やおもしろさはもちろんのこと、佐十の弁舌も大いに生かされたのではないだろうか。市井《しせい》に暮らした佐十という人物の人柄について伝えるものはないけれども、『暁斎画談』に収められたもう一枚の絵、講釈をする佐十の姿はとても活き活きとして楽しそう【図2】(294ページ)。その講釈はきっとおもしろかったに違いない。聴衆もみんな前のめりになって、絵と話に夢中になっている。

「画鬼」――神田川で拾った生首を写生したとか、火事場でも絵を描き続けたとか、病死した妻の姿を幽霊画にしたとか、暁斎を彩るそんな逸話の数々は、まさに「画鬼」と呼ぶべき姿だと思う。しかし、彼は絵に対する姿勢こそ鬼のようであったが、決して非情な人物ではなかった。

最後に紹介するのは、『地獄極楽めぐり図』。日本橋の小間物問屋勝田五兵衛《こまものどんやかつたごへえ》の娘、たつ(田鶴)のために描かれた四〇図の画帳である。勝田五兵衛は暁斎にとって有力なパトロン。そしてその娘のたつは、明治二年(一八六九)にわずか一四歳でこの世を去ってしまったのだった。娘を失った五兵衛の悲しみは想像にあまりある。五兵衛は娘の追善供養《ついぜんくよう》のために、娘をよく知る暁斎にこの絵の制作を依頼したのだった。今回、本書に画像を掲載することはできなかったが、静嘉堂《せいかどう》文庫美術館イメージアーカイブ(https://images.dnpartcom.jp/topic/seikado/)で公開されているので、ぜひネット上でご覧頂きたい。

暁斎が描いた世界はこうだ。「あの世」へ旅立ったたつは、先に亡くなっていた親族と再会する。そして仏や菩薩とともに「あの世」を大冒険するのである。もちろん地獄の様子は暁斎の得意とす

【図2】『暁斎画談』（川崎市市民ミュージアム所蔵）明治20年刊
暁斎の絵を掛けて講釈をする佐十

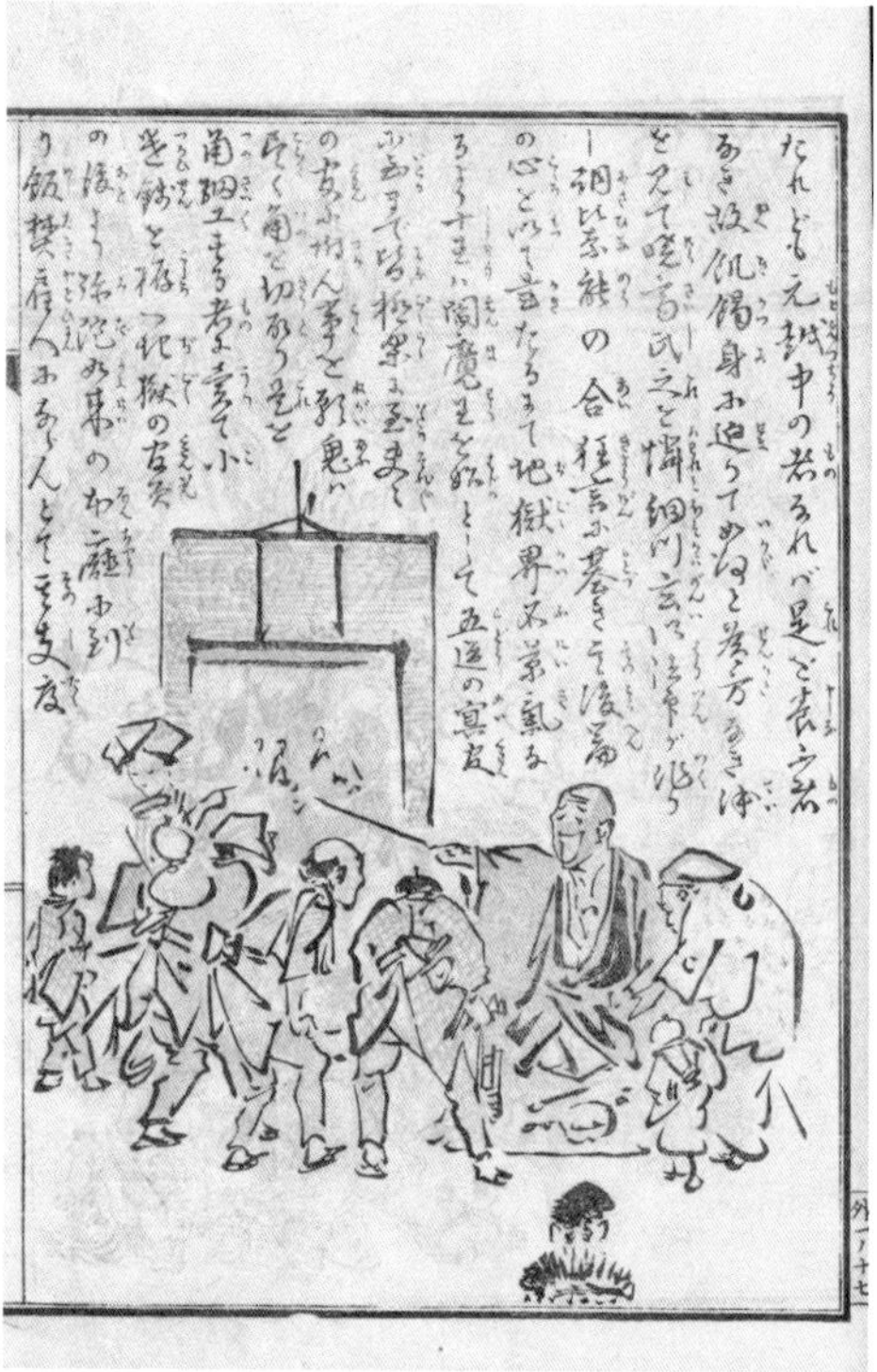

るところだから、迫力は抜群。しかし、そこに悲壮感や残酷《ざんこく》性はなく、地獄を見て回るたったちはとても楽しそう。「賽《さい》の河原」では子どもたちにおもちゃを配っている。傍《かたわ》らでは子どもたちを助けにきた地蔵菩薩と獄卒が睨《にら》みあっているが、子どもたちは地蔵菩薩の錫杖《しゃくじょう》にいたずらしたり、まるで列車ごっこのように連なりあったりして可愛いしぐさが目立つ。石を積む場面も、積み木遊びをしているかのようだ。これを見た五兵衛は、きっと悲しみのさなかにも、娘は「あの世」ではそれなりに楽

しくやっているに違いないと、いくらかの希望を持つことができたのではないだろうか。

何かと奔放《ほんぽう》で常識破りな行動が多く、画壇に敵も多かったという暁斎。しかし、依頼主の心に寄り添った作品を仕上げることができなければ、優れた絵師ということはできない。その点に関しては、暁斎は「鬼」ではなかった。

『地獄極楽めぐり図』の終盤の画面は、たつが極楽へ行く場面。しかし、それを暁斎は、伝統的な来迎図には描かなかった。画面を横切って極楽を目指して疾走するのは、蒸気機関車だ。さらに雲の上には人力車まで走っている。

暁斎がこの絵を仕上げたのは明治五年（一八七二）七月のことだった。新橋─横浜間に列車が開通するのは、同年九月のことである。暁斎は、明治二年に亡くなったたつがついに見ることができなかった蒸気機関車を、彼女のために描き上げたのだった。

灼熱《しゃくねつ》の炎、おそろしい顔の閻魔王、亡者を釜茹《かまゆ》でにする獄卒たち──伝統的な地獄のイメージを存分に生かしながら、最後は文明開化の新時代を象徴する蒸気機関車を登場させるという離れ業《わざ》である。着想の意外性もさることながら、依頼主や亡くなったたつへの想《おも》いをも感じさせる。そして、極楽に行くためには、ただひたすら善行《ぜんこう》を積み、祈り、「この世」への未練を断ち切って、仏のお迎えを静かに待つしかなかった中世までの信仰と決別するかのように、こちらから蒸気機関車に乗って猛スピードで極楽へ突っ込んでいこうというのが、なんとも痛快で、底抜けに明るくて、これから訪れる新しい時代を象徴しているように思えてならない。

こうして地獄も極楽も伝統的なイメージを保ちながら、新しいメディア、新しい作者が現れるたびに、新たな装《よそお》いで私たちの前に何度も姿を見せるのだろう。

人はいつか必ず死ぬ――私たちは、たとえどんな宗教に帰依《きえ》していようと、無神論者であろうと、その運命から逃れることはできない。死後の世界があろうとなかろうと、死は避けては通れない。「死んだらどうなるのだろう」という素朴な恐怖がある限り、私たちのそばには地獄がある。

古代から中世にかけて日本人の信仰に根づいた地獄のイメージは、近世に入ってから、暮らしの中に当たり前にあるものに変化した。灼熱の炎、釜茹で、剣の山、そういった伝統的イメージは維持しながら、戯作《げさく》や浮世絵を経て、新しいメディアに乗って、新しいかたちで地獄は表現されている。

例えば近代文学において、地獄を舞台にした最も有名な作品は、芥川龍之介《あくたがわりゅうのすけ》の『蜘蛛《くも》の糸《いと》』だろう。悪行を重ねて地獄に堕ちた主人公カンダタ。生前に一匹の蜘蛛を助けていたことから、釈迦《しゃか》は極楽から蜘蛛の糸をカンダタに向かって下ろした。糸をのぼって極楽を目指すカンダタだったが、ほかの罪人たちが後を追ってのぼってくるのを見たカンダタは、糸が切れることをおそれて「下りろ」と叫ぶ。途端、蜘蛛の糸は切れ、カンダタは地獄の底へと堕ちていき、釈迦は人間の無慈悲さを悲しむ。

この作品は大正《たいしょう》七年（一九一八）に、児童向けの文学雑誌『赤い鳥』で発表された。もとになったのはアメリカの作家ポール・ケーラスによる『カルマ』の一篇（日本語訳は鈴木大拙《すずきだいせつ》による『因果《いんが》の小車《おぐるま》』）だと考えられている。芥川による巧みな筆致によって、日本の伝統的な地獄は近代において再び蘇《よみがえ》った。芥川の技巧もさることながら、暗く熱い地獄の底のイメージが、古代から維持されてきたからこそ、この物語は大正になっても人々の胸に刺さったのだろう。

芥川の作品については『地獄変《じごくへん》』も忘れてはならない。この作品は『蜘蛛の糸』発表の直前から連載が始まっている。

舞台は平安時代。傲慢《ごうまん》な絵師の良秀《よしひで》は、あるとき、当時権勢を誇っていた堀川《ほりかわ》の大殿から地獄変《じごくへん》相図屏風《そうずびょうぶ》（地獄の様子を描いた屏風のこと。略して「地獄変」と呼ぶ。本書では『枕草子《まくらのそうし》』の「御仏名《みぶつみやう》のまたの日」や『金葉和歌集《きんようわかしゅう》』の和泉式部《いずみしきぶ》の和歌を引用して解説した）を描くように命じられる。良秀が「実際に人が焼け死ぬ様子を目にしなければ描けない」と訴えると、大殿は良秀の娘を牛車《ぎっしゃ》の中に縛り付け、そこに火をつけさせた。良秀は娘が焼け死ぬ様子を見届けると、ついに地獄変相図屏風を完成させた。そして、その翌日、自ら命を絶った。

この物語は鎌倉時代の説話集『宇治拾遺物語《うじしゅういものがたり》』巻三に収められた「絵仏師良秀《ゑぶつしりやうしう》、家の焼くるを見て悦《よろこ》ぶ事」をアレンジした作品である。元の話は、失火した自宅を見た良秀《りょうしゅう》が、やがて見事な炎を背負った不動明王《ふどうみょうおう》を描いたという話。火事を見て喜ぶ主人公の風変わりな性格が目立つエピソードで、良秀は「仏だによく書き奉らば、百千の家も出で来《き》なん（仏さえうまく描き上げることができたら、家なんかいくらでも建つ）」と算段するなど、ちゃっかりしたところのある主人公である。地獄絵を描こうとするくだりや娘が焼け死ぬ場面は芥川による創作で、『地獄変』の主人公が芸術への執念を燃やして狂気にとりつかれていくのとは対照的だ。仏画を完成させて後世も人々の称賛を得た『宇治拾遺物語』の良秀《りょうしゅう》と異なり、地獄絵を完成させた『地獄変』の良秀《よしひで》は破滅の道を歩む。

　風変わりな絵師良秀《りょうしゅう》の物語は、芥川によって地獄というモチーフが書き加えられたことにより、おどろおどろしい人間の狂気を描く物語として生まれ変わったのである。

　この『地獄変』は昭和二八年（一九五三）には、三島由紀夫《みしまゆきお》の手によって戯曲化され、歌舞伎として上演された。昭和三七年（一九六二）には同じ三島の脚本によってテレビドラマとして放送されている。昭和四四年（一九六九）には、八住利雄《やすみとしお》の脚本で映画化され、仲代達矢《なかだいたつや》が良秀を演じた（ちなみに音楽は芥川龍之介の三男である芥川也寸志《やすし》が担当）。

　大正から昭和に至っても、地獄は小説・舞台・映画と、新しいメディアに乗って、繰り返し日本人の目の前に現れたのである。平成に入っても、映画では「TOO YOUNG TO DIE！若くして死ぬ」（宮藤官九郎《くどうかんくろう》監督、長瀬智也《ながせともや》・神木隆之介《かみきりゅうのすけ》主演、二〇一六年公開）が地獄の獄卒たちのロックバンド「地獄図《ヘルズ》」を描くというコミカルさで話題になった。映画だけではない、平成から令和に至っては漫画やSNSなど、さらに新しいメディアによって地獄は繰り返し描かれている。江口夏実《えぐちなつみ》の漫画『鬼灯《ほおずき》の冷徹《れいてつ》』(講談社)のヒットも記憶に新しい。

信仰心が変わろうとも、社会制度が変わろうとも、そのたびに地獄は新しい装いで顕現《けんげん》する。そしてさらに数百年、数千年を経たとき、私たちが暮らしの中で見聞きしている地獄はまた、古典文学となって見返されるときが来るだろう。

日本人は無宗教の人が多いといわれるが、実際のところは特定の宗派に属していないだけで、毎日のように宗教的な行動をしているというのはよく指摘されるところだ。鞄《かばん》に神社のお守りを付け、お地蔵さんに願掛けをして、クリスマスにご馳走《ちそう》を食べる——無節操なだけの宗教的行動だけれど、それは間違いなく現代の私たちの〝信仰〟であり、暮らしそのものである。繰り返しになるが、いくら無宗教といっても、日本人が地獄を完全に忘れてしまうことは、今後もおそらくない。なぜなら、人はいつか必ず死ぬ。「死んだらどうなるのだろう」という疑問や恐怖は、宗教を超える普遍的な人の心だ。そんな疑問で夜も眠れなくなったとき、地獄は私たちを震え上がらせる。でも、もしかしたら、そこはちょっと楽しいところなのかも。そんなふうに希望も抱いてしまう。

だから地獄はいつも、文学や暮らしの中で、私たちのそばにあるのだ。

あとがき

日本や中国のほか中東も含め、アジアの美術品を多く所蔵するチェスター・ビーティー・ライブラリーは、アイルランドの首都ダブリンのまさに心臓とも呼べる場所――ダブリン城の敷地内にある。中世の面影を残す石造りの堅牢《けんろう》な城壁の陰、手入れの行き届いた芝生に囲まれてひっそりと佇《たたず》んでいる。

筆者は二〇〇八～〇九年にかけて、所蔵資料のデジタル撮影スタッフの一人としてチェスター・ビーティー・ライブラリーに滞在する機会を得た。一日じゅう、同館のクロックタワー（時計塔）と呼ばれる建物の暗室に閉じこもり、日の光を一切浴びずにひたすら資料を撮影し続けるという仕事だったが、海外に長期間滞在し、さらに貴重な資料に触れることができるという点だけでも、当時まだ学生だった筆者にとってはあまりに恵まれた環境だった。滞在期間は通算で二カ月程度に過ぎなかったが、今でも折に触れて、新緑の鮮やかなダブリン市内の景色と、奥深い東洋美術に囲まれた豊かな日々を思い出す。

本文中で紹介した『朝比奈物語《あさいなものがたり》』や『義経地獄破り《よしつねじごくやぶ》』は、このチェスター・ビーティー・ライブラリーの所蔵である。アイルランドの鉱山王アルフレッド・チェスター・ビーティー氏（一八七五

〜一九六八）によるコレクションの一部だ。日本の美術品が海外に流出したことを嘆《なげ》く向きもあるが、ヨーロッパの乾燥した空気や、専門スタッフによる徹底した管理のおかげで、ともに美しい状態を保っており、むしろアイルランドに辿《たど》り着いたのは幸運だった。近年ではネット上で高精細画像の閲覧が可能になって、研究する側にとって不都合はほとんどない。本書を執筆する際にも、快く画像の掲載を許可していただいた。アイルランドも新型コロナウイルスの猛威に晒《さら》されている渦中のことで、そんな時期に手続きの対応をしていただいたことについても、ここで改めて深く感謝申し上げたい。筆者のままならない英語への対応も大変だったのではないだろうか。

英語――そう、英語である。学生スタッフとしてダブリンに放り込まれたあの当時、筆者は全くといっていいほど英語が話せなかった。その当時すでに筆者は「地獄」というものに関心を持ち、朝比奈三郎義秀《さぶろうよしひで》の伝説について論文をまとめたいと考えていた。そのためには『朝比奈物語』の閲覧をどうしても申請しなければならなかった。しかし、あまりの緊張ゆえについに言い出せず、ましてや書面で手続きなどできず、ついに諦《あきら》めてしまったのである。すぐそこに資料があるというのに。情けない限りである。

しかしやはり、狭い暗室に閉じこもったまま、誰とも一言も口をきかずに見ず知らずの土地で暮らすのは限界があった。作業が終わると、筆者は夜《よ》な夜《よ》な街に繰り出した。幸運にも、ダブリン城のすぐ近くにテンプル・バーと呼ばれるエリアがあった。日本でいうところの東京・新橋のような場所で、アイルランド伝統のパブ（居酒屋）が密集している所である。筆者はここで唯一ともいえる英文を覚えた。

――A pint of Guinness, please.（ギネス、一杯ください）

アイルランドの名産品は数多くあれど、最も有名なもののひとつが黒ビールのギネスである。コクのある味わいと、クリーミーな泡が特徴だ。アイルランドのパブで注文する一杯は、パイントという単位で提供されるのだが、両手で抱えるほどの大きなグラスで、体感では一リットルくらいあるような気がした（正しくはおよそ五〇〇ミリリットル）。パブはいつも賑《にぎ》わっていて、楽器を持ち寄った常連客によってアイルランド民謡が演奏されることもしばしばだった。立地上、観光客の多いエリアではあったが、皆が赤い顔で肩を寄せ合って歌う光景は、筆者にとってまさに「アイルランドの景色」そのものだった。そういう景色を眺めながら、パブの片隅でギネスを少しずつ飲んでいると、不憫《ふびん》に思った客たちが、代わる代わるさらにギネスを注文してくれるのであった。だから筆者が支払うのはいつも最初の一杯だけ。発する言葉も最初の〝A pint of Guinness, please.〟のみで、あとはぼーっとしていても、五～六杯をタダで飲むことができた。筆者はパブの人々の親切に囲まれ、心がダブリンの街の中に溶けていくような気がした。心細い思いが満たされていった。

だが、そのおかげで未《いま》だに自信を持って発音できる英文は〝A pint of Guinness, please.〟のみである。もちろんパブで客同士の会話に挑戦したこともある。ダブリン滞在中は、なんとか暮らしていけるだけの英語を身につけたつもりだった。だが、数年後、ロンドンの大英図書館を訪れた際、閲覧カードを作成するための面接で、担当スタッフに「酔っ払ったアイルランドのおじさんのような英語ですね」と言われて心が折れた。

そして今回、改めてチェスター・ビーティー・ライブラリーに画像の借用申請をすることになり、筆者の千鳥足の英語を駆使するはめになった。パブで培《つちか》った勇気と度胸だけが味方である。こうして無事に出版の運びとなったのだから、結果としては最低限通用する英語だったようで、胸を撫《な》でおろしたところだ。

アイルランドは伝統的にカトリックの信者が多い。だが、ケルト文化を由来とする民俗信仰も根強く、森には妖精が棲《す》むといわれている。ダブリン郊外にあるマラハイド城には、今でもパックという幽霊が棲んでいて、城に良くないことが起こると祟《たた》りを起こすといわれている（筆者が訪ねたときには、城の維持費捻出《ねんしゅつ》のために家具を競売にかけようとしたところ、関係者に病気やケガが相次いだという噂《うわさ》があった）。自然の中に神や妖精、幽霊の暮らす異界が存在し、人間の世界との境界が曖昧《あいまい》という感覚は、日本人の土俗《どぞく》的な信仰とよく似ている。そんな国に、近世の日本人の死生観が映し出された『朝比奈物語』や『義経地獄破り』が所蔵されているのも、ふしぎな縁を感じる。

朝比奈三郎義秀というのもふしぎな人物だ。歴史上、はっきりとしているのは、彼が鎌倉幕府の御家人《ごけにん》で、源頼朝《みなもとのよりとも》の側近だった和田義盛《わだよしもり》の息子だったということ。そして和田合戦《かっせん》で奮戦したということだけだ。生没年すらはっきりしない。そもそも鎌倉幕府の歴史書である『吾妻鏡《あずまかがみ》』が、御家人たちのあいだに伝わっていた伝説を参考にしているという指摘もあり、各所に脚色が加えられている可能性が高く、ここに記された朝比奈の武勇伝も、合戦で和田一族と戦った敵側の御家人たちが子孫に語り伝えたものだと推察される。つまり「自分のご先祖さまは、こんなに強い相手と戦っても負けなかったんだ！」という熱い思いがかえって、朝比奈を強大な敵として、その勇猛ぶりを強調することになっていったのだ。鎌倉御所の門を押し破ったという逸話も、脚色や誇張の可能性を忘れてはならない。

ただこの門破りの逸話は、独《ひと》り歩きを始めてしまう。朝比奈が破った門はやがて地獄の閻魔庁《えんまのちょう》の門になる。こうして生まれたのが『朝比奈物語』と『義経地獄破り』に共通する、地獄の門破りの伝説だ。本文中に記した通り、『義経地獄破り』では、門破りの名手として登場。弁慶や河津三郎《かわづさぶろう》祐泰《すけやす》ら、大力《だいりき》の武者と夢の競演を果たす。さらにおもしろいのは『朝比奈物語』で、小鬼を追いかけていった勢いでそのまま閻魔庁の門を突破してしまうのである。絵巻はこの場面を活き活きと描いている。前だけしか見ていない朝比奈。その朝比奈の勢いで弾《はじ》け飛ぶ閻魔庁の門。逃げ惑う鬼たち。画面左端では、突然の乱入に驚く閻魔王や獄卒《ごくそつ》たちの表情がコミカルに描かれている。この閻魔王の、「あまりに突然の出来事で、事態を把握できない」といった困惑の表情が、超人じみた朝比奈に対して人間臭く親しみが持てる。

これらの絵巻・絵本についてはできる限り本書に掲載したものの、紙幅の都合上、どうしても一部分しか提示できなかった。特に絵巻に関しては、右から左にスクロールするという特性を活かした絵の動きが、掲載画像ではなかなか再現できない。本書で興味を持ってくださった方にはぜひ、チェスター・ビーティー・ライブラリーが公開しているデジタルコレクション(https://viewer.cbl.ie/viewer/index/)にアクセスしてみてほしい。『朝比奈物語』『義経地獄破り』のみならず、狩野山雪《かのうさんせつ》(一五九〇~一六五一)による『長恨歌画巻《ちょうごんかがかん》』や、極彩色の『源氏《げんじ》物語』絵本、貴重な浮世絵なども所蔵されていて、自由に閲覧することができる。

ちなみに朝比奈にも義経にも、地獄の門破りのほか、島廻《しまめぐ》りと呼ばれる伝説が残されている。『ガリバー旅行記』のように、小人の島や馬人の島を冒険するというものだ。なお『ガリバー旅行記』の作者ジョナサン・スウィフト(一六六七~一七四五)は、アイルランド出身。首都ダブリンで生まれ、同地で没した。チェスター・ビーティー・ライブラリーのほど近く、聖パトリック大聖堂に眠っている。ふしぎな縁である。

チェスター・ビーティー・ライブラリーは、ダブリンの街から日本の過去につながった井戸のようなものだ。小野篁《おののたかむら》がかつて井戸をくぐって閻魔庁に通ったように、世界の人々が今この井戸から、日本の古典文学や民俗信仰へとアクセスしている。そして今その入り口は、インターネットを通して、世界へと開かれている。

日本に住んで、日本語を話しているだけで、日本のことがわかるわけではない。歴史書、古典文学、民俗信仰を見てようやく、我々は過去の日本と対話することができる。時には、チェスター・ビーティー・ライブラリーのような海外の井戸に深く潜《もぐ》ることで初めて照射される過去があるように思う。

本書が、その神秘的な井戸の在《あ》り処《か》を紹介するガイドになっていることを願っている。

最後に、本書執筆にあたり、多くのアドバイスを下さった氏家幹人氏に深く感謝申し上げたい。そして、遅筆の筆者に根気よく付き合い、励ましてくれた編集者の内山美加子氏に、深く御礼申し上げる。原稿の仕上がりが遅れに遅れ、当初の企画段階から完成まで五年以上かかってしまった。ここが「あの世」だったら、「間に合います」「すぐできます」と嘘《うそ》をついた罰に舌を抜かれて、永遠に終わらない締切の責め苦《せ》《く》に遭うことになっただろう。これからも「この世」での行いには気をつけていかねば、と思う。

二〇二一年初夏　星　瑞穂

【参考文献】
石田瑞麿『日本人と地獄』講談社、二〇一三年
五来重『日本人の地獄と極楽』吉川弘文館、二〇一三年
田村正彦『描かれる地獄　語られる地獄』三弥井書店、二〇一五年
神戸説話研究会編『春日権現験記絵　注解』和泉書院、二〇〇五年
往生要集研究会編『往生要集研究』永田文昌堂、一九八七年
日本霊異記研究会編『日本霊異記の世界』三弥井書店、一九八二年
小峯和明・篠川賢編『日本霊異記を読む』吉川弘文館、二〇〇四年
日向一雅編『源氏物語と仏教――仏典・故事・儀礼』青簡舎、二〇〇九年
三田村雅子『記憶の中の源氏物語』新潮社、二〇〇八年
小峯和明『中世法会文芸論』笠間書院、二〇〇九年
高橋亨編『〈紫式部〉と王朝文芸の表現史』森話社、二〇一二年
桜井徳太郎編『民衆宗教史叢書⑩　地蔵信仰』雄山閣、一九八三年
小山一成『富士の人穴草子――研究と資料』文化書房博文社、一九八三年
小峯和明編『東アジアの今昔物語集――翻訳・変成・予言』勉誠出版、二〇一二年
小峯和明・宮腰直人解説／クレア・ポラード・潮田淑子翻訳『甦る絵巻・絵本1　チェスター・ビーティー・ライブラリィ所蔵　義経地獄破り』勉誠出版、二〇〇五年

■はじめに
阿部理代「『暁斎画談』「鎌倉新居閻魔王の図」について」（『暁斎：河鍋暁斎研究誌』一二六号、二〇一八年）
五味文彦「絵巻と説話の虚実――『春日権現験記絵』の世界」（『日本歴史』六〇〇号、一九九八年）

■第一章
石田瑞麿「『往生要集』における文学との接触」（『国語と国文学』四一－四号、一九六四年）
渥美かをる「往生要集から平家物語へ――祇園精舎・浄土往生・六道をめぐって――」（佐々木八郎博士古稀祝賀記念事業会編『軍記物とその周辺：佐々木八郎博士古稀記念論文集』早稲田大学出版部、一九六九年）
渡邊昭五「地獄草紙と地獄観の変移」（『芸能文化史』二一号、二〇〇四年）
山本聡美「『正法念処経』経意絵としての「地獄草紙」「餓鬼草紙」「病草紙」」（『金城日本語日本文化』八五号、二〇〇九年）

西郷信綱「黄泉の国と根の国――地下の世界について――」（『文学』三九－一一号、一九七一年）
■第二章
安田夕希子「古代日本文学にあらわれた他界観――日本霊異記における「地獄」を中心に」（『アジア文化研究』二八号、二〇〇二年）
大岡實・浅野清「西大寺東西両塔」（『日本建築学会論文報告集』五四号、一九五六年）
原田行造「『日本霊異記』下巻第三十六話の成立過程――道鏡政権の仏教政策と藤原永手――」（『金沢大学語学・文学研究』五号、一九七四年）
小峯和明「〈法会文芸〉としての源氏供養――表白から物語へ」（加藤睦・小嶋菜温子編『源氏物語と和歌を学ぶ人のために』世界思想社、二〇〇七年）
海野泰男「『今鏡』の源氏物語論――「作り物語のゆくへ」について――」（『常葉国文』六号、一九八一年）
伊藤孝子「紫式部堕獄説話追跡考（一）――今鏡と源氏一品経――」（『国文学試論』一〇号、一九八五年）
蟹江希世子「源氏一品経供養とその背景――院政期女院文化圏の一考察」（『古代文学研究（第二次）』一〇号、二〇〇一年）
北原元秀「人麿影供と院政期歌壇」（『古代文化』五一－四号、一九九九年）
■第三章
今野達「日本霊異記〈吉志火麻呂〉説話の演変によせて」（『国語国文』五五－一一号、一九八六年）
村上美登志「『曽我物語』と傍系説話――婆羅門説話をめぐる――」（『国語国文』六四－七号、一九九五年）
好村友江「地蔵説話の〈蘇生譚〉が意図するもの――『今昔物語集』巻十七を中心として」（『日本文学研究（梅光女学院大学）』三〇号、一九九五年）
佐原作美「日本霊異記における蘇生譚の構造」（中村璋八博士古稀記念論集編集委員会編『中村璋八博士古稀記念　東洋学論集』汲古書院、一九九六年）
佐原作美「地蔵信仰説話の構造――今昔物語集の場合――」（『駒沢短大国文』一三号、一九八三年）
石橋義秀「『今昔物語集』にみる地蔵信仰」（『解釈』二一－九号、一九七五年）
並木せつ子「地蔵菩薩霊験記について――蘇生譚を中心に――」（『東洋大学短期大学論集　日本文学篇』七号、一九七一年）
高達奈緒美「立山信仰と文芸――立山地獄説話を中心として」（『国文学　解釈と鑑賞』五八－三号、一九九三年）
今井上「影見ぬ三つの瀬――『源氏物語』と三途の川の俗信」（『国語と国文学』八六－五号、二〇〇九年）
田村正彦「三途の川にまつわる「初開男」の俗信」（『国文学　解釈と鑑賞』七五－一二号、二〇一〇年）
田村正彦「渡す男と待つ女――古代における三途の川の信仰について――」（『古典文芸論叢』三号、二〇一一年）

■第四章
本井牧子「十王経とその享受（上・下）――逆修・追善仏事における唱導を中心に」（『国語国文』六七―六・七号、一九九八年）
本井牧子「十王経と十王信仰――経典から文学へ」（『軍記物語の窓』二号、二〇〇二年）
本井牧子「『預修十王経』の諸本」（『京都大学国文学論叢』一一号、二〇〇四年）
加須屋誠「金戒光明寺所蔵山越阿弥陀図と地獄極楽図屏風について」（『美学』四二―一号、一九九一年）
山本陽子「金戒光明寺蔵地獄極楽図屏風の使用方法について」（『日本宗教文化史研究』一一―一号、二〇〇七年）
プレモセリ・ジョルジョ「説話に見られる泰山府君――晴明説話と有国説話を中心に」（『日本文学』六七―九号、二〇一八年）
佐原作美「冥報記と今昔物語集「震旦」部について」（渡辺三男博士古稀記念論文集刊行会編『渡辺三男博士古稀記念　日中語文交渉史論叢』桜楓社、一九七九年）
金偉・呉彦「『今昔物語集』における『冥報記』の位置」（『文芸論叢（大谷大学）』七八号、二〇一二年）
石原昭平「小野篁冥官説話の諸相」（『国文学　解釈と鑑賞』五五―八号、一九九〇年）
李育娟「『江談抄』と冥官篁説話の生成――北宋文学との接点を手がかりに――」（『国語国文』七八―三号、二〇〇九年）
工藤美香子「小野篁人物論――冥官となった理由」（『弘前大学国語国文学』三三号、二〇一一年）
吉田恵美「小野篁冥官説話の歴史的背景について――大江匡房との関係」（『龍谷大学大学院文学研究科紀要』三七号、二〇一五年）
鈴木麻由美「『古事談』の源義家――説話の生成と顕兼の受容」（『国文』八一号、一九九四年）
田中伸作「『古事談』『古今著聞集』の義家説話――編者の武士観について」（『駒沢大学大学院国文学会論輯』二七号、一九九九年）
■第五章
黒沢幸三「霊異記の殺牛祭神系説話――楢磐嶋の話を中心に――」（『同志社国文学』九号、一九七四年）
山崎裕人「磐嶋説話――蘇生説話の一環として」（『説話』八号、一九八八年）
丸山顕徳「『日本霊異記』楢磐嶋説話の形成」（『四條畷学園女子短期大学研究論集』二二号、一九八八年）
小泉道「説話の享受――霊異記の衣女の話をめぐって――」（『国語国文』三八―二号、一九六九年）
関根綾子「『日本霊異記』衣女説話の因果」（野村純一編『昔話伝説研究の展開』三弥井書店、一九九五年）
小山一成「富士の人穴草子成立と展開」（『仏教文学』六号、一九八二年）
宮腰直人「「悪に強ければ善にも強し」について――『朝比奈物語』覚書」（『立教大学大学院日本文学論叢』三号、二〇〇三年）
網本尚子「狂言「朝比奈」と閻魔物狂言形成に関する一考察」（『富士論叢』五五―一号、二〇一〇年）
徳竹由明「東京大学国文学研究室蔵奈良絵本『朝日奈』について」（『駒場東邦研究紀要』三〇号、二〇〇一年）

麻原美子「チェスター・ビーティ所蔵「義経地獄破り」を巡って」(『国文目白』二二号、一九八三年)
宮腰直人「『義経地獄破り』諸本考」(『立教大学日本文学』八九号、二〇〇二年)
宮腰直人「地獄の門破りについて――『義経地獄破り』私注」(『立教大学日本文学』九一号、二〇〇三年)
宮腰直人「〈門破り〉小考――CBL本『義経地獄破り』を端緒にして」(『奈良絵本・絵巻研究』三号、二〇〇五年)

■第六章

家永三郎「円山応挙の難福図巻について」(『日本歴史』七一号、一九五四年)
馬淵美帆「円山応挙筆〈難福図巻〉について――難の図を中心に」(『美術史』四七-一号、一九九七年)
平井倫行「浮世絵師・歌川国芳による「背面肖像」と「地獄模様の衣裳」に関する考察」(『国学院雑誌』一二〇-六号、二〇一九年)
岡島奈音「衣裳文様から見る河鍋暁斎筆「地獄太夫図」」(『文化学園大学・文化学園大学短期大学部紀要』五〇号、二〇一九年)

■さいごに

曽田めぐみ「河鍋暁斎筆「地獄極楽めぐり図」と勝田家菩提寺」(『待兼山論叢』四六号、二〇一二年)
曽田めぐみ「河鍋暁斎筆《地獄極楽めぐり図》再考：幕末明治の表象と追善供養のかたち」(『美術史』六二-一号、二〇一三年)

【使用テキスト】

『春日権現験記』…『続日本の絵巻⑬・⑭ 春日権現験記絵(上・下)』(中央公論社)、**『往生要集』**…日本思想大系『源信 往生要集』(岩波書店)、**『徒然草』**…新編日本古典文学全集『徒然草』(小学館)、**『更級日記』**…新編日本古典文学全集『更級日記』(同)、**『平家物語』**…新編日本古典文学全集『平家物語』(同)、**『うつほ物語』**…新編日本古典文学全集『うつほ物語』(同)、**『日本霊異記』**…新編日本古典文学全集『日本霊異記』(同)、**『宇治拾遺物語』**…新編日本古典文学全集『宇治拾遺物語』(同)、**『源氏一品経』**…国語国文学研究史大成『源氏物語 上』(三省堂)、**『古事談』『続古事談』**…新日本古典文学大系『古事談 続古事談』(岩波書店)、**『宝物集』**…新日本古典文学大系『宝物集』(同)、**『今鏡』**…国史大系『今鏡 増鏡』(吉川弘文館)、**『曽我物語』(真名本)**…東洋文庫『真名本 曽我物語』(平凡社)、**『曽我物語』(訓読本)**…新編日本古典文学全集『曽我物語』(小学館)、**『小袖曽我』**…新日本古典文学大系『舞の本』(岩波書店)、**『今昔物語集』**…新編日本古典文学全集『今昔物語集』(小学館)、**『万葉集』**…新編日本古典文学全集『万葉集』(同)、**『梁塵秘抄』**…新編日本古典文学全集『梁塵秘抄』(同)、**『河海抄』**…国文註釈全書『河海抄・花鳥余情・紫女七論』(国学院大学出版部)、**『源氏物語』**…新編日本古典文学全集『源氏物語』(小学館)、**『枕草子』**…新編日本古典文学全集『枕草子』(同)、**『金葉和歌集』**…『続群書類従』(続群書類従完成会)、**『万載狂歌集』**…新編日本古典文学全集『狂歌』(小学館)、**『十訓抄』**…新編日本古典文学全集『十訓抄』(同)、**『古今著聞集』**…日本古典文学大系『古今著聞集』(岩波書店)、**『江談抄』**…新日本古典文学大系『江談抄 中外抄 富家語』(同)、**『朝比奈』**…新編日本古典文学全

集『狂言集』（小学館）、『**吾妻鏡**』…国史大系『吾妻鏡』（吉川弘文館）、『**沙石集**』…新編日本古典文学全集『沙石集』（小学館）、『**義経地獄破り**』…『甦る絵巻・絵本1　チェスター・ビーティー・ライブラリィ所蔵　義経地獄破り』（勉誠出版）、『**酩酊気質**』…新編日本古典文学全集『滑稽本』（小学館）、『**かなめいし**』…新編日本古典文学全集『かなめいし』（同）（※記載のないものについては本文中掲載の資料から独自に翻刻した）

【掲載画像】

『暁斎画談』…川崎市市民ミュージアム（漫画資料コレクション　http://kawasaki.iri-project.org/）
『春日権現験記（模写）』…国立国会図書館（国立国会図書館デジタルコレクション　https://dl.ndl.go.jp/）
『餓鬼草紙（模写）』…国立国会図書館（国立国会図書館デジタルコレクション　https://dl.ndl.go.jp/）
『地獄草紙』…奈良国立博物館（収蔵品データベース　https://www.narahaku.go.jp/collection/）
「閻魔王図」…奈良国立博物館（収蔵品データベース　https://www.narahaku.go.jp/collection/）
万治四年版『富士の人穴草子』…国立国会図書館（国立国会図書館デジタルコレクション　https://dl.ndl.go.jp/）
奈良絵本『富士の人穴草子』…国文学研究資料館（日本古典籍データセット　http://codh.rois.ac.jp/pmjt/）
『朝比奈物語』…チェスター・ビーティー・ライブラリー　©The Trustees of the Chester Beatty Library, Dublin（デジタルコレクション https://viewer.cbl.ie/viewer/index/）
『義経地獄破り』…チェスター・ビーティー・ライブラリー　©The Trustees of the Chester Beatty Library, Dublin（デジタルコレクション https://viewer.cbl.ie/viewer/index/）
『萍花謾筆』…国立国会図書館（国立国会図書館デジタルコレクション　https://dl.ndl.go.jp/）
『本朝酔菩提全伝』…国文学研究資料館（国文研データセット簡易ｗｅｂ版　https://www2.dhii.jp/nijl_opendata/openimages.php）
「地獄太夫悟道の図」…国立国会図書館（国立国会図書館デジタルコレクション　https://dl.ndl.go.jp/）
「地獄太夫」……国立国会図書館（国立国会図書館デジタルコレクション　https://dl.ndl.go.jp/）

星　瑞穂（ほし・みずほ）
国文学者。1985年、福島県生まれ。慶應義塾大学大学院文学研究科国文学専攻後期博士課程単位取得退学。同大非常勤講師、ENS de Lyon 客員研究員などを経て、絵入り本の研究を続けている。著書に、いずれも石川透共編『保元・平治物語絵巻をよむ——清盛栄華の物語』（三弥井書店、2012年）、『源平盛衰記絵本をよむ——源氏と平家合戦の物語』（同、2013年）、『舞の本をよむ——武将が愛した舞の世界の物語』（同、2015年）がある。

朝日選書 1022

ようこそ地獄《じごく》、奇妙《きみよう》な地獄《じごく》

2021年6月25日　第1刷発行

著者　星　瑞穂

発行者　三宮博信

発行所　朝日新聞出版
〒104-8011　東京都中央区築地 5-3-2
電話　03-5541-8832（編集）
　　　03-5540-7793（販売）

印刷所　大日本印刷株式会社

Published in Japan by Asahi Shimbun Publications Inc.
ISBN978-4-02-263109-1
定価はカバーに表示してあります。

落丁・乱丁の場合は弊社業務部（電話 03-5540-7800）へご連絡ください。
送料弊社負担にてお取り替えいたします。